Carl-Auer

Systemische Horizonte – Theorie der Praxis

Herausgeber: Bernhard Pörksen

»Irritation ist kostbar.«
Niklas Luhmann

Die wilden Jahre des Konstruktivismus und der Systemtheorie sind vorbei. Inzwischen ist das konstruktivistische und systemische Denken auf dem Weg zum etablierten Paradigma und zur *normal science*. Die Provokationen von einst sind die Gewissheiten von heute. Und lange schon hat die Phase der praktischen Nutzbarmachung begonnen, der strategischen Anwendung in der Organisationsberatung und im Management, in der Therapie und in der Politik, in der Pädagogik und der Didaktik. Kurzum: Es droht das epistemologische Biedermeier. Eine Außenseiterphilosophie wird zur Mode – mit allen kognitiven Folgekosten, die eine Popularisierung und praxistaugliche Umarbeitung unvermeidlich mit sich bringt.

In dieser Situation ambivalenter Erfolge kommt der Reihe *Systemische Horizonte – Theorie der Praxis* eine doppelte Aufgabe zu: Sie soll die Theoriearbeit vorantreiben – und die Welt der Praxis durch ein gleichermaßen strenges und wildes Denken herausfordern. Hier wird der Wechsel der Perspektiven und Beobachtungsweisen als ein Denkstil vorgeschlagen, der Kreativität begünstigt.

Es gilt, die eigene Intelligenz an den Schnittstellen und in den Zwischenwelten zu erproben: zwischen Wissenschaft und Anwendung, zwischen Geistes- und Naturwissenschaft, zwischen Philosophie und Neurobiologie. Ausgangspunkt der experimentellen Erkundungen und essayistischen Streifzüge, der kanonischen Texte und leichthändig formulierten Dialoge ist die Einsicht: Theorie braucht man dann, wenn sie überflüssig geworden zu sein scheint – als Anlass zum Neu- und Andersdenken, als Horizonterweiterung und inspirierende Irritation, die dabei hilft, eigene Gewissheiten und letzte Wahrheiten, große und kleine Ideologien so lange zu drehen und zu wenden, bis sie unscharfe Ränder bekommen – und man mehr sieht als zuvor.

Bernhard Pörksen, Professor für Medienwissenschaft an der Universität Tübingen

Heiko Kleve
Steffen Roth
Fritz B. Simon

Lockdown: Das Anhalten der Welt

Debatte zur Domestizierung von Wirtschaft, Politik und Gesundheit

Mit einem Nachwort von Bernhard Pörksen und Zwischenrufen von Stefan Blankertz, Franz Hoegl, Michael Hutter, Claudia Kemfert, Günter Lierschof, Peter Pantuček-Eisenbacher, Birger P. Priddat, André Reichel sowie Antje Tschira

2020

Reihe: »Systemische Horizonte«
hrsg. von Bernhard Pörksen
Reihengestaltung: Uwe Göbel
Umschlaggestaltung: Heinrich Eiermann
Satz: Drißner-Design u. DTP, Meßstetten
Printed in Germany
Druck und Bindung: CPI books GmbH, Leck

MIX
Papier aus verantwortungsvollen Quellen
FSC® C083411

Erste Auflage, 2020
ISBN 978-3-8497-0367-7 (Printausgabe)
ISBN 978-3-8497-8256-6 (ePUB)

Bibliografische Information der Deutschen Nationalbibliothek:
Die Deutsche Nationalbibliothek verzeichnet diese Publikation
in der Deutschen Nationalbibliografie; detaillierte bibliografische
Daten sind im Internet über http://dnb.d-nb.de abrufbar.

Informationen zu unserem gesamten Programm, unseren Autoren
und zum Verlag finden Sie unter: **https://www.carl-auer.de/**
Wenn Sie Interesse an unseren monatlichen Nachrichten haben,
können Sie dort auch den Newsletter abonnieren.

Carl-Auer Verlag GmbH
Vangerowstraße 14 • 69115 Heidelberg
Tel. +49 6221 6438-0 • Fax +49 6221 6438-22
info@carl-auer.de

Inhalt

Vorwort

Die von Heiko Kleve angeregte und moderierte Debatte zwischen Steffen Roth und Fritz B. Simon um die Corona-Pandemie und ihre Folgen, um den Lockdown und das Anhalten der Welt, wurde von Ende April bis Ende Juni 2020 live im Carl-Auer Magazin auf der Webseite des Carl-Auer Verlags geführt. Sie war manchmal sehr kontrovers und fand aufgrund ihrer Intensität auch im Netz viel Interesse. Zweimal in der Woche erschienen neue aufeinander Bezug nehmende Beiträge der Protagonisten und prominenten Zwischenrufer im Netz.

Die Ausgangsfrage nach dem Verhältnis von Politik und Wirtschaft führte im Verlauf des Disputs unweigerlich zu Fragen von Moral und Amoral, von Intervention oder Laissez-faire und zu Fragen des Verhältnisses von theoretischer Analyse vs. praktischer Strategie, von Verantwortungsübernahme vs. (Nicht-)Einmischung. So ist eine ausführliche, sehr konzentrierte und in vielerlei Hinsicht innovative Debatte entstanden, der »theoriegeschichtliche Brisanz« zukommt, so Bernhard Pörksen, Herausgeber der Reihe Systemische Horizonte, in seinem Nachwort.

Im Zentrum steht der besondere Wert systemtheoretischer Perspektiven auf Politik, Wirtschaft und Gesellschaft in erschütternden Krisen. Unumstritten ist, dass Systemtheorie Bedeutendes zu bieten hat. Es lohnt sich, darüber zu streiten, welche Konsequenzen auf der Ebene konkreten Handelns zu ziehen sind! »Streit bietet eine Erkenntnischance eigenen Rechts«, schreibt Bernhard Pörksen. Zusätzlich zu den fragenden Vorgaben des Initiators Heiko Kleve befeuerte der Bezug zu den aktuellen Ereignissen, politischen Entscheidungen und medialen Aufregungen die Auseinandersetzung.

Die Interventionen der Zwischenrufer führen die Debatte in weitere relevante Kontexte hinein.

Die Zahl der Menschen, die den Streit im Carl-Auer Magazin verfolgten, stieg kontinuierlich an. Wir bekamen Zuschriften und Anrufe, die sich – bei aller thematischen Uneinigkeit – in einem einig waren: Weitermachen, es ist spannend und im positiven Sinne so anders als vieles, das derzeit durch die mediale Welt rauscht!

Die systemische Debatte begleitet, analysiert und kommentiert auch die Alltagsdebatte. Jedem Kapitel sind daher zur »orientierenden

Erinnerung« Schlagzeilen aus der nationalen und der internationalen Presse vorangestellt.

Was einen Wert besitzt, der verspricht über längere Zeit zu halten, hat es verdient, »verbucht« zu werden. Bücher haben unter anderem den Vorteil, dass sie es weniger wahrscheinlich machen (wenn auch nicht unmöglich), dass vergessen wird, was geschrieben steht.

Wir haben uns entschieden, dieses Ereignis nicht der Fluidität und potenziellen Demenz des Internets zu überlassen, sondern es – im doppelten Sinne des Wortes – haltbar zu machen.

Heidelberg, im Sommer 2020
Matthias Ohler
Geschäftsleiter des Carl-Auer Verlages

Richtung Freiheit. Die Regierung muss die Einschränkung der Grundrechte mit jedem Tag, der vergeht, besser begründen.
Die Zeit, 22. April 2020

3.400.000.000.000 Euro: Das ist die Corona-Quittung, für die wir alle zahlen werden
FOCUS Online, 22. April 2020

EU billigt 500-Milliarden-Hilfspaket – Merkel sagt Nein zu Corona-Bonds
FAZ, 23. April 2020

A Coronavirus Death in Early February Was ›Probably the Tip of an Iceberg‹
New York Times, 23. April 2020

Who's Behind the ›Reopen‹ Protests?
New York Times, 23. April 2020

1 Das Anhalten der Welt – oder: Was kommt danach?

von Heiko Kleve

23. April 2020

Wir leben in einer »Wendezeit«,[1] in einer Zeit, die zugleich Krise und Neuanfang ist. Derzeit steht die Welt noch still. Der *Lockdown* löst sich nur sehr langsam. Der Weg in die »neue Normalität« wird bisher schleichend beschritten. Das ist eine gute Zeit, um fundamentale Fragen zu stellen, Fragen, die die Zeit nach dem »Anhalten der Welt«[2] in den Blick bringen.

Bei Carl-Auer stellen wir solche Fragen in fundamentaler, grundsätzlicher und paradigmatischer Weise. Dafür sind wir bekannt und beliebt. Wir schauen systemisch auf die Systeme unserer global vernetzten Gesellschaft. Denn mit uns wollen viele wissen und schon jetzt darüber spekulieren, wie sich die beiden Systeme in Zukunft miteinander ins Verhältnis setzen, die unser privates und berufliches Leben in nahezu allen Bereichen bestimmen, und zwar die Wirtschaft und die Politik.

Wir wissen, dass das Medium der Wirtschaft, Geld, nicht alles ist – dass aber alles nichts ist, wenn wir kein Geld haben, um unsere Existenz zu sichern. Aufgrund des Lockdowns, der zahlreiche Wirtschaftsbereiche stillstellt, der für viele Menschen extrem existenzgefährdend ist, ihre ökonomischen Einkommensquellen versiegen lässt, springt die Politik mit milliardenschweren Hilfsprogrammen ein. Der politische Staat, der mit seiner Macht kollektiv bindende Entscheidungen treffen kann und aus gesundheitlichen Gründen den Lockdown verordnet hat, ist zugleich der Retter aus der Not.

Wir fragen, ob diese »neue Normalität« ein grundsätzlich anderes Verhältnis von Wirtschaft und staatlicher Politik entstehen lässt. Gehen wir also auf eine neue Form von Sozialismus zu, in der der Staat die gesamte Gesellschaft finanziert, plant und mit seinen verbindlichen Vorgaben strukturiert? Oder werden wir eine neue Form des Radikalliberalismus erleben, in dem der bald bettelarme Staat, dessen Kassen wieder leer und gebeutelt sind, sich aus den gesellschaftlichen Sphären zurückzieht, und zwar drastischer und nachhaltiger als je zuvor?

Um diese Themen zu diskutieren, kommen zunächst zwei Protagonisten zu Wort, die ihre gegensätzlichen Positionen aufeinanderprallen lassen: Prof. Dr. Fritz B. Simon, Systemwissenschaftler mit allumfassenden Interessen, sowie Prof. Dr. Dr. Steffen Roth, Soziologe und Wirtschaftswissenschaftler, der in gleicher Weise allseits interessiert und international bekannt ist, z. B. für seine systemtheoretische Expertise. Während Fritz Simon im »Anhalten der Welt« die Chance sieht, das Ende des Marktfundamentalismus einzuläuten, offenbart sich für Steffen Roth die Situation anders; für ihn war der Staat bereits in den letzten Jahrzehnten das dominante Gesellschaftssystem.

Meine Rolle wird sein, diesen Disput zu moderieren, die Positionen zuzuspitzen, um damit die Diskussion zu fokussieren. Als Sozialwissenschaftler mit der Intention, Systemtheorie und Liberalismus zu vereinen, freue ich mich, dass der Verlag meine Idee aufgegriffen hat, die benannten Fragen mit renommierten Akteuren kontrovers zu diskutieren.

Eine andere Rotation

von Fritz B. Simon

Die Welt steht nicht still, aber im Moment scheint sie die Drehrichtung zu ändern – nicht zurück, sondern irgendwie anders (Ende der Metapher). Dass es nicht gut ist, wenn Tausende von Menschen sterben, die Freiheitsrechte des Einzelnen beschränkt werden und die Wirtschaft in ein künstliches Koma versetzt wird, kann kaum bezweifelt werden. Doch wie meist gibt es Gutes im Schlechten.

Wir sind ja Zeugen und Betroffene eines radikalen Prozesses. Der Staat zeigt seine Muskeln, indem er Grenzen setzt: für die Freiheit des Einzelnen, der Unternehmen, des öffentlichen Lebens, der Religionsausübung usw. Mit anderen Worten: *Es wird regiert.*

Die Sorge, dass staatliche Vorgaben und Kontrollen, die einmal eingeführt sind, nicht mehr zurückgedreht werden, ist berechtigt – wenn auch in den etablierten Demokratien weniger als in autoritär regierten Ländern des ehemaligen Ostblocks.

Wir leben in der (westlichen) Welt in einer funktionell differenzierten Gesellschaft. Die Radikalität der Änderung der Drehrichtung dieser Welt besteht meines Erachtens darin, dass die Beziehung der Funktionssysteme gerade verändert wurde. Seit der von Ronald Reagan und Margaret Thatcher beförderten »Revolution« war de facto das Wirtschaftssystem allen anderen Funktionssystemen, d. h. auch dem politischen System, übergeordnet. Dabei wurde »Wirtschaft« synonym zu »Markt« verstanden. Die zunehmende Deregulierung der Märkte führte in weiten Bereichen des öffentlichen Lebens zur Verabschiedung des Staates aus der Verantwortung für überlebensnotwendige Infrastrukturen. Es ist wahrscheinlich kein Zufall, dass in der gegenwärtigen Krise gerade in den Ländern, in denen das Gesundheitssystem am radikalsten privatisiert oder »kaputtgespart« wurde, die meisten Corona-Todesfälle zu beklagen sind.

Die Chance, die in der gegenwärtigen Krise liegt, besteht meines Erachtens darin, dass die Politik (d. h. nicht unbedingt: der Staat) wieder in die Verantwortung geht, wenn es um die Frage geht, in welcher Gesellschaft wir leben wollen. Denn der ungeregelte Markt und seine Mechanismen geben auch eine Antwort auf diese Frage: die zwangsläufige Spaltung der Gesellschaft.

Fluktuation

von Steffen Roth

Stillstand sieht anders aus. Im Lockdown treibt es uns aus den Löchern. Indem wir die einen Masken aufsetzen, lassen wir die anderen fallen. Grünen macht das Virus jetzt blauen Himmel und Lust auf mehr. Postwachstumsflagellanten erfreut, dass man im Käfig nicht mehr der Gejagte ist. Liberale lesen wieder Foucault. Und bis hin zum UN-Generalsekretär lässt man keinen Zweifel daran, dass sich »die Wirtschaft« im Gegenzug für staatliche Krisenhilfe politischen Zielen unterordnen muss. Erst reinschubsen, dann erpressen. Politik beansprucht einmal mehr den Vorrang vor allen anderen Funktionssystemen.

Das kann feiern wer will, einen grundlegenden Richtungswechsel kann ich darin nicht erkennen. Zum einen ist diese Hybris allen Funktionssystemen gemein. Zum anderen betreiben wir seit einiger Zeit Big-Data-Forschung zum Bedeutungswandel der Funktionssysteme zwischen 1800 und 2000.[3] So können wir den Rückgang der Religion, einen Zuwachs der Wissenschaft und den sanften Aufstieg des Informationszeitalters nachvollziehen. Was unsere Daten nicht hergeben: eine dominante Stellung des Wirtschaftssystems. Vielmehr zeigt sich das letzte Jahrhundert als politisches Jahrhundert, und das quer durch alle untersuchten Sprachräume. »Mehr Politik« wäre demnach kein »new normal«. Mehr Politik wäre einfach nur mehr vom Selben.

Ob mit oder ohne Krise wäre eine andere Gesellschaft somit eine, die neben Politik und dem Indexpatient Wirtschaft andere Funktionssysteme nicht nur kennt, sondern in den Mittelpunkt der Aufmerksamkeit rückt. Das Spiel »Andere Gesellschaft« geht demnach nicht ohne Politikblindheit. Nur so wird der Biedermeier zum Brandstifter.

Bis die notwendige Unbeobachtung der Politik gelingt, ist man mit einem multifunktionalen Liberalismus gut beraten. Anders als der aktuell geschmähte Neoliberalismus würde sich diese Spielart des Liberalismus nicht nur auf Wirtschaft, Recht und Politik konzentrieren, sondern sich dem wechselseitigen Interventionsschutz aller Funktionssysteme verschreiben, und somit die reflexive Bescheidenheit, die sowohl dem Liberalismus als auch der Systemtheorie zu eigen ist, konsequent auf die Beobachtung aller Funktionssysteme ausweiten.

Die Stimmung wird kippen
Berliner Zeitung, 24. April 2020

Überfordert der Staat sich selbst – und seine Bürger?
Tagesspiegel, 25. April 2020

Gesellschaft im Hygienestress: Händewaschen nie vergessen!
FAZ, 26. April 2020

Schäuble warnt vor zu hohen Erwartungen an den Staat
Spiegel, 26. April 2020

Reopening Has Begun. No One Is Sure What Happens Next.
New York Times, 26. April 2020

A Few Thousand Protest Stay-at-Home Order at Wisconsin State Capitol
New York Times, 26. April 2020

2 Die Welt läuft weiter, vielleicht schneller als je zuvor

von Heiko Kleve

26. April 2020

Die Welt steht nicht still. Auch wenn wir alle derzeit unsere physische Mobilität reduzieren müssen, ist von sozialer Distanzierung nichts zu merken. Die Kommunikation, also die soziale Grundoperation der Gesellschaft, läuft auf Hochtouren. Da sind sich beide Diskutanten einig. Der Dissens besteht in der Frage, welches gesellschaftliche Funktionssystem seine Kommunikationen dominant setzt. Derzeit ist es die Politik mit dem Gesundheitssystem im Rücken, das die Frage nach »gesund oder krank« auf die Fundamentaldifferenz von »Leben oder Tod« zuspitzt und damit den politischen Akteuren auf den Leim geht. Aber wie war es vorher: in der Prä-Corona-Zeit? Fritz Simon diagnostiziert, dass das Wirtschaftssystem seine Unterscheidungen der Gesellschaft übergestülpt hat; er sieht eine Ökonomisierung aller

Lebensbereiche. Steffen Roth widerspricht: Wir lebten und leben in politischen Zeiten, in denen alle Lebensbereiche mit staatlichen Interventionen rechnen müssen. Beide frage ich nun, wie sich die jeweiligen Behauptungen empirisch unterfüttern lassen. Woran erkennen wir die wirtschaftliche bzw. die politische Dominanz? Ich bitte also um Beispiele.

Selbstkastration des Staates

von Fritz B. Simon

Um herauszufinden, dass Religion als Funktionssystem an Bedeutung verliert, braucht man wahrscheinlich keine Big-Data-Forschung, sondern es reicht der sonntägliche Kirchgang ... Offenbar kommt die Gesellschaft ohne Religion ganz gut zurecht (ohne Kunst auch, wie das gegenwärtige Corona-Großexperiment nahelegt). Anders steht es mit den anderen Funktionssystemen. Weder Politik noch Wirtschaft sind verzichtbar – und Ähnliches gilt in der westlichen Gegenwartsgesellschaft für Rechtssystem, Erziehung, Wissenschaft und Gesundheitssystem. Die Frage ist nicht, wessen System-Hybris berechtigt ist, sondern wie die Gesellschaft die Paradoxien bewältigt, die daraus resultieren, widerstreitenden, sich logisch gegenseitig negierenden Zielen und Interessen gleichzeitig gerecht werden zu müssen. Es geht also um das Verhältnis der Funktionssysteme zueinander – und zwar nicht auf einer abstrakten theoretischen Ebene, sondern pragmatisch, d. h. bei der Setzung von Prämissen der Entscheidung bzw. dem konkreten Entscheiden.

Sprechen wir also nicht vom politischen System und der Wirtschaft im Allgemeinen, sondern vom Staat und der Logik seiner Entscheidungen und von der Wirtschaft, insbesondere Märkten, und ihren Entscheidungsprämissen. Mein Vorwurf an den Staat ist, dass er sich selbst kastriert hat, indem er, statt sich der Auseinandersetzung um die Ziele der Politik und die daraus abzuleitenden Entscheidungsprämissen zu stellen, bestimmte Entscheidungen an Märkte delegiert hat und sie damit deren Entscheidungslogik unterworfen hat.

Um die von Heiko Kleve geforderten konkreten Beispiele zu nennen: Städtische Wohnungen sind an Investoren verramscht worden; kommunale Wasser- und Elektrizitätswerke sind an Großkonzerne verkauft worden; die Deutsche Bahn hat ihr Streckennetz reduziert, um den Erwartungen des Kapitalmarkts gerecht zu werden; Krankenhäuser (vor allem private) müssen Profite erwirtschaften (was u. a. in Einzugsgebieten mit einer wohlhabenderen Klientel zu überdurchschnittlich vielen Blinddarm-Operationen führt).

Die Annahme, Märkte brächten rationalere Lösungen als politische Prozesse hervor, ist nur dann richtig, wenn Rationalität allein als ökonomische Rationalität zu verstehen wäre. Aber die anderen Funktionssysteme und ihre Akteure müssen ihren eigenen Rationalitäten folgen (auch wenn sie dazu Geld brauchen).

Selbstorganisation des Staates

von Steffen Roth

Nennen wir das Kind also beim Namen: Der Staat ist nicht »die Politik«, sondern *eine* Organisation, und die ist beileibe nicht nur politisch. Staaten investieren, forschen, erziehen oder setzten Hygienemaßnahmen um. Und doch bleibt es die bevorzugte »Selbstverstümmelungsstrategie« dieses Organisationstyps, sich erst mit einer politisch gedachten Gesellschaft zu verwechseln und dann wie besessen »Wirtschaft und Gesellschaft« zu spielen.

Wissenschaft hat daran unrühmlich Anteil, wenn sie auf Autorität und Sonntagsevidenz setzt statt auf Theorie und Methode. Wer ohne aufwendige Wahrheitsprogrammarbeit immer schon weiß, welche Funktionssysteme kriegswichtig sind oder nicht, der sieht die Welt dann zumeist wie die durchschnittliche Nationalregierung, die je ein Drittel ihrer Aufmerksamkeit auf Politik und Wirtschaft verwendet – die restlichen Funktionssysteme kommen unter ferner liefen. Weltweite Empirie gibt es hier.[4] Man braucht sich aber auch nur das Kabinettportfolio der Deutschen Bundesregierung vor Augen halten, wo mindestens vier Wirtschaftsministerien (Finanzen, Wirtschaft, Landwirtschaft und Wirtschaftliche Zusammenarbeit) einem für Gesundheit und einem für Wissenschaft *und* Erziehung gegenüberstehen. Diesen polit-ökonomischen Überhang haben demokratische mit diktatorischen Regierungen gemein.

Nun steht es jedem organisierten Beobachter frei, markante Funktionssystempräferenzen auszubilden und so lange aufrechtzuerhalten, bis es nicht mehr geht. Das aktuelle Stichwort lautet Gesundheit.

Wenn die Entscheidungsprämissen von Staat und Regierung dieser Tage wieder auf dem Prüfstand stehen, dann kann die funktionale Konsistenzprüfung auch jenseits des altvertrauten Grabenkrieges von Staat und Markt vollzogen werden. Wenn Wohlfahrt einschließlich Gesundheit auf Wohlstand und dieser wiederum auf Innovation basiert, dann können sich die Wohlfahrtsstaaten des 21. Jahrhunderts die systematische Geringschätzung der *Eigenlogiken* von Wirtschaft, Wissenschaft und, ja, auch Kunst nicht mehr lange leisten. Insofern ist politische Zurückhaltung auch auf Staatsebene keine marktliberale Luxusflause, sondern eine wohlfahrtspolitische Notwendigkeit.

Allensbach-Chefin: »Das Misstrauen der Politik gegenüber der Bevölkerung ist bemerkenswert«
Handelsblatt, 27. April 2020

Ein anderes Virus. Zweifel am Kurs der Politik müssen sein – aber der zunehmend giftige Ton der Debatte wird der Lage nicht gerecht
Die Zeit, 29. April 2020

Despite Trump's Nudging, Schools Are Likely to Stay Shut for Months
New York Times, 29. April 2020

Lufthansa reduziert Arbeitszeit und Kapazität weiter
FAZ, 29. April 2020

Systemrelevante Berufe: Klatschen ist gut, ordentlich bezahlen ist besser
Frankfurter Rundschau, 29. April 2020

Corona-Lockerungen: Geld oder Leben, was wiegt mehr?
Rheinpfalz, 29. April 2020

3 Organisation gesellschaftlicher Aufgaben

von Heiko Kleve

29. April 2020

Nun sind Fritz Simon und Steffen Roth von der Ebene der gesellschaftlichen Funktionssysteme Politik und Wirtschaft auf die Ebene der Organisationen gesprungen. Fritz Simon hat Beispiele angeführt, mit denen er deutlich macht, wie er seine Kritik am »Marktfundamentalismus« meint, nämlich als Kritik an der Privatisierung von kommunalen, sozialen oder gesundheitsbezogenen Aufgaben. Entsprechend der kritisierten Privatisierungslogik sollen nicht nur klassische Unternehmen der sogenannten Realwirtschaft dem Marktwettbewerb folgen, sondern z. B. auch Krankenhäuser. Wir könnten in Ländern, die die Krankenversorgung in dieser Weise massiv privatisiert haben, sehen, dass damit besondere Probleme in der Patientenbehandlung einhergehen. Aber stimmt das? Italien, das bekanntlich große Schwierigkeiten hatte, die Corona-Krise zu bewältigen, hat gewissermaßen ein sozialistisches Gesundheitssystem, jedenfalls eine Finanzierung des Systems, wie es sie auch in der realsozialistischen DDR gegeben hat: »Italien verfügt über ein staatliches mit Steuern finanziertes Gesundheitswesen. Die einzelnen Leistungen werden vom nationalen Gesundheitsdienst (SSN, *Servizio Sanitario Nazionale*) zur Verfügung gestellt. Ziel ist es, allen Bürger*innen unabhängig vom Einkommen und sozialem Stand eine einheitliche medizinische Grundversorgung mit Hilfe der italienischen Krankenversicherung zu ermöglichen.«[5] Im Gegensatz dazu hat Singapur, der Stadtstaat, der die Corona-Krise offenbar vorbildlich und mit einer abgewogenen Verhältnismäßigkeit der Mittel bewältigt, ein fast gänzlich privates Gesundheitswesen. Steffen Roth betont, dass auch der Staat eine Organisation sei, in der die unterschiedlichen Logiken der gesellschaftlichen Systeme wie Politik, Wirtschaft, Recht, Wissenschaft oder Kunst zirkulieren, sich gegenseitig tangieren und als Kontextfaktoren aufeinander Bezug nehmen. Die Frage scheint doch zu sein, wie Organisationen auch jenseits der Realwirtschaft ihre Entscheidungsprämissen verstehen und strukturieren. Wie sollten also beispielsweise Krankenhäuser finanziert werden? Welche Rolle müsste hier die Wirtschaft spielen? Wie ist bestenfalls der Staat eingebunden?

Wozu Staat?

von Fritz B. Simon

Lassen wir die Frage, ob die Charakterisierung des Staats als Organisation passend ist, mal beiseite (es gibt ja die These, »Staat« sei die Selbstbeschreibung des politischen Systems – was mir ziemlich plausibel erscheint), und schauen wir auf die empirischen Daten von Steffen Roth, auf die er verweist, wenn er die vielen Wirtschaftsministerien ins Feld führt.

Ich finde es gut, hier auf die empirischen Daten zu schauen, aber – und das scheint mir der Knackpunkt – ich würde sie genau umgekehrt interpretieren: Die Tatsache, dass wir so viele Wirtschaftsministerien haben, ist Beleg dafür, dass die Wirtschaft inzwischen die Politik übernommen hat. Denn all diese Ministerien verstehen sich – zumindest ist das die Folgerung, wenn man ihre Politik analysiert – als Lobbyisten für Wirtschaftsinteressen. Am deutlichsten ist dies beim Landwirtschaftsministerium, das sich dem Schutz der heimischen Bauern verschrieben hat, aber auch das Außenministerium fungiert oft genug als Handelsvertreter, wenn DAX-Vorstände mit dem Außenminister in die weite Welt fahren. Dass zunehmend Vertreter von Wirtschaftsverbänden als Leiharbeiter in Ministerien Gesetzentwürfe formulieren, ist nur das Tüpfelchen auf dem i. Und dass nach einem höheren Posten in der Politik der nächste Karriereschritt ein Führungsposten in der Wirtschaft ist, folgt derselben Logik.

Dass der Staat die Autonomie fast aller Funktionssysteme nicht respektiert und sie irritiert, gehört meines Erachtens zu seinen Aufgaben: Er bezahlt Lehrer und Wissenschaftler, Richter und Polizisten, Krankenhausärzte und Gesundheitsämter, Theater- und Museumsdirektoren, ja, sogar die Finanzierung der Kirchen sichert er.

Die Frage, ob er sich in all diesen Bereichen engagieren sollte, ist berechtigt.

Die Antwort muss meiner Meinung nach lauten: Nur, wenn es wirklich um politische Fragen geht, das heißt, wenn es um kollektiv bindende Entscheidungen und ihre Durchsetzung (wie ich der üblichen Definition gern hinzufügen würde) geht. Daher lässt sich die Frage auch verkürzen: Wozu brauchen wir den Staat und seine Institutionen? Die Antwort kann sowohl die Ausdehnung als auch die Begrenzung oder auch die Neudefinition und Neuordnung von Funktionen nahelegen.

Eine politische Frage, die politisch zu beantworten ist, d. h. durch öffentliche Auseinandersetzung, an deren Ende kollektiv bindende Entscheidungen und ihre Durchsetzung stehen.

Wozu staatliche Wirtschaftsbesessenheit?

von Steffen Roth

Die Selbstbeschreibung des politischen Systems als Staat hat bekanntlich kaum Vergangenheit und wenig Zukunftsaussichten. Zum einen kennt unsere Weltgesellschaft Weltpolitik nur ohne Weltstaat. Zum anderen haben Funktionssysteme keine Adressen. Das Recht kann nicht klagen und die Wirtschaft nimmt keine Schecks an. Ein Staat aber kann Schulden machen oder zur Rechenschaft gezogen werden, und wo Staat nicht Person war, ist das ein Hinweis auf Organisation.

Wenn sich die Exekutive eines Staates nun dem Stalking einzelner Funktionssysteme verschreibt, dann kann man mit Fritz Simon die Spießrute auch umdrehen und die Verantwortung dem Opfer zuschreiben: Das aufreizende Verhalten der wirtschaftlichen Interessenvertreter lässt dem Staat keine Wahl. Er muss einfach immer wieder intervenieren. Auch in diesem Fall bleibt die Diagnose der politischen Überbeobachtung von Wirtschaft aber bestehen, und es liegt nahe, eine Therapie in weniger staatlicher Beobachtung von wirtschaftlichen Interessen zu sehen.

Insofern ist es eben doch mehr überliefertes Problem als innovative Lösung, wenn der Staat seine Marktmacht ausspielt, um neben Soldaten und Polizisten auch Lehrer, Wissenschaftler, Richter, Priester und Theaterdirektoren mit Geld politisch auf Kurs zu bringen. Diese selbstverständlich legale Form der Korruption gelingt mehr schlecht als recht, was konsequent ist, hat sie doch mit der Kernfunktion des Staates kaum etwas zu tun. Aus dem verfassten Recht zur Gewaltmonopolisierung, -teilung und -kontrolle folgt jedenfalls kein Vorrang von politischen vor religiösen, wissenschaftlichen, ästhetischen und nicht zuletzt eben wieder rechtlichen Vorstellungen von Gesellschaft.

Wenn der Staat tatsächlich an Wirtschaftsbesessenheit leidet, dann lässt sich das nicht mit der nächsten eigentumsrechtlichen Gesprächstherapie entlang der Leitunterscheidung Privatisierung versus Verstaatlichung kurieren. Denn auch in diesem rechtlich demarkierten Feld spielt man letztlich wieder nur Wirtschaft und Politik oder gleich den Klassiker Wirtschaft und Gesellschaft.

Wenn sich der Staat aber als zumindest *vorrangig* politische Organisation definiert, dann kann er mit Blick auf seine eigene Wirtschaftsmanie auch zum Schluss kommen, dass ihm Geld und mithin Wirtschaft nur *ein* Mittel zum Zweck ist, und sich nach Alternativen umsehen. So könnte er sich ganz entspannt darauf besinnen, dass es sich wie einst ganz gut mit Religion regieren ließe oder in einer nicht ganz fernen Zukunft auch schwerpunktmäßig mit Gesundheit. Ein Schuft, wer Arges dabei denkt.

Wer sich dennoch unbehaglich fühlt bei dem Gedanken an Zustände, die Heiko Kleve unlängst provokativ als Gesundheitsdiktatur bezeichnet hat, der bewertet die Autonomie und Sperrigkeit, die sich die Wirtschaft in der jahrhundertelangen Auseinandersetzung mit der Politik erhalten hat, sicher neu. Eine Politik und eine politische Theorie, die die Politisierung nicht nur der Wirtschaft, sondern auch aller anderen Funktionssysteme thematisiert und relativiert, ist demnach das Gebot auch dieser Stunde.

»Pakt für Nachhaltigkeit«: Grüne fordern Milliarden für die Wirtschaft
ntv, 2. Mai 2020

BDI: Wirtschaftsverbände fordern Ende der Corona-Beschränkungen
ZEIT ONLINE, 2. Mai 2020

Wirtschaft fordert einen klaren Exit-Fahrplan von der Regierung
Handelsblatt, 4. Mai 2020

As Trump Pushes to Reopen, Government Sees Virus Toll Nearly Doubling
New York Times, 5. Mai 2020

Hope and Worry Mingle as Countries Relax Coronavirus Lockdowns
New York Times, 5. Mai 2020

4 Vom Für und Wider der Politisierung bzw. Ökonomisierung zur Staatskritik

von Heiko Kleve

5. Mai 2020

Beide Kontrahenten, Fritz B. Simon und Steffen Roth, haben sich in ihren Positionen ausdifferenziert. Sie kommen nicht zusammen, sie bleiben ihren Perspektiven treu. Leider haben sie bisher meine angemahnte Konkretisierungsforderung nicht aufgegriffen, wie denn nun etwa Organisationen, die selbst nicht der klassischen Realwirtschaft zugeordnet werden können, finanziert werden sollten. Vielleicht können wir im weiteren Diskurs dazu Beispiele sammeln, um von der gesellschaftstheoretischen auf die alltagspraktische Ebene überzuwechseln.

Zunächst bleibt festzuhalten: Während Simon die Politik als Schiedsrichter im gesellschaftlichen Spiel der Funktionssysteme versteht, kontert Roth, dass diese Systeme keinem gemeinsamen Spiel folgen, sondern ihren je eigenen Regeln gehorchen. Daher kann es keine politische Metastrategie geben, die interesselos, neutral oder allparteilich im »Kampf« der Partialinteressen für Ausgleich sorgt. Denn der Staat als »Selbstbeschreibung der Politik« oder als politische Organisation ist selbst interessengeladen unterwegs. Es geht ihm um Macht, um die Monopolisierung der Gewalt, um die Durchsetzung kollektiv bindender Entscheidungen sowie um die Sanktion derjenigen, die diese nicht anerkennen.

Genau an dieser Stelle laden wir einen Protagonisten ein, der mit seinem Zwischenruf die interessengeladene Perspektive des Staates noch deutlicher markiert: Dr. Stefan Blankertz. Mit ihm greift ein Sozialwissenschaftler, Philosoph und Romancier in den Diskurs ein, dessen Perspektive als libertär bezeichnet werden kann. Der Libertarismus könnte wohl als eine Form der Dekonstruktion des Staates und seiner Legitimationsideologien bewertet werden. So erscheint es passend, dass Stefan Blankertz Gründer und Betreiber des Murray-Rothbard-Instituts für Ideologiekritik ist.

Hat die Wirtschaft die Politik übernommen?

von Stefan Blankertz

Jedes Handeln hat einen ökonomischen Aspekt, denn jedes Handeln nutzt Ressourcen (selbst das Denken verbraucht Zeit). So ist es keine Zumutung, staatliches Handeln unter ökonomischen Gesichtspunkten anzuschauen. Vielmehr gibt es gar keine Möglichkeit, über es nachzudenken, ohne dabei auch ökonomische Gesichtspunkte zu berühren. Die Ökonomie des Staats unterliegt aufgrund seines Gewaltcharakters Besonderheiten. Der Staat erhält die Ressourcen nicht wie jede andere gesellschaftliche Organisation im direkten und freien Austausch. Vielmehr enteignet er die produktiv Tätigen (Einzelpersonen, Firmen usw.) und nutzt die so gewonnenen Ressourcen. Einerseits nutzt er sie zur eigenen Erhaltung. In entwickelten Staaten geht ein Großteil der Ressourcen andererseits an ausgewählte gesellschaftliche Organisationen (zum Beispiel Firmen), die ihm das im Gegenzug mit Loyalität danken.

Steffen Roth formuliert treffend, dass der »Staat seine Marktmacht ausspielt, um neben Soldaten und Polizisten auch Lehrer, Wissenschaftler, Richter, Priester und Theaterdirektoren mit Geld politisch auf Kurs zu bringen«. Diese so privilegierten gesellschaftlichen Organisationen stehen dem Staat zwar unisono loyal gegenüber, aber untereinander konkurrieren sie heftig um ihren Anteil an den Ressourcen. Aus den gesellschaftlichen Organisationen werden Interessengruppen, die sich nicht mehr nur durch das Bestreben erhalten, den Handlungspartnern (zum Beispiel Kunden) das von diesen Gewünschte zu liefern, vielmehr darüber hinaus Zugang zu öffentlichen Mitteln haben und sich ein Stück weit entfernen können von der Zustimmung der sie konstituierenden Personen. Das Gerangel der Interessengruppen ist das, was man landläufig als »Politik« bezeichnet.

Durch das Gerangel der Interessengruppen gerät die Politik an zwei heikle Punkte. Zum einen hat die Enteignung der Produktiven eine (negative) Wirkung auf die Produktivität. Der Grad an Enteignung kann nicht unbegrenzt gesteigert werden, um allen Forderungen der Interessengruppen nachzukommen. Zum anderen ist das ökonomische Abwägen, welchen Forderungen nachzukommen sei, mit schweren Verlusten an Legitimation dort verbunden, wo Forderungen abgewiesen werden oder sogar eine Verringerung der Zuwendungen droht. Dies ist die spezifische politische Ökonomie staatlicher Herrschaft. Während der Corona-Pandemie etwa war immer wieder die Rede davon, das Gesundheitswesen in dem einen oder anderen schwer betroffenen Land sei »totgespart« geworden. Da in keinem der Länder eine Reduzierung der Quote des Staats am Bruttosozialprodukt stattgefunden hat, bedeutet dies nur eins: Finanzmittel sind nicht in dem Maße ins Gesundheitswesen geflossen, wie es dessen Vertreter gern gesehen hätten, sondern anderen Interessengruppen zugutegekommen. Da die Gesundheitskosten in den letzten Jahrzehnten überall drastisch gestiegen sind, heißt »totgespart« nicht einmal, dass der Anteil des ökonomischen Wohlstandes, der für das Gesundheitswesen aufgewendet wurde, tatsächlich gesunken ist, sondern sich nur nicht im gewünschten Maße steigern ließ.

Die Interessengruppen – wie die Vertreter der Krankenkassen oder der Ärzte, der Arbeitgeber oder der Gewerkschaften usw. – erobern nicht den Staat und üben ungebührlichen Einfluss auf ihn aus, sondern sie sind ihrerseits vom Staat geschaffen. Die Klage über den ungebührlichen Einfluss von bestimmten Interessengruppen ist immer ein Teil des Machtkampfes zwischen den Interessengruppen: Es klagt eine Interessengruppe, die andere Interessengruppe habe zu viel Einfluss. Fritz B. Simon zählt einige der Interessengruppen auf, die der

Staat finanziert: »Er bezahlt Lehrer und Wissenschaftler, Richter und Polizisten, Krankenhausärzte und Gesundheitsämter, Theater- und Museumsdirektoren, ja, sogar die Finanzierung der Kirchen sichert er.« Zwar lässt Simon offen, welche Interessengruppen durch den Staat seiner Meinung nach legitim zu bedienen seien, jedoch bemängelt er auf jeden Fall den zu großen Einfluss der Wirtschaftslobbyisten.

Die Entscheidung darüber, welche Interessengruppe wie stark oder ob überhaupt staatlich finanziert und sonst wie gefördert werden solle, macht er an »kollektiv bindenden Entscheidungen« fest. Aber es ist gerade das Vorgehen der Staatsgewalt, den Bereich »kollektiv bindender Entscheidungen« ständig zuungunsten der gesellschaftlichen Selbstorganisation zu verschieben. Bei dieser Verschiebung spielt eine große Rolle, dass die gesellschaftliche Selbstorganisation stets als partikulares, das staatliche Handeln dagegen als allgemeines Interesse behauptet wird. Die Notwendigkeit kollektiv bindender Entscheidungen ist kein objektivierbares Kriterium, sondern Teil des politischen Machtkampfes um Zugang zu staatlichen Finanzmitteln.

Dabei ist das Allgemeininteresse, das der Staat gegenüber den Interessengruppen hochhalten müsse, Ausdruck des relativen Einflusses von Interessengruppen. Kein geringerer als Pierre Bourdieu hat dies, bevor er Ende der 1990er-Jahre seine kritischen Analysen vergaß und den Liberalismus zum Hauptfeind der Menschheit erklärte, genau beschrieben und vor dem »Staatsdenken« in der Soziologie gewarnt: Die »Kommission« (Expertenrat, Parlamentsausschuss etc.) habe die Aufgabe, das »alchemistische Wunder« zu vollbringen, aus partikularen Interessen Allgemeininteressen zu machen. In den staatlichen Kommissionen (und nachgelagert: durch die Medien) wird das momentane Gleichgewicht der Macht zwischen den verschiedenen »gesellschaftlich relevanten« Interessengruppen als das Allgemeininteresse deklariert: Das, was vor dem Verfahren partikulare Interessen waren, ist nach ihm das Allgemeininteresse, dem keiner, der seine soziale Vernunft beieinander hat, widersprechen darf, ohne als Bösewicht dazustehen, der »soziale Kälte« ausstrahle. Hingegen scheint es keine »soziale Kälte« zu sein, wenn wegen des Allgemeinwohls die Menschen während der Corona-Pandemie in »systemrelevant« und »nicht-systemrelevant« unterteilt und ihre Bedürfnisse (zum Beispiel nach Kinderbetreuung) dementsprechend als realisierbar oder nicht-realisierbar eingestuft werden. Für mich stellt das eine staatlich verordnete Ökonomisierung dar.

Gewaltcharakter des Staats hört sich drastisch an. Doch sogar das Grundgesetz der Bundesrepublik Deutschland weist ihm eine zentrale Bedeutung zu: »Alle Staatsgewalt geht vom Volke aus.« Das Spezifische der staatlichen Gewalt liegt darin, dass der Staat einen Monopolanspruch erhebt (»Du sollst keinen anderen Gott neben mir haben«), den er mehr oder weniger erfolgreich verteidigt. In der Demokratie ist eine weitere Besonderheit, dass die Gewalt idealtypisch namens der Mehrheit des Volks ausgeübt wird. Das macht die Gewalt nicht geringer, nicht moralischer und auch nicht behaglicher.

Die Corona-Pandemie hat vielen Staaten der Erde, einerlei ob demokratisch verfasst oder nicht, als Anlass gedient, eine ganz neue Form der Enteignung zu testen: Die Enteignung des persönlichen Risikomanagements zusammen mit einer fast beispiellosen Missachtung produktiver Zusammenhänge. Die Alternative der Zukunft lautet: Aneignung der Selbstbestimmung oder Barbarei der »Gesundheitsdiktatur«.[6]

Das Gerangel der Interessengruppen

von Fritz B. Simon

Ich stimme Stefan Blankertz Beschreibung zu: Es ist keine Zumutung, staatliches Handeln unter ökonomischen Gesichtspunkten anzuschauen, und es gibt gar keine Möglichkeit, über es nachzudenken, ohne dabei auch ökonomische Gesichtspunkte zu berühren; und auch der Charakterisierung, dass der besondere Gewaltcharakter des Staates eine Besonderheit darstellt, und der Staat die produktiv Tätigen (Einzelpersonen, Firmen usw.) enteignet und die so gewonnenen Ressourcen nutzt. Auch mit der Beschreibung, dass diese Ressourcen an ausgewählte Organisationen gehen und es ein Gerangel darum gibt, bin ich einverstanden. Mein Widerspruch gilt aber der Erklärung und Bewertung dieser Phänomene. Das beginnt bei dem von Blankertz aufgemachten Gegensatz zwischen »gesellschaftlicher Selbstorganisation« und »staatlicher Gewalt«. Denn der Staat ist bereits ein Resultat der Evolution/Selbstorganisation gesellschaftlicher Strukturen. Seine Funktion besteht darin, das »Gerangel« der miteinander im Konflikt liegenden Interessengruppen aufrechtzuerhalten.

Aus meiner Sicht gibt es unter den gesellschaftlichen Funktionssystemen nur zwei, deren Machtanspruch generalisiert ist und deren Formen der Machtausübung niemand entgeht.

1. Der Staat nutzt – und verteidigt – sein Gewaltmonopol als Machtmittel. Physischer Gewalt – vom Freiheitsentzug bis zur Todesstrafe – kann sich niemand entziehen (auch nicht die Akteure des Wirtschaftssystems). Diese Form der Macht wird durch das Rechtssystem eingegrenzt und zivilisiert.
2. Dem gegenüber steht die Wirtschaft bzw. der Markt. Hier werden Ressourcen, die zum Überleben eines jeden Akteurs nötig sind, verteilt. Die Verfügungsgewalt über knappe Ressourcen, die Nicht-Austauschbarkeit spezifischer Kompetenzen etc. bestimmen, wer sich wem anpasst bzw. wer die Preise für was definiert, das heißt, wer die Macht hat. Die Eigenlogik von Kommunikationsprozessen führt dazu, dass auf Märkten das »Matthäus-Prinzip« wirksam wird. Robert Merton hat es analog für die Wissenschaften beschrieben (wer viel zitiert wird, wird noch mehr zitiert, wer wenig zitiert wird, wird irgendwann gar nicht mehr zitiert). Unterschiede werden verstärkt: Starke werden stärker, Schwache werden schwächer. Ein nur wenig innovationsförderndes Prinzip. Doch die Macht von Märkten wird ebenfalls durch das Rechtssystem eingegrenzt und zivilisiert.

Den Entscheidungen des Staates kann man genauso wenig ausweichen wie der Eigendynamik von Märkten. Theoretisch gesprochen, bilden politisches und wirtschaftliches System füreinander relevante Umwelten, die bzw. deren Funktion nicht ohne Weiteres weggedacht werden können (»Auch die Alpen sind nichts Besonderes, wenn man sich die Berge wegdenkt«).

Jetzt, in der Corona-Krise, hat der Staat ganz klar die Führung übernommen. Er bzw. die für ihn stehenden Politiker stecken im Konflikt zwischen den Ansprüchen des Gesundheitssystems und denen der Wirtschaft. Sie sind mit einer pragmatischen Paradoxie konfrontiert: Die für das eine System »richtige« Entscheidung ist die für das andere System »falsche«.

Aber das ist meines Erachtens genau die Funktion des Staates: sich dem paradoxen Gerangel der Interessengruppen zu stellen und – immer wieder aufs Neue – mal zugunsten der einen, mal zugunsten der anderen Seite zu entscheiden. Die Intelligenz staatlicher Entscheidungen resultiert daraus, die Unentscheidbarkeit, wessen Interessen und Ziele für die Gesellschaft wichtiger sind, aufrechtzuerhalten.

Protektionistische Gewaltfantasien und soziale Autoimmunerkrankungen

von Steffen Roth

Macht, Gerangel und Ressourcen. Die Sprache bleibt politökonomisch, selbst wenn es uns zunehmend auch um Gesundheit, Recht oder Wissenschaft zu gehen scheint.

Nun kann man sich den Staat gut als strategischen Dreh- und Angelpunkt eines interessengeleiteten Wettbewerbs um öffentliche Mittel vorstellen. Soweit man bei diesen Mitteln aber an Geld denkt, beobachtet man eben nicht Staatspolitik, sondern Staatswirtschaft, was einmal mehr zeigt, dass es sich beim Staat nicht um die Politik handelt, sondern um *eine* Organisation. Dass es sich auch beim Staat nur um eine organisierte Interessengruppe unter vielen handelt, wird dann besonders deutlich, wenn er seinerseits in Konkurrenz tritt, etwa um Auslandsdirektinvestitionen. Im Kontext solcher Standortwettbewerbe entdecken Staaten regelmäßig ihre eigene Machtlosigkeit und überkompensieren den narzisstischen Schock mit autoritären und protektionistischen Gewaltfantasien. Der gefesselte Nationalstaat sieht in der entfesselten Weltwirtschaft den Grund für seine unwürdige Situation. Globalisierung wird zum Menetekel. Mit der aktuellen Corona-Krise steht die ideologische Psychohygiene wieder auf einem volksgesundheitlichen Fundament.

So enorm die Gravitationskräfte von Politik und Wirtschaft nach wie vor sein mögen, so sehr zeigt die aktuelle Krise auch, dass unsere vornehmlich politische und wirtschaftliche Beobachtungsneigung und die korrespondierende Blindheit für andere, angeblich weniger systemrelevante Funktionssysteme keine Notwendigkeit, sondern ein Problem darstellt. Damit ist nicht nur die Überbeobachtung der üblicherweise verdächtigen Funktionssysteme angesprochen, sondern auch der Hang, die Welt schwerpunktmäßig mit deren Augen zu sehen. So kommt es zu folgenschweren Verwechslungen, wie etwa im Fall der WHO, die Gesundheit als »a state of complete physical, mental and social well-being and not merely the absence of disease or infirmity« definiert. Der politische Blick hat Gesundheit kurzerhand in Wohlergehen und somit in einen allumfassenden wohlfahrtsstaatlichen Einflussbereich verwandelt.

Indem wir uns Runde um Runde um Staat und Markt drehen, reproduzieren wir Probleme, die wir auch reflektieren könnten. Daher mein Vorschlag, in Zukunft verstärkt die nicht-politischen und nicht-ökonomischen Augenmuskeln zu trainieren.

Gesundheit drängt sich da auf. Zum einen, weil wir hier aktuell den Ausgangspunkt der größten Krise der letzten Jahrzehnte vermuten. Zum anderen, weil in diesem System auch ein enormes Reservoir an Problemlösekompetenzen zu finden ist. Dabei ist neben lebenswissenschaftlicher Expertise auch an unser Wissen zur Therapie und Beratung von psychischen und sozialen Systemen zu denken.

In diesem Sinne erscheint die aktuelle Krise als Bewährungsprobe nicht nur für Virologie und Epidemiologie, sondern auch und gerade für Geistes- und Sozialwissenschaften. Diese wissen um die kommunikative Konstruktion auch der Naturwissenschaften und lassen sich nicht auf die hilfswissenschaftliche Krisenreservebank schieben, sondern bringen ihr Wissen um kommunikative Pfadabhängigkeiten und »soziale Autoimmunerkrankungen« in Stellung.

Im Geheimen geht das Sexgeschäft weiter
Spiegel, 7. Mai 2020

Labor Deutschland. In der nächsten Phase der Krise könnte der Föderalismus nützlich sein. Oder besonders gefährlich
Die Zeit, 7. Mai 2020

For Workers, No Sign of »What Normal Is Going to Look Like«
New York Times, 8. Mai 2020

Coronahilfe aus dem ESM: Eurogruppe will Rettungsschirm rasch »scharf schalten«
FAZ, 8. Mai 2020

Spahn: Deutsches Gesundheitswesen hat Bewährungsprobe bestanden
Ärzte Zeitung, 8. Mai 2020

5 Den Blick weiten

von Heiko Kleve

8. Mai 2020

Ich möchte den Vorschlag von Steffen Roth aufgreifen, dass wir uns aus der Fixierung unserer bisherigen Blicke auf Politik bzw. Staat und Wirtschaft lösen. Denn das Verhältnis dieser beiden Systeme lässt sich in einer funktional differenzierten Gesellschaft nicht passend beschreiben und erklären, wenn wir nicht zugleich konstatieren, dass es weitere Funktionssysteme mit ganz eigenen Beobachtungsperspektiven gibt. Diese Systeme werden möglicherweise nicht nur von uns, sondern im ganzen polit-ökonomisch überfrachteten medialen Diskurs übersehen und in ihren Eigenlogiken offenbar auch nicht verstanden.

Könnte es also sein, dass selbst das Gesundheitssystem und sogar das Wissenschaftssystem – zwei Systeme, die uns ja gerade täglich medial vorgeführt werden – von politischen und/oder wirtschaftlichen Perspektiven dominiert werden? Wäre es also denkbar, dass die aktuelle Krise noch mit überkommenen Problemlösungsstrategien bewältigt werden soll, also entweder mit Politik oder Wirtschaft, obwohl der Gesellschaft bereits viel mehr und weitaus differenziertere Möglichkeiten der Krisenbearbeitung zur Verfügung stehen? Wenn ja, welche Möglichkeiten wären das? Welche Rollen würden die unterschiedlichen Funktionssysteme hier spielen?

Um Antworten auf diese Fragen näherzukommen, möchte ich sowohl Fritz Simon als auch Steffen Roth zunächst bitten, ihr Bild der funktional differenzierten Gesellschaft knapp zu skizzieren. Um welche Funktionssysteme geht es hier? Was sind deren Aufgaben? Wie erkennen wir deren Wirken in der aktuellen Krise? Und wäre nicht sogar die Forderung plausibel, dass wir mehr funktionale Abgrenzung, mehr Differenz der Systeme voneinander benötigen als das, was wir in der Anfangsphase der Pandemie erlebt haben, das mediale Einschwingen auf den einen Konsens?

Hierarchie und Krise

von Fritz B. Simon

Wenn das Haus brennt, ist keine Zeit, in Muße die Pros und Kontras des Löschens zu diskutieren. Im Notfall (bzw. so beobachteten/bewerteten Situationen) erweist sich Hierarchie als funktionell, um die Handlungen der beteiligten Akteure ohne zeitraubenden Kommunikationsaufwand zu koordinieren.

Daher ist es nicht verwunderlich, wenn auch in der sogenannten Corona-Krise der Staat schnell und drastisch entscheidet. Alle anderen Funktionssysteme bzw. ihre Akteure ordnen sich ihm dabei, wie zu sehen ist, unter. Große Teile der Wirtschaft sind in ein künstliches Koma versetzt, die freie Ausübung der Religion ist eingeschränkt, der Kulturbetrieb auf Selbstdarstellung im Internet reduziert, Schulen sind geschlossen, die Wissenschaft ist nicht beeinträchtigt, soweit sie zwei Meter Abstand hält, einzig das Gesundheitssystem scheint zu florieren. Allerdings täuscht das, denn es sind lediglich Virologen und Epidemiologen, die zu Wort kommen, und über Macht verfügen auch sie nicht, da sie lediglich den Entscheidern in der Politik Argumente und Legitimationen für ihre Anordnungen liefern.

Diese Funktion des Staates wird von der Bevölkerung bislang akzeptiert, denn nur so lässt sich deuten, dass dessen Vorgaben weitgehend befolgt werden; gegen breiten Widerstand wären sie nicht durchzusetzen bzw. zu kontrollieren.

Wie von Organisationen, aber auch von Individuen, wird vom Staat in unbekannten Notfallsituationen auf bekannte Routinen zurückgegriffen. Die angeordneten Maßnahmen der Seuchenbekämpfung wurden schon bei den Pestepidemien im Mittelalter angewandt.

Obwohl die Funktionalität (und Intelligenz) hierarchischer Entscheidungsfindung auf Situationen beschränkt ist, in denen keine Zeit bleibt zur Reflexion und zum Aushandeln von Konflikten zwischen unterschiedlichen Sichtweisen, Beschreibungen, Bewertungen, Interessen usw., ist die Versuchung für Hierarchen groß, einmal eingeführte autoritäre Strukturen auf Dauer zu stellen (siehe Ungarn, China, ...). Das ist ein nicht zu unterschätzendes Risiko, denn es führt zur Verblödung des Staates.

Was diese Krise aber gezeigt hat, ist, dass Staaten in der Lage sind, auf eine Umweltkrise radikal zu reagieren. Denn die Bedrohung durch ein Virus, gegen das »der Mensch« noch keine Abwehrmechanismen entwickelt hat, stellt die Prämissen jedes Gesellschaftssystems infrage: den nicht-kranken menschlichen Organismus (= Kollektivsingular) als relevante Umwelt des öffentlichen Lebens. Doch die Akzeptanz solcher die Freiheiten einschränkender Maßnahmen ist daran gebunden, dass die Gefahr alle betrifft. Wenn differenziert werden kann, dann werden die vermeintlich Nicht-Gefährdeten, d. h. die Nicht-Diabetiker, die Jungen und die Mecklenburger, den Konsens aufkündigen ... (erste Absetzbewegungen sehen wir gerade). Krankheit wird dann wieder als privates Problem definiert und durch das sogenannte Gesundheitssystem (als Reparaturbetrieb) individuell behandelt.

Zurück zur Bedeutung der anderen Funktionssysteme bei der Bewältigung der Krise: Ihre Zeit kommt erst nach der Krise, wenn die Krise nicht mehr als Krise beobachtet wird, d. h. bei der Aufarbeitung eventueller Traumatisierungen.

Allerdings können in Zukunft Forderungen nach radikaleren Umweltschutz-Maßnahmen nicht mehr mit dem Argument, das alles sei nicht durchsetzbar, abgetan werden. Nötig dürfte dafür aber wieder ein kollektives Gefühl der Bedrohung des eigenen Überlebens sein.

Staatstherapie für Therapiestaaten

von Steffen Roth

Wenn das Haus brennt, kann allerhand passieren. Was aber ungleich öfter passiert, ist Fehlalarm. Alarm als Dauerzustand ist Nährboden für den eigentlichen Flächenbrand. Auch wer fest an die aktuelle Krise glaubt, ist daher gut beraten, Alarmismus ebenso nachhaltig zu neutralisieren wie das Risiko, das ihn triggert.

Einen Kurzschluss von Alarm auf Politik gibt es dahingegen selbst dann nicht, wenn man sie mit Hierarchie verwechselt: Der Weg zum Notfall und dahinter führt oft auch über Netzwerke, während in Bundesligatabellen definitiv keine Machtspielergebnisse stehen. Indem wir Politik, Staat und Hierarchie konzeptionell nur lose koppeln, können wir nun zwar nicht mehr beobachten, dass sich alle »anderen« Funktionssysteme dem Staat unterordnen, dafür steigt aber der Beobachtungsspielraum:

Die Diapositive zeigen staatliche Präferenzen für die Funktionssysteme [im Uhrzeigersinn von Sport (Schuh) aus: Massenmedien, Bildung, Gesundheit, Politik, Wirtschaft, Wissenschaft, Kunst, Religion, und Recht]. So lassen sich unterschiedliche Staatsformen unterscheiden: links der neoliberale Idealstaat mit nahezu ausschließlichem Fokus auf Wirtschaft, Recht und Politik. In der Mitte ein allseits investierender Wohlfahrtsstaat mit Schwerpunkt Brot und Spiele, was in der spätmodernen Variante auch Kultur- und Medienkonsum einschließt. Rechts ein »neu-normaler«, »blauer« Gesundheitspolizeistaat, in dem Wirtschaft und Recht wenig Gewicht haben, wenn

Gesundheit und Wissenschaft zu dem Schluss kommen, dass Leben auf dem Spiel steht.

Im Ergebnis dieser Übung entsteht zunächst einmal *eine* klare Antwort auf die Frage, wo sich die von Fritz Simon beobachteten Über- und Unterordnungen von Politik und Wirtschaft überhaupt abspielen: hier eben in der Organisation Staat, wie andernorts in Unternehmen, Universitäten oder Sportvereinen. Weiterhin sieht man, dass sich auf diese Weise unterschiedliche Organisationsformen vergleichen lassen. So zeigt sich zu guter Letzt auch, dass Staatsformen weniger davon abhängen, was Bürger gut oder schlecht finden, als vielmehr davon, mit welchen Codes welcher Funktionssysteme sich Staaten jetzt und in Zukunft selbst programmieren.

Wenn dabei Gesundheit nun eine bislang ungeahnte Rolle spielt, dann besteht mitunter Anlass zur Sorge, dass sich mit den von Fritz Simon beschriebenen mittelalterlichen Eindämmungsmaßnahmen weitere feudale Strukturmuster ausbreiten. Das wäre allerdings weniger neu als normal, war unser »Gerangel« um Wohlfahrt doch immer mehr höfisch als modern. Insofern würde momentan nur überdeutlich, dass ein Wohlfahrtsstaat totalitär ist, sobald er Hilfsbedürftige schützt, indem er alle wie Hilfsbedürftige behandelt.

Gleichzeitig zeigt die drohende Ausweitung der wohlfahrtsstaatlichen Kampfzone, dass sich der Staat auch dann weder »der Gesundheit« noch gesundheitswissenschaftlichen Abteilungen unterordnet, wenn er sich äußerst stark von ihnen irritieren lässt. Gleiches gilt aber auch in Gegenrichtung: Der Staat kann Krisenunternehmen womöglich zu mehr Politikbeobachtung zwingen; »die Wirtschaft« hat er damit noch lange nicht im Sack.

Dass aktuell die politische Stunde der Gesundheit schlägt, hat auch Vorteile. So reduziert der neu-politische Gesundheitsfokus anderswo den Beobachtungsdruck und schafft Raum für tatsächlich Neues. Gleichzeitig entstehen im Zuge der Krise eben neue Ansatzpunkte für eine Gesundheitswissenschaft und -profession, die sich der pandemischen Politik nicht untergeordnet, sondern an die Seite gestellt denkt. Indem wir den Gesundheitsbegriff auf Organismen, Psychen und – warum dann nicht auch – soziale Systeme beziehen, schlägt die Stunde auch und gerade der Kommunikationsberatung und -therapie *jetzt*, und nicht erst fünf nach zwölf.

Es ist gelinde gesagt nicht ganz ausgeschlossen, dass diese Krise in Gestalt und Ausmaß auf wechselseitiger Fehleinschätzung von politischer und wissenschaftlicher Kommunikation beruht. Die Einsicht in dieses Kommunikationsproblem wäre eine goldene Brücke für den Weg aus der Krise. Wie Kriegsseelsorger Soldaten nicht erst nach Ende des Krieges ihr Ohr schenken, so kann an dieser Brücke in eine Nachkrisenzeit bereits jetzt gebaut werden und somit ein versöhnlicher Raum geschaffen werden, in dem sich politische und wissenschaftliche Entscheidungsträger mit genügend Zeit und in allen Ehren von der Last alteuropäischer Herrschafts- und Gewissheitserwartungen verabschieden können.

All das wäre für systemische Denker nicht neu, sondern einfach nur normal und somit machbar.

Das Mantra vom Sparen im Gesundheitssystem muss grundsätzlich überdacht werden
Der Standard, 10. Mai 2020

Wir dürfen unser Gesundheitssystem nicht dem freien Markt überlassen!
Frankfurter Rundschau, 11. Mai 2020

Surviving Covid-19 May Not Feel Like Recovery for Some
New York Times, 11. Mai 2020

Corona-Demonstrationen: Kein Wasser auf die Mühlen der Verschwörungstheoretiker
FAZ, 11. Mai 2020

6 Politik und Wissenschaft dezentrieren sich

von Heiko Kleve

11. Mai 2020

Spätestens an dieser Stelle möchte ich den Diskurs mit den aktuellen Geschehnissen koppeln. Denn nochmals ist deutlich geworden, dass Fritz Simon den Staat als den politischen Schiedsrichter im Spiel der Systeme versteht, der notfalls auch hart eingreifen muss, der vorübergehend einige Spieler vom Feld weist, deren Stunden aber nach der Krise wiederkommen. Steffen Roth hat hier eine andere Perspektive: Er betrachtet die Systeme gleichberechtigter. Er sieht womöglich das, was in der soziologischen Systemtheorie gemeinhin mit dem Begriff »polyzentrisch« bezeichnet wird, dass keinem System eine Hoheit im Spiel zukommt. Alle spielen das gleiche Spiel als gemeine Spieler. Sie beobachten sich dabei, wie sie sich beobachten, wie sie – mit Fritz Simon gesprochen – sich und andere beschreiben sowie deren Dynamiken erklären und bewerten.[7]

Wenn wir das nun auf die aktuelle Situation beziehen, dann sehen wir, dass vielleicht gerade vom Simon- in den Roth-Zustand gewechselt wird. Die Bundespolitik gibt ihre Pandemie-Bekämpfung an die Länder ab. Das RKI stellt seine beiden wöchentlichen Pressekonferenzen ein. Könnte es nun sein, dass durch diese Dezentralisierung der Zuständigkeiten auch die anderen Funktionssysteme wieder stärker in Erscheinung treten? Einige Anzeichen sprechen dafür: Sport soll wieder möglich sein, und auch die Kultur scharrt schon mit den Füßen.

Apropos Kultur: Wir können uns nun auf einen neuen Zwischenruf freuen, und zwar von Prof. Dr. Michael Hutter, einem Kulturkenner, der sich zudem mit (ernsten) Spielen auskennt. Wie bewertet er den bisherigen Diskurs zwischen Simon und Roth? Wo liegen die blinden Flecken der beiden? Wo lassen sich die »kulturellen Quellen« des politischen Umgangs mit COVID-19 verorten, und wo befinden wir uns nun? Was zeichnet sich gerade ab? Könnte es sein, dass die eingeleitete Dezentrierung der Krisenbearbeitung der Komplexität der aktuellen Problemlage besser entspricht als das bisherige Krisenmanagement? Oder wird mit höherer Wahrscheinlichkeit das passieren, was einige Krisenpessimisten schwarzmalerisch an die Wand pinseln: Alles wird nur noch schlimmer kommen, wenn die zweite oder gar die dritte Welle der (ewigen) Pandemie anbricht?

Die Corona-Verschiebung

von Michael Hutter

Das »Coronavirus« ist eine Lebensform, die man sich wie eine große, inzwischen über den Planeten verteilte Wolke vorstellen kann. Die Elemente der lebenden Wolke sind codierte Erbgutinformationen mit einer Fetthülle. Die einzelnen Virenpartikel sind stabil genug, um sich über Atemluft und berührte Oberflächen zu verbreiten. Sie verwenden die Zellen von Menschen, in die sie über deren Schleimhäute eindringen, zu ihrer Reproduktion, und Sars-CoV-2 ist dabei besonders erfolgreich. Dort, wo die Bedingungen günstig sind, wächst die Virus-Wolke binnen weniger Tage exponentiell. Je nach Vorzustand sterben 0,1–10 Prozent der Wirtsorganismen.

Während in den vergangenen vier Monaten diese virale Lebensform in die Körper der Menschheit gekrochen ist, hat die Weltgesellschaft auf ihre Weise reagiert – durch Kommunikation. Das Volumen der Kommunikation zu Aspekten des Befalls und seiner Abwehr, und zu den dadurch ausgelösten oder erwarteten Folgen, ist explosionsartig gewachsen. Das eine Thema beherrscht die Foren rund um den Planeten, Infektionsverläufe zwischen Ländern und Regionen werden verglichen, wissenschaftliche Befunde und alle anderen »Corona-Updates« werden über sämtliche Verbreitungsmedien binnen Stunden weltweit geteilt. Monatelang hat das Thema nun schon alle anderen Themen verdrängt, im öffentlichen ebenso wie in den meisten privaten Räumen. Die Ansichten darüber, was wichtig ist, haben sich durch die Bedrohung verschoben, und in der Verschiebung werden Konturen der Gesellschaft erkennbar, die sonst unbeobachtbar bleiben. Wie kann man nun, auf dem Fundament von Luhmanns Theorie sozialer Systeme, das Geschehen rekonstruieren, und welche Konsequenzen hat das für die Theorie? Ich will drei Beobachtungen hervorheben, die alle im bisherigen Verlauf der von Heiko Kleve angezettelten Diskussion bereits eine Rolle gespielt haben.

Die erste Beobachtung setzt bei den einfachsten sozialen Systemen an, bei den Interaktionen. Interaktionen werden als Gefahrenquelle erkannt, und die einzige Strategie gegen die Ausbreitung des Virus ist die der sozialen Distanz – vom Mindestabstand bis zur Quarantäne. Das betrifft vor allem Menschenansammlungen in Organisationen, von Schulen bis zu Kirchen, und öffentliche Versammlungen, von Fußballstadien bis zu Kirchenchören. Der Kommunikationspartner wird zur Gefahr. Nun sind in der Weltgesellschaft entlang grundlegender Problemlagen spezifische Kommunikationslogiken oder Sinnspiele entstanden, und darin haben sich wiederum Organisationsformen etabliert, die durch koordiniertes Verhalten der individuellen MitspielerInnen solche Probleme behandeln oder gar lösen können. Über kollektiv bindende Entscheidungen wird im politischen Funktionssystem kommuniziert, und Staatsorganisationen wird die sanktionsbewehrte Macht übertragen, die Anordnungen in den historisch gewachsenen Grenzen ihrer territorialen Anerkennung umzusetzen.

Die Aggression durch das Virus kam unvermutet, schnell und in Erwartung überforderter Krankenhäuser. Ganz ähnlich wie bei militärischer Intervention musste die Abwehr rasch und koordiniert erfolgen; dazu hat Fritz Simon vor allem in seinem jüngsten Beitrag das Wesentliche gesagt. Dabei sind Eigenschaften der modernen Staatsorganisation, ihre Territorialität und ihre interne hierarchische Struktur, deutlicher ans Licht gekommen. Was als »Flickenteppich« kritisiert wird, entspricht der Logik von Machtdurchsetzung, die immer irgendwo an die Grenzen konkurrierender Mächte stößt. Deshalb müssen Zwangsmaßnahmen auf staatsweiter, regionaler und lokaler Ebene verteilt werden, und sie müssen so kalibriert sein, dass der

Widerstand im politischen Umfeld nicht so groß wird, dass er den konstruierten, fiktiven Geltungsanspruch der Staatsorgane bloßlegt. Die Corona-Verschiebung zeigt, wie stark die Durchsetzung eines weitgehenden Versammlungsverbots legitimiert sein kann, wenn das Ziel der Seuchenvermeidung im Vordergrund steht. Mit dem Grad der Gefährdung durch physische Interaktion verschiebt sich auch die Relation der Ansprüche zwischen den Akteuren – zumindest so lange, bis die Gefahr gebannt ist. Der Kampfbegriff der Enteignung, den Stefan Blankertz in Stellung bringt, wird der Relationalität des Geschehens kaum gerecht: Kein sozialer Anspruch ist absolut, jede Freiheit findet ihre Schranken an der Freiheit anderer. Wann der Zeitpunkt gekommen ist, um die Schranken aufzuheben, ist dann wieder Gegenstand des »Gerangels der Interessen«.

Auf die Verschiebung in den Relationen zwischen den Funktionssystemen richtet sich meine zweite Beobachtung. Die Disruption durch den Corona-Befall hat schon jetzt breite Spuren in der Kommunikation dieser so komplexen sozialen Systeme hinterlassen, und die werden beobachtbar an der Zunahme und Abnahme des Wertes (oder der Relevanz, der Bedeutung), der Organisationen und Personen aus den verschiedenen Sinnwelten in der Gesellschaft zugesprochen wird. In ruhigen Zeiten kommen sich die Akteure der verschiedenen Wertsphären (das ist Max Webers Formulierung) nicht sonderlich in die Quere, weil sie ihren Sinn ja aus der ständig neuen Bewältigung verschiedener Problemlagen ziehen. Das spezifische, schon jetzt historische Problem der Virus-Pandemie hat diese Ruhe gestört. Die gesellschaftliche Problembearbeitung zeigt, wie sich diese Berechtigungen verschieben, ohne dass deshalb gleich der Rückfall in eine vormoderne Über- und Unterordnung der Funktionssysteme diagnostiziert werden muss. Ich will zum Bedeutungszuwachs und -verlust der für mich erkennbaren Funktionssysteme kurze Anmerkungen machen.

Vom Bedeutungszuwachs staatlicher Organisationen, von der nationalen Regierung bis zu den lokalen Gesundheitsämtern, war schon die Rede. Der gestiegene Wert von straffer politischer Führung ist an den Zustimmungswerten der Blitzumfragen abzulesen. Damit einher geht eine abrupte Umverteilung von Machtbefugnissen innerhalb der Staaten, über deren zeitlich beschränkte Gültigkeit allerdings bereits diskutiert wird. Gesteigert ist auch der Wert von wissenschaftlicher Kommunikation. Nicht nur, dass ganze Bildungsschichten zu Amateurvirologen und herausragende Experten zu Volkshelden werden, auch darüber hinaus finden plötzlich Erörterungen über wissenschaftliche Verfahren der Hypothesenüberprüfung breites Gehör. Sogar Kultursoziologen, Verhaltensökonomen und Psychologen werden aufgefordert, ihre fachspezifischen Interpretationen beizutragen, und in Wissenschaftsverbänden macht man sich schon Gedanken darüber, wie ein Teil der Fördergelder, die über die virologische, immunologische und pharmazeutische Forschung hereinbrechen werden, in andere Wissenschaftsfelder geschleust werden können. Auch die Organisationen des Rechts werden an Bedeutung gewinnen, wenn die jetzt verlorenen Ansprüche als konkurrierendes Rechtsgut eingeklagt und dann durch Richterspruch dem staatlichen Zugriff stärker entzogen oder aber geöffnet werden.

Für die Wertsphären von Familie und Religion ist die Einschätzung weniger klar. Erst einmal hat die Verschiebung hin zu ganztägigen Interaktionen im Intimbeziehungsverbund der Kernfamilie die Leistungsfähigkeit dieser Form des Zusammenlebens strapaziert. Im unfreiwilligen Selbstversuch werden aber auch die Potenziale einer affektgesteuerten Problembewältigung erkannt, die nicht auf professionelle Leistungsanbieter aus den anderen Sinnwelten angewiesen ist. Dazu hat Fritz Simon sicher noch mehr zu sagen. Was Religion angeht, so haben die verschiedenen Glaubensgemeinschaften gemerkt, wie stark die Sinnbindung ihrer Mitglieder von deren physischer Versammlung abhängt. Auch wenn die Fernsehübertragung der Papstmessen in Italien zur Zeit Quotenrekorde bricht, so wird doch an der jüngsten Seuche deutlich, wie stark religiöse Narrative über die vergangenen Jahrhunderte an Erklärungskraft verloren haben.

Die stärksten Wertverluste treffen Organisationen und Personen in Wirtschaft und Kunst. Die Wirtschaft wird durch die Kernstrategie der Kontaktvermeidung massiv gestört. Dadurch zerreißen Lieferketten, und die VerbraucherInnen werden am Verbrauchen gehindert. Also bricht der Absatz nicht nur ein, sondern urplötzlich ab. Die Versorgungskommunikation ist aber stark auf Zeitlichkeit aufgebaut; die Güter von morgen werden heute mit Krediten bezahlt, die morgen zurückgezahlt werden. Der Wertschwund bei den Erwartungen kann etwa an den gesunkenen Aktienkursen, an der Zahl der Insolvenzen und der Arbeitslosen gemessen werden. Die geldpolitische Intervention vieler Staatsregierungen in das nationale Wirtschaftsgeschehen hat die Härte der Verbote erst erträglich gemacht. Die Technik besteht darin, durch das Zahlungsversprechen des Staates den Erwartungsverlust im Rest der Wirtschaft zu ersetzen. Das wird, abhängig vom schon vorher erreichten Schuldenstand, unterschiedlich gut gelingen.

So hart das Versammlungsverbot die Kultur- und Kreativindustrien getroffen hat, so erhellend ist der Vorgang doch für das theoretische Verständnis der »Kunst der Gesellschaft«. Kunstwerke schaffen fiktive Welten, die von Personen affektiv erlebt werden. Das Erlebnis der fiktiven Welt steigert seine affektive Kraft in der Interaktion, im Zusammenspiel von Aufführenden und Anwesenden. Das gilt sogar für die Literaturszene, in der SchriftstellerInnen ihr Einkommen durch Lesungen erzielen. Vom Versammlungsverbot sind sämtliche Sparten des Kunst- und Unterhaltungsbetriebs betroffen, von der Gastronomie über die Sportwettbewerbe und den Tourismus bis zu den Konzerten und Ausstellungen der Hochkultur. Hier zeigt sich eine Gemeinsamkeit, die Anlass gibt, das Kunstsystem zu einem Kunstweltensystem zu erweitern: Die Akteure in all diesen Sparten haben das Ziel, Erlebniswelten, in denen sich Personen gern gemeinsam aufhalten, zu erschaffen. Dabei bestätigen einige dieser auf irgendeine Weise ästhetischen Arrangements bestehende Verhältnisse, andere kreieren Gegenwelten. Das nun verbotene gemeinsame Erleben wird zwar durch digitale Verbreitungsmedien in Teilen ermöglicht, aber die Fans der jeweiligen Genres bemerken die Künstlichkeit der Werke und Ereignisse. Unter solchen Bedingungen wird weniger verkauft, aber der Amateurismus gedeiht. Wenn engagierte Amateure auch noch mit leistungsstarken Gestaltungsmedien ausgestattet werden, könnte langfristig die Bedeutung der ganzen, weit über die Hochkultur hinausreichenden Wertsphäre steigen. Aber erst einmal lässt die Bedeutungsverschiebung hin zu einer Gegenwelt der existenziellen Bedrohung durch eine lebendige Virus-Wolke die handelsüblichen Fiktionen blass aussehen.

Eine letzte Beobachtung ist wohl eher theorieintern von Interesse: Die Corona-Verschiebung legt nahe, dass es wenig ergiebig ist, die Massenmedien, das Gesundheitswesen und den Bildungssektor als Funktionssysteme aufzufassen. Die Massenmedien, einst als hierarchisch geordnete Informationsversorger einer allgemeinen Öffentlichkeit aktiv, sind zerfallen in Informationsproduzenten, die ihre Inhalte an den Erwartungen und Wünschen der Nutzer ausrichten. So wird die vermeintliche Leitunterscheidung Information/Nicht-Information zum Spielmaterial des Unterhaltungsgewerbes. Das Gesundheitswesen wird klar beherrscht vom Code der Wissenschaft, speziell den

Varianten der Biochemie, der Medizin und der Apparatetechnik. Gekoppelt sind Versicherungsorganisationen, Ausbildungsorganisationen, Pflegeeinrichtungen sowie die Lieferanten von Technik und Wirkstoffen. Die Sinnform der Sorge, als Erweiterung der familiären Beziehung, tritt zwar im akuten Zustand der Überlastung stärker in den Vordergrund, aber es ist zu bezweifeln, dass von dieser Anerkennung »nachher« viel bleibt. Im Bildungssektor werden weltweit, ähnlich wie im Gesundheitssektor, staatlich organisierte Grundversorgung und privat bezahlte Leistungen miteinander kombiniert. Die staatliche Organisation hat es auch ermöglicht, dass Versammlungen in Form von Schulunterricht sofort gestoppt werden konnten. Der Bildungssektor ist stark in das Spiel der Wissenschaft integriert, dennoch wird das Fehlen des gemeinsamen Erlebnisses als Verlust erlebt. Was verloren geht, sind etwa die starken Interaktionssysteme von Freundschaften, was gewonnen wird, ist die Individualisierung von Lerneinheiten, ermöglicht durch die rasche Weiter- und Neuentwicklung geeigneter digitaler Plattformen und Programme. Eigenständige Wertskalen werden in keinem der drei Fälle erkennbar. Es handelt sich eher um Konglomerate von Organisationen, in denen politische, wirtschaftliche, wissenschaftliche, familiäre, ästhetische und oft auch religiöse Wertungen eine Rolle spielen.

Ich gebe zu, dass aus dem Zwischenruf eher eine Suada geworden ist. Vielleicht liegt es daran, dass das Anhalten der Welt für Wissenschaftler eine grundlegende Methode ist, um die Möglichkeit der Reflexion, der Überprüfung der eigenen Wahrnehmung, zu gewinnen. Meist müssen sie solche Zustände mühsam herstellen oder können sie nur postulieren. Wenn nun um uns herum tatsächlich das gesellschaftliche Zusammenleben angehalten wird, und das mehr oder weniger weltweit, dann passiert so viel Ungewöhnliches und Neues, dass das Beobachten nur schwer ein Ende findet.

Es gibt kein »gesundes« System

von Fritz B. Simon

Die Menge der Zwischenrufe macht es schwer, einen gemeinsamen, d. h. verbindenden Fokus der Aufmerksamkeit zu finden – zumal wir beide, die Hauptkontrahenten, sowieso die Tendenz haben, nur die

Fragen zu beantworten, die wir uns selbst stellen ... Aber trotzdem, hier mein Versuch, zunächst auf den Zwischenruf von Michael Hutter einzugehen:

Seiner Beschreibung des Status quo stimme ich weitestgehend zu, vor allem, wie er den aktuellen Bedeutungsverlust bestimmter Wertsphären – ein Konzept, das er in diesem Kontext an die Stelle der Funktionssysteme setzt – charakterisiert. Daher gibt es für mich in der Hinsicht wenig Diskussionsbedarf.

Was ich spannend finde, ist die (»eher theorieinterne«) Frage, ob Massenmedien, »Gesundheitssystem« (ein Begriff, den ich hier in Anführungsstriche setze) und der Bildungsbereich eigenständige Funktionssysteme sind. Meine Antworten dazu fallen – bei aller Vorsicht und Vorläufigkeit, d. h. sehr unsicher und wenig reflektiert – folgendermaßen aus:

- Die Massenmedien sind inzwischen in erster Linie zu ganz normalen Teilnehmern des Wirtschaftssystems geworden. Sie verkaufen Produkte, genannt: »News«, wobei zwischen echt und fake vom Konsumenten unterschieden werden muss. Sie dienen nur begrenzt der Information der Öffentlichkeit, dafür eher spezifischen wirtschaftlichen Interessen und Interessengruppen, da sie ihren Wahrheitsanspruch aufgegeben haben oder er ihnen abgesprochen wird. Der Unterschied zwischen Nachrichten und Werbung schwindet. Dies stützt meines Erachtens meine These von der Übermacht der Wirtschaft, denn sie hat die Massenmedien kolonialisiert.
- Das »Gesundheitssystem« scheint mir immer noch ein an der Unterscheidung krank/gesund orientiertes Funktionssystem zu sein. Es wird in seinen Handlungsmöglichkeiten vor allem durch Wirtschaft und Wissenschaften begrenzt. Im Rahmen der Corona-Krise haben die Wissenschaften (bzw. ein kleiner Teil davon) an Bedeutung (= Wert) gewonnen, was auf Kosten der Wirtschaft ging. Viele sogenannte Gesundheitsorganisationen leiden aktuell wirtschaftlich genauso stark wie andere Akteure des Wirtschaftssystems (z. B. keine lukrativen Operationen).
- Über die Frage, ob der Bildungsbereich noch als Funktionssystem zu verstehen ist, müsste ich erst noch einmal länger nachdenken, das heißt, dazu kann und will ich im Moment nichts sagen.

Nun zum letzten Beitrag von Steffen Roth. Auch dazu ist eigentlich mehr anzumerken, als hier jetzt möglich ist. Ich picke daher den letzten Vorschlag einer »Gesundheitswissenschaft« heraus, da er zumindest einen gewissen Bezug zur aktuellen Situation hat.

Zunächst meine volle Zustimmung zu der Forderung, unterschiedliche Organisationsformen des Staates zu vergleichen und zu prüfen, an welchen Codes welcher Funktionssysteme sie sich – de facto, würde ich hinzufügen – orientieren und an welchen sie sich orientieren sollten.

Was allerdings die Idee der Gesundheitsforschung angeht, so halte ich die für extrem gefährlich (wenn auch wahrscheinlich gut gemeint). Denn bei der Unterscheidung krank/gesund kann immer nur die »krank«-Seite markiert werden, nicht die andere Seite. »Gesundheit« ist ein Konzept, für dessen Beobachtung es kein Merkmal der Unterscheidung gibt (siehe die hilflose WHO-Definition). Man kann zwar die Definition von Krankheiten operationalisieren, aber nicht die der »Gesundheit«. Und das vermeintliche »Gesundheitssystem« ist daher immer nur ein System gewesen (und sollte es sein), in dem Krankheiten behandelt werden. Eine Therapie, die sich an »Gesundheit« orientiert, findet kein Ende (daher die »Kostenexplosion«). Ein gutes (wenn auch karikierendes) Beispiel dafür ist die Psychoanalyse, die als Ziel ihrer Kur »genitale Reife« angibt. Da es kein beobachtbares Merkmal der Unterscheidung dafür gibt, sind die Analysen seit Sigmund Freuds Zeiten von 20–30 Stunden auf mehr als 1500 bei orthodoxen Analytikern heute gestiegen.

Jedes Gesundheitskonzept wird zwangsläufig normativ und engt Möglichkeiten der Kreativität und Innovation ein. Die Orientierung – auch in Bezug auf psychische und soziale Systeme – muss daher an dem erfolgen, was nicht (!) funktioniert oder nicht sein soll. Es ist wie mit dem darwinistischen Selektionsprinzip: Nicht der Fitteste überlebt, sondern wer überlebt, ist fit. Wir können auch in Bezug auf psychische und soziale Organisationsformen keine längerfristig haltbaren Aussagen über ihre Gesundheit machen, aber wir können sehr wohl sagen, was nicht zum Erfolg, zu Leid und Kosten aller Art, ja, zur Bedrohung ihres Überlebens führt. Wer sich bei der Konstruktion sozialer Systeme (von der Organisation bis zum Staat) an Gesundheit orientiert, landet früher oder später bei totalitären Systemen. Wir sollten daher – auf der politischen Ebene – nicht diskutieren, in welcher Gesellschaft wir leben wollen, sondern, in welcher wir auf keinen Fall leben wollen.

Diese Frage lässt sich dann auch kleinteiliger beantworten, wenn es um die Bedrohung durch ein Virus geht ...

Negative Gesundheit, negative Freiheit

von Steffen Roth

In Sachen Gesundheit stimme ich mit Fritz Simon weitestgehend überein: Gesundheit ist ein negativ gepoltes Funktionssystem, und Umpolungen haben den genannten Preis der endlosen Therapie.

Mit Wohlfahrt verhält es sich ganz ähnlich, und just in diesem Sinne waren meine Ausführungen gemeint: Ein Staat, der von Gleichberechtigung auf Gleichstellung umpolt, verhält sich wie der oben beschriebene Psychoanalytiker. Er lebt davon, Glücksschmieden den Hammer aus der Hand zu nehmen und sie nach seinem Bild zu formen. Das funktionale Äquivalent zur »genitalen Reife« ist dann der »conceptual penis« und somit die Kultur der politischen Korrektheit, die er mit Blick auf mehr ideologische als logische Formen sogenannter Wissenschaft karikiert.

Den Preis einer politisch korrekten »Wissenschaft« bezahlt man spätestens dann, wenn man im Ernstfall nicht mehr weiß, ob man als politischer Entscheidungsträger Wahrheiten oder doch eher Gefälligkeiten in jener Hand hält, in die ein staatlich alimentierter Wissenschaftler schon lange nicht mehr ungefragt beißt.

Insofern sind wir doch gut beraten, uns an Isaiah Berlins Konzept der »negativen Freiheit« zu erinnern, die sich als Abwesenheit von Einmischung definiert und sich nicht mit dem verwechselt, was man in Freiheit anstreben sollte oder kann.

Nun ist Nicht-Einmischung aber genau das, was ein Wohlfahrtsstaat und seine Getreuen nicht können. Ganz im Sinne de Tocquevilles hat deshalb inzwischen fast jede Lebenslage mindestens ein Problem, das nach wohlfahrtsstaatlicher Intervention verlangt. So entsteht das bekannte Paradox, dass mit dem Wunsch zu helfen die Hilfsbedürftigkeit steigt. »Gut gemeint« war schon immer das Gegenteil von »gut gemacht«.

Zementiert wird diese Kultur der Abhängigkeit nicht zuletzt durch Erziehung, und somit durch ein Funktionssystem, das uns nur deshalb als zweitrangig und aktuell kaltgestellt erscheint, weil wir es mit

Organisationen wie Schule oder Universität verwechseln. Mit Blick aufs eigentliche Funktionssystem zeigt sich aber, dass Erziehung seit Langem und jetzt erst recht en vogue ist, und das nicht selten in ihrer primitivsten paternalistischen Variante. Tatsächlich schickt einen »Mutti« wieder regelmäßig zum Händewaschen. Auch soll man falschen Umgang vermeiden, erklären, wo man wann mit wem war, sein Smartphone vorzeigen, überall in Reih' und Glied stellen und sich – nicht nur ganz wortwörtlich von Masken – bevormunden lassen. Für die offizielle Mehrheit scheint sich all das warm anzufühlen – Freiheit dahingegen kalt. Mit der »genitalen Reife« dieser Mehrheit wäre es demnach nicht weit her.

Derartige Tours de Force – auch und gerade durch die bislang weniger prominenten Funktionssysteme wie Gesundheit, Wissenschaft und Erziehung – sind wichtig, nicht zuletzt, weil die relative Vernachlässigung dieser Systeme erheblich zu Entstehung und Verlauf der aktuellen Krise beigetragen hat. Gleichzeitig muss deren Aufwertung nicht mit den von Fritz Simon und Michael Hutter beobachteten oder gar ersehnten absoluten Wertverlusten der ehemaligen funktionalen Platzhirsche einhergehen.

Aus einer wirtschaftlichen Perspektive kann sich die Corona-Krise noch als äußerst lukrativ erweisen: Wenn Daten das neue Öl sind, dann sind Gesundheitsdaten eine besonders raffinierte Form davon. So denkt man nicht nur im Silicon Valley, und das schon seit Jahrzehnten, und indem die Regierungen der Welt ihre Bürger nun systematisch ans Gesundheitsdatenspenden gewöhnen, entsteht ein neuer »Big-Data-See«, dessen Schätze heben kann, wer das nötige Werkzeug hat. Auch droht der staatliche Griff nach dem »Hammer«, ein weiteres Stück »Natur«, Herdenimmunität, in ein potenzielles Geschäftsfeld zu verwandeln. Es entstehen neue Märkte für Lebenserhaltung und -verlängerung. Womöglich steht schlicht ein globaler Strukturwandel an. Altlinken könnte das und noch viel mehr Beleg dafür sein, dass die Wirtschaft die Politik mal wieder in der Tasche hat, und nicht umgekehrt.

In der Corona-Krise stehen und fallen die Werte der Funktionssysteme letztlich mit der Frage, ob hinter der Krise tatsächlich eine überdurchschnittlich große Gefahr aus der Viren-Wolke stand oder doch ein Fehlalarm; und die Entschiedenheit, mit der diese sachliche Frage aktuell in rechte und verschwörungstheoretische Ecken gerückt wird, zeigt, dass man kein Liberaler sein muss, wenn man ihre Beantwortung weder ausschließlich noch vorrangig der Politik überlassen will. Die spannende Anschlussfrage wäre also: Wem dann?

Die Stunde der Verschwörungstheorien. Einige verwirrte Geister setzen abstruse Thesen über das Coronavirus in die Welt – und stecken damit andere Bürger und auch Politiker an. Wie kann das sein?
Die Zeit, 14. Mai 2020

Faktencheck: So wenig Wahrheit steckt in den Corona-Verschwörungen
Haller Kreisblatt, 15. Mai 2020

As Coronavirus Overruns Russia, Doctors Are Dying on the Front Lines
New York Times, 15. Mai 2020

7 Die neuen Symbiosen – oder: Die systemischen Esel

von Heiko Kleve

15. Mai 2020

Wir präsentieren zwei weitere laute Zwischenrufer, und zwar zum einen den Philosophen und Ökonomen Prof. Dr. Birger Priddat, der an der Universität Witten/Herdecke lehrt und forscht, und zum anderen den in Österreich lebenden Künstler und Schüler von Joseph Beuys Günter Lierschof. Die beiden Protagonisten schrieben ihre Interventionen unabhängig voneinander. Um so erstaunlicher ist es, dass in ihren Texten ein gemeinsames Motiv aufscheint, nämlich die Symbiose oder – wie Lierschof formuliert: die »schmierige Allianz«.

Bei Priddat ist es das Virus, das eine Verbindung mit den Menschen eingeht. Sars-CoV-2 werden wir so schnell nicht abschütteln können. Womöglich werden uns zweite oder dritte Pandemie-Wellen heimsuchen – wie zumindest die Schwarzmaler regelmäßig prognostizieren. Aber diese lagen bisher mehrfach falsch – zum Glück! Und so ist es erstaunlich, dass diese vermeintlichen Hell-, besser: Dunkelseher sich nach wie vor so weit aus dem Fenster lehnen und etwas erblicken wollen, was in seinen Auswirkungen schlimmer sei als das, was wir bisher bereits erlebt haben.

Aus system- und komplexitätstheoretischer Sicht wissen wir natürlich und halten dies den Glaskugelfans entgegen, dass wir nicht in die Zukunft schauen können, dass komplexe bio-psychosoziale Phänomene in ihren Dynamiken und bezüglich unserer entsprechenden Beschreibungs- und Erklärungsversuche kontingent sind und bleiben: Als nicht-triviale Prozesse verhalten sie sich unbestimmbar, im Rahmen zahlreicher Möglichkeiten nicht eindeutig determiniert. Zumindest verfügen unsere begrenzten Beobachtungsmöglichkeiten nicht über das Potenzial, die weitere Entwicklung der Pandemie in sicherer Weise vorherzusehen, geschweige denn zu kontrollieren.

Wie Lierschof beklagt, hat sich aber wohl genau diese »schmierige« Hybris der Pandemie-Kontrolle zwischen die Systeme, insbesondere in die Spalten von Politik und Wissenschaft geschoben und wirkt dort wie Kitt, der etwas zusammenhält, was auseinandergezogen gehört. Eine Gesellschaft, die entdifferenziert ist, die ihre unterschiedlichen Wertsphären vermischt, verliert die Kraft, die sie gerade deshalb hat, weil ihre differenten Perspektiven und Logiken aufeinanderprallen. Genau dadurch wird die gesellschaftliche Evolution, die soziale Intelligenz oder die gesellschaftliche Dynamik wachsender Wert- und Wohlstandsschöpfung erst ermöglicht. Der Pandemie-Gesellschaft scheint diese Differenzierung verloren gegangen zu sein. In ihr werden Kräfte stark, die die Gunst der Stunde wittern und nun endlich das vollführen wollen, was sie bisher nur erträumt haben: die Gesellschaft auf eine Kontroll- oder Steuerungsspur zu setzen.

Nun frage ich die Protagonisten unseres Diskurses, Fritz Simon und Steffen Roth, was sie davon halten: Sehen wir tatsächlich gerade »schmierige Allianzen«, die sich durch die Symbiose Virus – Mensch dauerhaft miteinander vermählen sowie die Kontroll- und Steuerungsillusionen des 20. Jahrhunderts wieder ausgraben? Erleben wir gerade eine neue Form planungsgesellschaftlicher Versuche, über die Eindämmung der Virusausbreitung die gesellschaftliche Differenzierung einzuebnen?

»De docta ignorantia«: Ein Zwischenruf, der einzelne Beobachtungen (berechtigt/nicht berechtigt?) verallgemeinert

von Günter Lierschof

Wir können gerade beobachten, welche Wirkmacht die Geschichte auf uns ausübt. COVID-19 und die gegen seine Ausbreitung erlassenen körperlichen Maßnahmen wecken Erinnerungen an Disziplinen, die eher einer tiefen Vergangenheit zuzurechnen sind (Michel Foucault).

Damals waren die Menschen viel stärker in Gemeinschaften eingebunden, während jetzt die körperbezogenen Maßnahmen weitgehend vereinzelte Individuen betreffen.

Die Reduktion des Sozialen auf das »nackte Leben« (Giorgio Agamben) wirkt nicht nur im Psycho-Sozialen, sondern zeigt große Differenzierungsschwächen der tragenden Institutionen.

Und Differenzierung der Systeme ist doch gerade die Stärke der modernen Welt.

In der Corona-Krise verbindet Medizin und Wissenschaft eine schmierige Allianz, die sie mit dem Journalismus eingegangen sind, in der permanent sachliche Information mit politischer Macht verwechselt wird.

Aber auch die christlichen Religionsgemeinschaften mussten von Moslems (deren Klage vom Verfassungsgericht abgewiesen wurde), von dem Buddhisten Sucharit Bhakdi und dem Philosophen Giorgio Agamben darauf hingewiesen werden, dass die Sorge um Kranke, Sterbende und Verstorbene eine der wesentlichen Fragen der Religionen beinhalten!

Stattdessen werden Mediziner, Virologen und Epidemiologen entweder wie Religionsführer auf die mediale Bühne gehoben oder von den wieder erstarkten öffentlichen Medien als Sektierer oder Häretiker abgestempelt.

In Pressekonferenzen der österreichischen Regierung werden wissenschaftliche Daten geschönt und von Fachleuten so interpretiert, dass möglichst kein Zweifel gegenüber den staatlichen Maßnahmen aufkommt.

Politiker treten wie Epidemiologen auf und Kanzler Kurz gebärdete sich wie ein Clanführer und erklärte bereits Anfang April, bald werde jeder in seiner Umgebung einen Corona-Toten (Was ist das?) beklagen müssen.

Inzwischen kennt jeder schwer depressive Menschen. Ich habe in unmittelbarer Umgebung von einem Selbstmord erfahren, von einem nicht erkannten Herzinfarkt mit Todesfolge, von einigen Erkrankungen und Leiden, die aufgrund der Fokussierung auf COVID-19 nicht behandelt wurden. Ich habe auch von einigen schweren Krankheitsverläufen, die von der Infektion betroffen waren, gehört, aber »Corona-Tote« sind mir keine bekannt. Hingegen musste ich im Bekanntenkreis Konkurse und tiefer gehende existenzielle Ängste beobachten mit erschreckenden Verläufen.

Das sind ganz persönliche Wahrnehmungen, die andernorts anders aussehen mögen. Ich vertraue ihnen aber mehr als den scheinbar objektiven Daten zum gleichen Sachverhalt, die morgen ganz anders aussehen als gestern. Nicht weil neue Daten dazugekommen sind, sondern aufgrund eines veränderten Beobachtungsstandpunktes.

Mit meinem Rückzug auf persönliche Erfahrung stehe ich nicht alleine. Bazon Brock wendet den Satz von Carl Schmitt, wonach Souverän sei, wer über den Ausnahmezustand entscheidet, vom Extrem ins Normale und sagt: »Souverän ist der, der den Normalfall garantiert!«

Davon sind wir weit entfernt: Zurzeit ist jeder gezwungen, zu allem und jedem etwas denken und sagen zu müssen! Fehlt es an Selbstverständlichkeiten in einer Zeit, wird das Leben des Einzelnen nahezu unerträglich!

Zurück zur Medizin: Inwieweit die Einschätzungen 35- bis 50-jähriger Wissenschaftler und deren älterer Kollegen, meist schon im Rentenalter, nicht nur einen Generationenkonflikt darstellen, sondern auch einen Methodenstreit, das mögen Fachleute beurteilen.

Sicher hingegen ist, dass – zumindest in Österreich – die Mediziner Wochen brauchten, um zu erkennen, dass sie andere Krankheiten und deren Verläufe nicht weiterhin vernachlässigen dürfen.

Der Dilettant fragt sich auch, wie es sein kann, dass wir seit 200 Jahren Infektionskrankheiten kennen, seit Menschengedenken von Pandemien und deren Auswirkungen auf unsere Sozialstrukturen Kenntnis haben, die Wirkung von Coronaviren auf Tiere untersucht wurden, unzählige Infektionsverläufe bei Menschen beobachtet und aufgezeichnet sind und jetzt kommt es zu einer Pandemie mit einem Coronavirus, in der wir nicht auf differenziert gestufte Notfallpläne zurückgreifen, sondern sofort den Lockdown ausrufen und den Großteil der öffentlichen Lebens auf Null fahren müssen.

Nach Aussage eines österreichischen Generals, der im Krisenstab der Regierung sitzt, war man dort auf Überschwemmungen, Lawinen,

Terroranschläge eingestellt, Pandemien wurden als unwahrscheinlich eingestuft!

Als die Sachlage Anfang März 2020 von wissenschaftlicher Seite noch nicht klar einzuschätzen war, hat der Journalismus mit seiner Fähigkeit, bedeutende Ereignisse aufzuspüren, die dramaturgische Führung im politischen Geschehen übernommen:

Die Bilder aus Bergamo hatten tief sitzende Ängste aus unserem kollektiven Bewusstsein reaktiviert. Zahlen, Daten und Argumente wurden noch Wochen später auf die Wirkung jener Bilder ausgerichtet.

Angstszenarien, die medial und politisch die Bühne beherrschten, wirkten so lange, bis das Narrativ Wirtschaft wieder die Führung übernahm!

Bis dahin wurde den Menschen über hinterhältig moralische Argumentationsszenarien suggeriert, sie könnten über Leben und Tod ihrer Mitmenschen entscheiden.

Im Nachhinein werden wir das Virus als die Ursache des Zusammenbruchs unserer Finanzwirtschaft begreifen.

Denn eines war schon vor Corona klar: Die Regierungen der Welt waren in den letzten zwei Jahrzehnten der Expansion der Finanzmärkte nicht gewachsen.

Und die Kunst?

Künstler verfügen über Fähigkeiten, in die Zukunft zu schauen, die sich von jenen aus Wissenschaft, Politik, Religion und Wirtschaft unterscheiden.

Von Bildern, Metaphern, Metonymien versteht die auf Rationalität und Beherrschbarkeit ausgerichtete Wissenschaft wenig.

2019 habe ich an einem Triptychon zum Thema »de docta ignorantia« gearbeitet, welches dann im Dezember in der Erlöserkirche in Grainau ausgestellt war. Der »Eselsturz«, eines der drei Bilder (600/180, Acryl auf Leinwand), kann als Vision der durch COVID-19 ausgelösten Ereignissen gelesen werden.

Das Verschwinden der Wirtschaft in der Corona-Krise

von Birger P. Priddat

Wenn eines gewiss zu sein schien, dann die Dominanz des Wirtschaftlichen in der hypermodernen Gesellschaft. Wir waren gewohnt, die

Wirtschaft als energetisches Kraftfeld der Gesellschaft wie der ganzen »globalen Welt« zu betrachten. Schon die Rede von der Globalisierung zeigte diesen Weltbegriff als wirtschaftlichen. Und nun bricht das Wirtschaftliche weg, wird von seiner Präponderanz zu einer hilflosen Sorgenansammlung. Anstelle der Hoffnung auf die Selbstorganisation der Märkte – der alte Mythos der Laisser-faire-Heilung – werden öffentliche Gebete an den Staat gerichtet, es zu richten. Die Arbeitnehmer sind verschreckt von dieser schwach gewordenen Wirtschaftswelt und erfreuen sich des Kurzarbeitergeldes, auch wenn es akuten Wohlfahrtsverlust bedeutet.

Im Alltagsbewusstsein ist die Wirtschaft verschwunden, dafür entfaltet sich die Angst vor der Infektion (bei manchem Todesangst) und die Sorge der sozialen Verelendung durch Social Distancing. Der Quarantäne-Alltag ist mit ganz anderen sozialen Erfahrungen beschäftigt: zu kleine Wohnungen für Permanentbesiedelung durch größere Familien, Homeoffice in unruhiger Privatsphäre (nur die Singles haben Vorteile), Verzicht auf alle Social Events, d. h. auf große Teile der Gewohnheitsgeselligkeitskultur, die vielen überhaupt erst Fluchtwege aus der häuslichen Enge ermöglichte. Auch ist die Einkaufslust heruntergegangen. Das Wirtschaftliche ist fast nebensächlich geworden.

Nun ist das weniger verwunderlich, als man annehmen möchte. Denn im Alltag spielt die Ökonomie keine hervorragende Rolle. Man geht arbeiten, spürt das aber im Alltagsbewusstsein nicht als monetäre Transaktion, sondern als Motivation, Gesellung, Last und Repression etc. Und man geht einkaufen. An der Kasse des Supermarktes sind Zahlungen fällig – eine Drei-Minunten-Interaktion mit der Wirtschaft. Im Internet klicken wir bei Bestellungen einmal auf die PayPal-Funktion. That's it. Alles andere sind natürlich Nutzungen, die bezahlt werden (Autofahren, Busfahren, Wohnen, Heizen, Urlauben etc.), aber außerhalb eines ökonomischen Horizontes. Wir nehmen das als Gewohnheit, Kultur, Gesellschaft, Privatheit wahr, aber nicht als Wirtschaft. Vielleicht sind wir durchschnittlich mit »Wirtschaft« täglich 15 Minuten beschäftigt, außer in ungewöhnlichen Situationen wie der Steuererklärung, der Beantragung eines Kredites, bei Mahnungen, Kalkulation größerer Anschaffungen etc. Aber sonst nicht. Wer liest schon den Wirtschaftsteil einer Zeitung? (Wer liest noch Zeitungen?)

Wirtschaft ist ein subkutan arbeitendes Netz von Produktionen, Versorgungen und Lieferungen, aber kein alltagsbewusstes Interaktionsphänomen (kleine Wahrnehmungsspitzen ausgenommen). Allerdings entstehen harte Grenzwahrnehmungen, wenn der Kredit überzogen wurde, das Konto leer ist und die Steuernachzahlung kommt. Die Corona-Krise wird die Wirtschaft erst jetzt wieder ins Alltagsbewusstsein rücken, wenn die Entlassungen kommen, das Kurzarbeitergeld aussetzt, die Wiederbeschäftigung gefährdet ist. »Wirtschaft« wird wieder präsent in den Sorgen, was man sich noch wird leisten können (Shopping? Urlaube? Das nächste Auto? Essengehen?). Das aber sind Grenzfälle der Interaktion mit dem Ökonomischen, Fälle, an die wir im gewohnten und gewöhnlichen Alltag kaum denken. Wenn dann diese Grenzerfahrungen zuschlagen, bekommen wir Angst: Es sind ungewohnte Ungewissheiten, die mit der Alltagserfahrung, mit der Kultur unserer Konventionen nirgends übereinstimmen.

Im Alltag sprechen die Menschen die Sprache A, nur Ökonomen reden Ö, d. h. ökonomisch. Für die meisten Menschen sind ökonomische Angelegenheiten selten; von Ökonomie, wie Ökonomen Ökonomie meinen, haben sie kaum Ahnung. Aber sie haben Praxistheorien, Erfahrungen, kleine »Ersatzeconomics«, also Erzählungen als Quasi-Theoreme (auch Narrative), zum Beispiel: »Der Kapitalismus geht dem Untergang entgegen«, »Gold ist der einzige sichere Wert«, »Die Globalisierung dient nur den Reichen« etc.[8] In der Corona-Zeit liegt der Übergang zu Verschwörungstheorien nahe. Die Menschen suchen Erklärungen in einer Ungewissheitsphase, ohne die Zusammenhänge zu durchdringen. Die Corona-Krise eröffnet neuen kleinen Narrativen Tür und Tor, zum Beispiel: »Das Virus gibt es gar nicht; es ist nur eine Grippe«, »Der Staat macht mit seinen Einschränkungen die Wirtschaft kaputt; so schlimm ist das Virus gar nicht«, »Das Virus ist ein Vorwand, um die Herrschaft zu übernehmen«. Das Virus hat die vormalige Stellung der Wirtschaft eingenommen: als scheinbar allmächtige Instanz. In dieser irren Story erscheinen die Virologen als neue »Herrscher« bzw. die Politiker, die sich der Virologen bedienen.

Viele träumen vom Zustand quo ante. Wenn davon die Rede ist, dass die Wirtschaft wieder Fahrt aufnehmen wird, erhofft man sich das alte Normal. Dass ein »neues Normal« entstehen könnte, ist ebenso außerhalb des aktuellen Horizontes wie die vormaligen Strategien zum Klimaschutz, zur Energiewende etc. Die Menschen sind nicht gewohnt in Kategorien eines Worst-Case-Szenario zu denken. Man lässt sich lieber auf »positive Asymmetrien« ein, heilsame Zukunftsvorstellungen, unter Ausblendung negativer Zukunftserwartungen.[9] Wenn man die Erwartungen aber nicht nüchtern nach allen Seiten hin durchdekliniert, ist man auf das, was dann kommen kann, nicht vorbereitet. Die Angst und Sorge beruhen dann nicht nur auf der Ungewissheit, sondern auch darauf, sich nicht mit negativen Vorstellungen auseinandergesetzt zu haben und zu wissen, dass man unvorbereitet »ins Schicksal« läuft. So (wissentlich) unvorbereitet, entdeckt man sich als nackt und passiv, das verstärkt die Angst vor der Ungewissheit. In solcher Angst entstehen Narrative, die »Erklärungen« zu bieten scheinen, indem sie Gewissheit simulieren.

Jeder konnte wissen bzw. informiert sein, dass eine Pandemie kommen kann: natürlich nicht wann, aber dass sie kommt.[10] Es ist in der Hypermoderne fast fahrlässig, zu erwarten, dass alles immer so weiter laufen wird wie bisher. Aber so wenig, wie die Menschen Wirtschaft verstehen, so wenig denken sie in Risiko- oder gar in Ungewissheitskategorien. Das bedeutet, dass sie sich mit der Angst auseinandersetzen müssten, in Worst-Case-Szenarios einsteigen.

Und zudem: Die Meisten sind es nicht mehr gewohnt, für sich (und ihre Familien etc.) zu sorgen (»Ökonomie der Sorge«[11]). Ihnen ist die Achtsamkeit abhandengekommen; sie leben, zum Teil auf Kredit, in eine angemutete Sorgenfreiheit hinein, indem sie die Sorge gänzlich an den Staat delegiert haben. Anfänglich war man überrascht, dass der Staat, den das gewöhnliche Narrativ für ineffizient hält, so effektiv die Notstandsplanungen durchgezogen hat. Letztlich aber fanden das alle normal: Daseinsvorsorge sei ja nun eben die Aufgabe des Staates. Mit dieser Einstellung sind sie aus dem Modus einer »Ökonomie der Sorge für sich selbst« herausgesprungen: Niemand hat Rücklagen, um sich gegebenenfalls ein paar Monate selbst zu erhalten. Und selbst wenn er welche hat, will er sein »Vermögen« nicht für diese existenziellen Phasenübergänge verschwenden. Hier fehlt eine gewichtige Dimension des Wirtschaftlichen: die Sorge um sich selbst.

Im Alltag kümmert man sich nicht um »die Wirtschaft«, die erst in der Krise massiv auffällt: via negationis, als fehlend. Und man ist ebenso wenig auf eine »Ökonomie der Sorge« ausgelegt, d.h. Vorsorge getroffen zu haben für schwere Zeiten. Man erlaubt sich durchschnittlich einen Lebensstil, dessen Absinken die meisten Menschen nur durch staatliche Rettung aufzuhalten erwarten. Wir mögen zwar alltagsweltlich Kosten und Nutzen abwägen, aber mit dem Einbruch des Lebens in der Krise wird nicht gerechnet. So bleibt uns nur, auf den Staat zu hoffen, auf die ungeliebte, nun aber retten sollende Politik. Auf die Wirtschaft hofft niemand in der Krise, man nimmt sie als gelähmt wahr, mit der Hoffnung, dass sie später wieder hochfahren möge. Da man aber kaum weiß, wonach und wie sie sich bewegt, weiß man hier auch nicht wirklich, was da hochfährt und warum, wie. Letzthin befinden wir uns in einer potenzierten politischen Ökonomie, in der die Politik, mithilfe der virologischen Experten, das Ruder an sich gerissen hat. Die Wirtschaft ist, zumindest vorübergehend, auf die Politik angewiesen, die ihre eigene Kredit-, Schulden- und Daseinsfürsorge-Ökonomie ausspielt, weil es zur Eindämmung des Virus keine anderen Möglichkeiten gäbe.

Dass dabei die »Ökonomie der Sorge für sich selbst« verstaatlicht wird, bleibt im Reanimationsdunst des Wieder-Ins-Lot-Bringens der Wirtschaft unbeobachtet. Zwischen dem konsumlustigen Individuum und dem sicherheitsverwöhnten Staatsbürger fehlt – man wagt es kaum auszusprechen – der Homo oeconomicus als ein Haushalter des eigenen Lebens, der nicht nur für erwartbare Ungewissheitslagen Rücklagen bildet, sondern sein individuelles wie soziales Verhalten auf Pandemie-Antizipation prüft. Wir werden lernen müssen, mit den Viren zu leben, nicht nur mit der 2. oder 3. Welle: Homo oeconomicus pandemicus. Zu den ökologischen und den klimatologischen Anforderungen kommt ein symbiotisches Verhalten von Mensch und Virus-Natur neu hinzu: das Leben auf das Leben des Virus abzustimmen. Eine Art Bio-culture. Und die Ökonomie der Sorge wandelt sich dann in eine Art der Bio-economics.

Schmierige Symbiose

von Fritz B. Simon

Es ist ja schon schwer, auf einen einzigen Zwischenruf einzugehen, da durch ihn der Fokus der Aufmerksamkeit unserer Diskussion zwangsläufig verschoben wird. Ungleich schwerer ist es, auf zwei – in sich geschlossene – derartiger Rufe Bezug zu nehmen. Ich will das versuchen, indem ich schmierig symbiotisch auf beide gleichzeitig einzugehen versuche.

Beginnen wir bei der Symbiose zwischen Mensch und Virus. Aus Sicht der biologischen Evolution ist »der Mensch« wahrscheinlich in der Selektion seines Erbgutes sowieso ein Produkt der Integration von Viren-DNA in sein eigenes Erbgut. Insofern sollte das auch auf der

Ebene sozialer Systeme möglich sein. Wir werden uns an eine andere Normalität gewöhnen, und wenn es keinen Impfstoff und keine zielgenaue Medikation geben sollte, dann werden wir in Zukunft alle überall mit Mundschutz herumlaufen (und diejenigen, die das nicht tun, werden betrachtet werden wie Herren mit Regenmantel, aber ohne Hose, die sich im Park entblößen). Solch neue Verhaltensmuster werden üblicherweise durch Moralisierung etabliert und stabilisiert.

Dass Journalisten und Virologen kooperieren und politischen Einfluss gewinnen, ist – aus kommunikationstheoretischer Sicht – nicht weiter verwunderlich, weil soziale Systeme (bzw. ihre Mitglieder als autonome, strukturdeterminierte Akteure) generell nur durch die Fokussierung der Aufmerksamkeit zu steuern sind. Daher ist es klar, dass es eine Konkurrenz um die Aufmerksamkeit von allen nur irgendwie betroffenen Interessengruppen gibt. Und unter denen, die dabei erfolgreich sind, entbrennt dann der nächste Konflikt um die Deutung der Situation, d. h. genauer: um die passende Beschreibung (»Daten«), die maßgebende Erklärung für sie (»Kausalitätskonstruktionen«) und ihre Bewertung (von der »Angst« bis zur »Verschwörungstheorie«). Solche Konflikte sind im Prinzip positiv zu bewerten, da es stets um politische Entscheidungen geht, deren »Richtigkeit« oder »Falschheit« (die Frage nach den Kriterien muss hier erst mal ausgeblendet bleiben) sich erst in der Zukunft zeigen wird, sodass sie ausgehandelt werden müssen. Das nennt man dann Politik.

Dass die »Hell-« bzw. »Dunkelseher« falsch lagen, halte ich für eine falsche Bewertung. Denn das ist ja das Spannende in Kommunikationssystemen: Die Beobachtung – so sie denn kommuniziert wird – verändert das beobachtete Objekt. Das ist das sogenannte Vorsorge-Paradox: Die Vorhersage der Katastrophe verhindert, dass sie stattfindet – eine selbstverneinende Prophezeiung. Insofern sind Vorhersagen immer machtvolle politische Interventionen.

Dass die Vorsorge für das ökonomische Überleben der eigenen Familie von großen Schichten der Bevölkerung nicht angemessen vollzogen worden ist und nun vom Staat (= »Vater Staat«) erwartet wird, dürfte stimmen. Allerdings ist dies wohl damit zu erklären, dass zum einen weite Teile der Bevölkerung in relativ miesen wirtschaftlichen Verhältnissen leben, sodass sie dazu auch beim besten Willen nicht in der Lage wären (man sehe sich im amerikanischen Fernsehen die kilometerlangen Schlangen vor den Stellen der Essensausgabe für Bedürftige an – die Potenzierung der weitaus weniger reglementierten

Wirtschaftsordnung in den USA). Zum anderen sind im Laufe der Geschichte ja immer mehr – ursprünglich mal vom Haushalt (oikos) zu erbringende – Funktionen vom Staat übernommen worden (von der Kindererziehung bis zur Krankenfürsorge). Also bleibt die Erwartung an den Staat in der Logik anderer staatlicher Funktionen.

Dass wir Normalbürger nur 15 Minuten am Tag mit Wirtschaft Kontakt haben, mag – was Zahlungen betrifft – den Tatsachen entsprechen. Aber bei dieser Art der Betrachtung kann man auch sagen, dass wir Normalbürger uns nur alle vier Jahre für 5 Minuten mit Politik beschäftigen (wenn wir unser Kreuz auf dem Wahlzettel machen). Ich denke, es geht bei der Frage Wirtschaft vs. Politik nicht um das konkrete Alltagshandeln des Einzelnen, sondern um dessen Rahmensetzung, d. h. die Spielregeln, an denen wir uns dabei orientierten. Und die, so meine Ausgangsthese, waren vor der Corona-Krise weitgehend von kurzfristigen wirtschaftlichen Überlegungen bestimmt, nicht von langfristigen politischen Zielen (was unserem Wahlsystem, d. h. den fünf Minuten in der Wahlkabine geschuldet sein mag). Jetzt, in der Krise, ist der Staat eine – wie ich finde – saubere Allianz mit Virologen (= Wissenschaft) eingegangen, und er hat das Potenzial seiner Macht genutzt. Die Intelligenz der repräsentativen Demokratie besteht darin, dass sie verwickelte Hierarchien (»strange loops«) gebaut hat, sodass sie die Funktionalität von Hierarchie für die Entscheidung logisch unentscheidbarer (= paradoxer) Fragen nutzen kann, ohne sie auf Dauer zu stellen. Die Tatsache, dass jetzt schon gelegentlich Gerichte staatliche Verordnungen und Erlasse »kippen«, ist ein Indiz dafür, dass diese Eingrenzung der Macht der Exekutive im Moment bei uns gelingt (was natürlich keine Garantie für die Zukunft ist).

Geschmeidige Gesellschaft

von Steffen Roth

Wenn es um Symbiosen geht, dann wird es schmierig, wenn man nicht beobachtet, wie man was beobachtet. Gesellschaft ist alle Kommunikation (Luhmann), alle Kommunikation verweist auf Beobachtung (Maturana), und alle Beobachtung differenziert (Spencer-Brown).

Als Beobachter von Gesellschaft kann man somit nicht entdifferenzieren, sondern nur die Differenzierungsform wechseln – und hat dabei nicht viel Auswahl. Nach allem, was wir bislang wissen, kann man segmentieren, Zentren von Peripherien unterscheiden, stratifizieren und funktional differenzieren.

Wenn wir nun Virologen als neue Herrscher (Priddat), schmierige Allianzen von Politik und Wissenschaft (Lierschof) oder allgemein entdifferenzierte Gesellschaften (Kleve) beobachten, dann verschwimmen offenbar die Grenzen zwischen den Funktionssystemen – aber nicht, weil sich irgendwas an diesen Systemen ändert, sondern weil wir uns nun für eine der anderen Differenzierungsformen interessieren. Fritz Simon etwa stellt oft auf Hierarchie ab, unlängst auch auf Moral, und somit immer wieder auf Stratifikation.

Mit diesen vier Differenzierungsformen können wir letztlich alles nachvollziehen, was in der gesellschaftlichen Selbstbeschreibung eine Rolle spielt. Zum Beispiel können wir uns eine der vielfach erwähnten Verschwörungstheorien bauen.

Obgleich der Begriff Theorie vordergründig auf Wissenschaft referenziert, handelt es sich hierbei eher um eine Verschwörungsideologie, und so spielt neben Stratifikation Politik die Hauptrolle: Verschwörungstheorien sind Steuerungsfantasien der Ohnmächtigen, und just Steuerungsfantasien haben Verschwörungstheoretiker mit sogenannten Machthabern gemein. Verschwörungstheorien sind daher weder unmoralischer noch naiver als staatliche Steuerungsfantasien, sondern einfach nur machtloser. Just deshalb kann man sie leichter als unmoralisch und naiv bezeichnen.

Aktuell spielt man das Spiel »Verschwörungstheorie« zumindest in den Massenmedien vornehmlich ad hominem, indem man mit dem Finger auf Personengruppen zeigt (etwa Jebsen & Co.), die mit dem Finger auf Personengruppen zeigen (etwa Bill und Melinda Gates). Insofern hat der jüngste Trend zum Entpersonalisierungslifestyle, #maske, immerhin den Vorteil, dass es nur näher liegen kann, von Personensegmenten zu abstrahieren und andere Formen sozialer Differenzierung auszuprobieren.

Dabei fällt dann auf, dass man keine Personen braucht und auch kein Verschwörungstheoretiker sein muss, wenn man beobachtet, dass es im Oktober 2019 die Pandemie-Wehrübung »Event 201« gab, in der das Weltwirtschaftsforum, die Gates-Stiftung und die Johns-Hopkins-Universität u. a. die Weltgesundheitsorganisation just auf jene Interventionen in Bewegungs-, Versammlungs- und ausdrücklich auch Pressefreiheit eingespielt haben, die der größte Teile der Menschheit wenig später live erlebt hat. Man kann darauf hinweisen, dass die beteiligten Organisationen ebenso zentrale wie komplementäre Rollen in der globalen Krise gespielt haben. Und man kann hinter Organisationen ohne Reue Interessen vermuten.

Mit all dem ist nicht gesagt, dass die genannte Allianz für irgendwas verantwortlich ist. Es geht nicht um Kausalität, sondern um Kontext. Es geht darum, dass Krisen Nutznießer haben wie Kriege Gewinnler. Dass sich aktuell Vorkrisenagenden systematisch ins Krisengeschehen einklinken. Dass es politische Strömungen gibt, die in Krisenökosystemen gewachsen und nun auf Krisensynergien aus sind. All das gehört zum Kontext der aktuellen Krise, und so geht es mit Blick auf deren Bewältigung darum, dass solche Beobachtungen ohne moralische Vorbehalte oder hierarchische Durchgriffsoption entscheidungsleitend sein können und werden, wenn sie als zentral erscheinen.

Auch und gerade Spaziergänge durch die Lustgärten sogenannter Verschwörungstheorien erweisen sich so als gesundheitsförderlich, und bei all dem beobachten wir so lange keine schmierigen Symbiosen oder kollabierenden Wertspähren, wie wir unseren Tanz um eine Mitte der Gesellschaft mit sozialer Differenzierung geschmeidig halten, unser Blick nicht müd geworden ist vom Vorübergehn der Stäbe – und wir jenen nicht auf dem Leim gehen, die uns mit aller Macht oder, in Ermangelung dessen, mit Moral auf das unmarkierte Kreuz einer Sicht von Gesellschaft festnageln wollen.

Die große Verschwörung
Neues Deutschland, 18. Mai 2020

So kann Deutschland nach der Pandemie durchstarten
Handelsblatt, 18. Mai 2020

Das Gefühl, dass da etwas gesteuert wird
Neues Deutschland, 18. Mai 2020

Impfgegner, Reichsbürger, Weltverschwörer: Die gefährliche Allianz
Bild, 19. Mai 2020

Wer einen starken Staat will, muss eine starke Volkswirtschaft wollen
Die Presse, 19. Mai 2020

Moderna Coronavirus Vaccine Trial Shows Promising Early Results
New York Times, 19. Mai 2020

Hunger in Afrika: »Wir besiegen dieses Virus nur weltweit oder gar nicht«
FAZ, 19. Mai 2020

8 Tief, ganz tief, hinter den Systemen

von Heiko Kleve

19. Mai 2020

Mit unserem Blog passiert das, was wir uns wünschen: Er wird kritisch, ja sehr kritisch beobachtet. Wir machen offenbar Unterschiede im Strom der medialen Kommunikationen, die aufstören können. So wurden wir von einem Kritiker gefragt, ob wir denn nun auch »Verschwörungstheorien« verbreiten würden. Insbesondere die letzten Statements von Steffen Roth und von mir würden diesbezügliche Positionen zumindest andeuten. Wer das überprüfen möchte, möge in unsere bisherigen Beiträge hineinlesen. Ich will die vergangenen Statements nicht wiederholen.

Was ich aber herausfordern möchte, ist, dass unsere beiden Protagonisten, Fritz Simon und Steffen Roth, ihre Bewertungen zu dem »Theoriemuster« veranschaulichen, das derzeit medial hohe Beachtung genießt und das mit der abwertend gebrauchten Bezeichnung »Verschwörung« versehen wird.

Problematisch ist zweifellos, dass seit geraumer Zeit all jene, welche nicht im Mainstream der Medien, der Politik und der Wissenschaft als passend eingeschätzte Meinungen vertreten, schnell in das Lager der »Verschwörungstheoretiker« gesteckt werden. Dies führt zu destruktiven Polarisierungen im Diskurs und verunmöglicht das, was eine »offene Gesellschaft« im Sinne Karl Poppers zu akzeptieren, mehr noch: herauszufordern hat, nämlich die Pluralität der Meinungen sowie die konsequente, aber zugleich wertschätzende und rationale Kritik. Natürlich geht es auch darum, »Theorien«, die keinem Realitätstest standhalten, die falsifiziert sind, als »falsch« zu benennen und deren Verbreitung zu kritisieren. Aber in den Grenzen von »falsch« und »wahr« ist vieles möglich, können durchaus unterschiedliche Interpretationen und Deutungen zirkulieren, die sich als passend zeigen, weil sie bestimmte Probleme des Denkens oder des Handelns zu lösen imstande sind.

Wer aber »Verschwörung« wittert, die unsere Gesellschaft aus den Angeln heben will, der sollte seine entsprechenden »Theorien« grundsätzlich reflektieren. Denn fraglich ist, ob in einer funktional differenzierten Gesellschaft überhaupt so etwas wie heimliche Mächte denkbar sind, die hinter den Systemen lauern und uns alle zu beeinflussen, zu steuern versuchen.

Wir haben in diesem Blog bereits viel über das Spiel der gesellschaftlichen Funktionssysteme geschrieben. Diese Systeme entwickeln Eigendynamiken, die von einzelnen Menschen oder Gruppen nicht einseitig kontrolliert, geschweige denn determiniert werden können. Das lässt sich gerade sehr schön beobachten. Nicht nur die verschwörungstheoretischen, sondern zum Glück ebenso die rationalen Kritiker*innen der politischen Maßnahmen und der medial vorherrschenden wissenschaftlichen Meinungen werden immer lauter und zunehmend gehört.

Was ich unsere beiden Protagonisten nun fragen möchte, ist zweierlei: zum einen, woran wir so etwas wie »Verschwörungstheorien« überhaupt erkennen können, und zum anderen, welche Funktionen solche »Theorien« haben, welchen Sinn sie machen, und zwar für diejenigen, die sie verbreiten, aber auch für unsere Gesellschaft schlechthin.

Theorien – Verschwörungstheorien – Wahnsysteme

von Fritz B. Simon

Da im Moment viele Theorien, welche die aktuelle Corona-Krise als Resultat von Verschwörungen unterschiedlicher Art erklären, Anlass für öffentliche Erregung und Demonstrationen sind, kann es nützlich sein, einen Blick auf Theorien im Allgemeinen, Verschwörungstheorien im Speziellen zu werfen.

Aus konstruktivistischer Sicht liefern Theorien Erklärungen für beobachtete Phänomene. Eine Erklärung ist die hypothetische Konstruktion eines generierenden Mechanismus, der – wenn er wahr wäre – das beobachtete Phänomen hervorbringen würde. Theorien sind üblicherweise kohärente Systeme solcher Hypothesen. Kohärent soll dabei bedeuten: Es werden Prämissen formuliert, die zu Folgerungen führen, welche die Prämissen bestätigen.

Das gilt für Alltagstheorien, die jedermann entwickeln muss, um morgens aus dem Bett und tagsüber durch den Verkehr zu kommen (»Wenn die Fußgängerampel grün zeigt, komme ich einigermaßen sicher über die Straße«). Dies gilt auch für wissenschaftliche Theorien, die sich allerdings von Alltagstheorien dadurch unterscheiden, dass ihre Hypothesen sich dem Test der Falsifizierbarkeit unterwerfen lassen müssen. Doch auch Alltagshypothesen lassen sich gelegentlich falsifizieren, und, wenn das der Fall ist, erweist sich ihr Besitzer als lernfähig.

Dass sie kohärent sind, gilt auch für die sogenannten Verschwörungstheorien. Auch sie legen ihren Erklärungen Prämissen zugrunde, die zu Folgerungen führen, welche die Prämissen bestätigen. Was sie von wissenschaftlichen Theorien unterscheidet, ist, dass sie nicht neutral sind, das heißt, es werden Täter-Opfer-Beziehungen konstruiert, in denen die Täter gegenüber den Opfern (meist den Vertretern dieser Theorien) Böses im Schilde führen – was bei sozialwissenschaftlichen Hypothesen und Theorien nicht der Fall ist.

Dieses Merkmal der Unterscheidung teilen Verschwörungstheorien mit Wahnsystemen – das zu betonen, ist mir aus psychiatrischer

Perspektive wichtig. Auch sie sind kohärent. Was sie von wissenschaftlichen und Alltagstheorien unterscheidet – aber m.E. mit Verschwörungstheorien verbindet – ist, dass sie generell nicht falsifizierbar sind. Wahnsysteme und Verschwörungstheorien sind deswegen nicht falsifizierbar, weil alle in der Sachdimension kommunizierten Daten, die den Prämissen zuwiderlaufen, entweder geleugnet, als »fake« disqualifiziert oder als Bestätigung der Prämissen umgedeutet werden. Wenn dies nicht reicht, wird in die Sozialdimension der Kommunikation gewechselt und derjenige, der die Wahrheit der Verschwörung bezweifelt, als Mitglied der Verschwörung identifiziert.

Wenn man sich die historische Entwicklung der menschlichen Erkenntnis – des Individuums wie der Menschheit – anschaut, so lässt sie sich folgendermaßen skizzieren: Wie das exemplarisch bei kleinen Kindern zu beobachten ist, werden die beobachteten Ereignisse zunächst als Resultat der Handlungen von Individuen erklärt (Magier, Zauberer, Hexe, der liebe Gott usw.), und es bedarf langer Zeit, ehe geradlinige Ursache-Wirkungs-Ketten konstruiert werden, die immer noch demselben Täter-Opfer-Schema folgen, nur dass die Täter jetzt entpersonalisiert sind, d. h. zu sachlichen »Tätern« wurden. Es bedarf weiterer langer Zeit – und die wenigsten Leute haben diesen Schritt bislang vollzogen, wie mir scheint –, bis aus der geradlinigen Ursache-Wirkungs-Erklärung ein Modell der Selbstorganisation entwickelt werden kann, d. h. ohne einzelne, identifizierbare Täter – obwohl es sicher immer noch jede Menge Opfer gibt.

Wahnsysteme wie Verschwörungstheorien sind meines Erachtens regressive Phänomene, die eine Reduktion der Komplexität erlauben, die denen, die sie vertreten, klare Freund-Feind-Unterscheidungen ermöglichen (daher sind sie für Populisten so attraktiv). Wahnsysteme unterscheiden sich von Verschwörungstheorien so, wie ein individueller Wahn sich von einer Folie à deux unterscheidet – nur, dass wir es hier mit einer Folie à dix mille (oder wie viel auch immer) zu tun haben.

Doch durch diese Definition ist das Problem der Verschwörungstheorien natürlich nicht gelöst. Denn zu leugnen ist ja nicht, dass die beobachtbaren Phänomene immer durch unterschiedliche Hypothesen erklärbar sind. Es geht also um den Wettbewerb der Hypothesen. Bleibt die Frage, woran man eine Verschwörungstheorie erkennt. War es nicht doch die Gates-Stiftung, die in ihren Laboren Coronaviren gezüchtet hat, um die Weltbevölkerung zu reduzieren? Usw.

Meine Antwort auf diese Frage ist: Wenn solch eine Hypothese nicht falsifizierbar ist, dann in die Tonne damit! Und wenn sie von vornherein davon ausgeht, dass irgendwer etwas Böses im Schild führt, auch dann in die Tonne – was nicht heißen soll, dass nie irgendjemand etwas Böses im Sinn hat und dass es nicht schlimme Folgen von gesellschaftlichen Entwicklungen gibt, unter denen konkrete Menschen leiden und von denen andere profitieren. Aber meistens lassen sich solche Phänomene weit besser als Effekte von Selbstorganisationsprozessen erklären. Und auf der Basis solcher Erklärungen lässt sich dann auch handeln (z. B., wie jetzt geschehen, durch die Staaten – aber das ist natürlich schon wieder eine Bestätigung der These, dass Bill Gates die Regierungen der Welt in der Tasche hat).

Verschwörungstheorie als Fremdbeschreibung

von Steffen Roth

Ich denke nicht, dass Nicht-/Falsifizierbarkeit den Unterschied zwischen Verschwörungs- und anderen Theorien macht. Immunisierung gegen Kritik ist im Wissenschaftsbetrieb weit verbreitet. Dort gilt sie zwar als kritikwürdig, aber sicher nicht als pathologisch. Niklas Luhmann etwa wurde seine »Flucht« in Paradoxien regelmäßig als Versuch ausgelegt, seine Theorien der Falsifizierbarkeit zu entziehen. War Luhmann demnach ein Verschwörungstheoretiker?

Tatsächlich sind wir in der »regulären« Wissenschaft regelmäßig mit Nicht-Falsifizierbarkeit konfrontiert, und das nicht zuletzt im Kontext der Corona-Krise. Ein Beispiel: Fritz Simon hat in seinem vorangegangenen Beitrag »Schmierige Symbiose« ganz zutreffend auf ein Paradox abgestellt: »Die Vorhersage der Katastrophe verhindert, dass sie stattfindet – eine selbstverneinende Prophezeiung.« Wenn wir uns nun die »Sonderauswertung zu Sterbefallzahlen des Jahres 2020« des Statistischen Bundesamtes vom 15. Mai 2020 ansehen, dann müssen wir uns – gelinde gesagt – sehr viel Mühe geben, eine Pandemie in die Zahlen hineinzulesen. Nun kann man das Ausbleiben eines dramatischen Anstiegs der Zahlen auf den Erfolg der just zu diesem Zweck getroffenen Maßnahmen zurückführen. Das wäre die mehrheitsfähige und insofern auch politisch korrekte Auslegung des Sachverhalts. Wer die Zahlen dahingegen als Indiz für einen allgemeinen Fehlalarm interpretiert, der hat aktuell einen schweren Stand, obwohl es sich in beiden Fällen um ebenso logische wie nunmehr schwer bis gar nicht falsifizierbare Vermutungen handelt.

Insofern geht es bei der Beobachtung von Verschwörungstheorien auch in der aktuellen Corona-Krise allenfalls vordergründig um fehler- oder wahnhafte Wahrheitsprogramme. Im Kern geht es vielmehr darum, einen gegnerischen Standpunkt zu diskreditieren und die politisch gewünschten Grenzen des Diskurses über Krisen und Konflikte zu demarkieren.

Dazu passt, dass sich Verschwörungstheoretiker ebenso selten als Verschwörungstheoretiker bezeichnen wie Terroristen als Terroristen. Insofern möchte ich Heiko Kleves Frage nach der Funktion von Verschwörungstheorien eine neue Richtung geben: Es geht nicht um die von Fritz Simon als »regressiv« eingestuften Persönlichkeitsprofile und Motive der sogenannten Verschwörungstheoretiker. Eine solche Psychologie erklärt uns nicht, warum uns der fachlich bestens ausgewiesene Dr. Wolfgang Wodarg als verschwörungstheoretischer »Lungenarzt« und ein komplett fachfremder Astrophysiker wie Prof. Harald Lesch als der bessere Corona-Experte präsentiert wird. Statt um den Geisteszustand von Personen geht es demnach um die Frage, aus welchen Gründen welche Ideen mit der Fremdbeschreibung Verschwörungstheorie belegt werden.

Auch hier muss man kein Verschwörungstheoretiker sein, um zu beobachten, dass dieser Fremdbeschreibung aktuell eine ebenso disziplinierende wie rechtfertigende Funktion zukommt im Kontext einer Gesundheitspropagandaoffensive, die ihresgleichen sucht in Ausmaß und Unverblümtheit. Die Herbeibeobachtung von Verschwörungstheorien demarkiert und kontextualisiert dabei das öffentlich Sagbare und Gesagte, während sie gleichzeitig die Weiterführung der Propagandaoffensive begründet. So hat etwa der UN-Generalsekretär António Guterres in seiner »Video message on COVID-19 and misinformation« vom 14. April 2020 Verschwörungstheorien kurzerhand zur Krankheit erklärt (»Wild conspiracy theories are infecting the Internet«), die es ebenso konsequent zu bekämpfen gelte wie das Virus. So rechtfertigte sich dann auch seine »new United Nations communications response initiative to flood the internet with facts and science while countering the growing scourge of misinformation«. Verschwörungstheorien als Geißel einer Menschheit, die sich zu diesem Zeitpunkt bereits größtenteils in Hausarrest befand. Gefahr war nicht mehr in Verzug. Der massive Eingriff in die Pressefreiheit, der ausdrücklich auch Social-Media-Plattformen einschloss, wurde offen kommuniziert. Ein Beispiel unter vielen.

Nicht anders als bei der Fremdbeschreibung »Terrorist«, liegt die Hauptfunktion der Beobachtung von »Verschwörungstheorien« darin, die normalen Spielregeln eines Konflikts oder Diskurses außer Kraft zu setzen. Entsprechend von Selbstbindungszwängen befreit, lassen sich Interessen dann mit aller Gewalt durchsetzen. Was einmal mehr zeigt, dass Verschwörungstheorien im Grunde Verschwörungsideologien sind. Es geht um Macht und nicht um Wahrheit.

Corona-Müdigkeit: Drrrringelllingeling. Die Infektionszahlen in Deutschland sinken. Kein Grund zur Entwarnung. Ein Weckruf
Die Zeit, 20. Mai 2020

Nicht mal die Pandemie kann den Regenwald retten
ZEIT ONLINE, 21. Mai 2020

The Price of a Virus Lockdown: Economic »Free Fall« in California
New York Times, 22. Mai 2020

Studie der Universität Oxford : Jeder zweite Brite neigt zu Verschwörungstheorien
FAZ, 22. Mai 2020

Antisemitismus-Expertin über Coronademos: »Rechtsextreme warten auf Krisen«
taz, 22. Mai 2020

9 Schrumpfendes Wachstum

von Heiko Kleve

22. Mai 2020

Wir haben heute einen nächsten Zwischenrufer, und zwar Prof. Dr. André Reichel, der sich in seinen Arbeiten unter anderem mit den Fragen befasst, ob und wie unsere Gesellschaft aus ihrer Wachstumsdynamik befreit werden kann. Insbesondere das Wirtschaftssystem scheint grundsätzlich auf Expansion angelegt zu sein. Dem folgt auch die Politik. Sie versucht alles dafür zu tun, dass Produktion und Konsum, dass Angebot und Nachfrage zunehmen. Dann sprudeln die Steuereinnahmen, und dem staatlichen Prinzip der Verteilungsgerechtigkeit kann gefolgt werden. Das ist bestenfalls von Nutzen für diverse Bevölkerungsschichten, für nahezu alle Bereiche der Gesellschaft. Der Wohlstand steigt.

Was dabei vergessen wird, so die Wachstumskritiker*innen, ist die Natur mit ihren begrenzten Ressourcen sowie ihren limitierten Möglichkeiten, die Abfallprodukte der expansiven Wirtschaft aufzunehmen bzw. zu verwerten. So wird bereits seit Jahrzehnten ein Stopp des Wachstums gefordert, ein Umsteuern dieser destruktiven wirtschaftlichen Dynamik.

Für André Reichel ist nun auch das Coronavirus ein Effekt dieser ökonomischen Wachstumslogik. Im Zuge der immer enger werdenden Lebensräume von Menschen und Tieren komme es vermehrt zu dem, was die Expert*innen Zoonosen nennen, das Überspringen von tierischen Viren auf Menschen. Genau das ist jetzt passiert.

In Anlehnung an Ulrich Beck und Niklas Luhmann, können wir zwischen Risiken und Gefahren unterscheiden. Während Gefahren von außen kommen, natürliche Prozesse (etwa Erdbeben oder Flutwellen) meinen, die Menschen quasi von außen treffen, auf die sie, um zu überleben, reagieren müssen, sind Risiken von der menschlichen Gesellschaft selbst produziert. Ein Risiko erwächst aus einer menschlichen Entscheidung, mit der etwas ganz Bestimmtes intendiert wird (etwa Wirtschaftswachstum), das aber zugleich nicht gewollte Nebeneffekte mit produziert (letztlich also auch die Gefahr einer Zoonose).

Was halten nun unsere Protagonisten, Fritz Simon und Steffen Roth, von einer solchen Theorie? Gehen sie mit der Analyse von Reichel mit, dass die expansive Dynamik der Wirtschaft ein grundsätzliches Problem ist? Sind wir möglicherweise an einer Zeitenwende angelangt, wie auch Birger Priddat in einem Blog-Beitrag diagnostizierte, einer Epoche, in der das Ideal der Wachstumskritiker, mithin Degrowth, über die Corona-Pandemie endlich Wirklichkeit werden kann?

Die Katze im Sack: Eine kurze Polemik zu Corona als systemischer Katastrophe

von André Reichel

Das Coronavirus SARS-CoV-2 und die dadurch ausgelöste schwere Atemwegserkrankung COVID-19 sind keine gesundheitlichen Phänomene, die in einem wie auch immer imaginierten Gesundheitssystem verarbeitet werden und dann »wird's schon wieder«. Sicherlich ist richtig, dass, mit über 300.000 Toten weltweit in nur zwei Monaten und einer Verbreitung von Infektionen und Todesfällen in so gut wie alle Länder, wir eine Pandemie vor Augen haben, wie es sie seit der

Asiatischen Grippe 1957/58 nicht mehr gegeben hat. Weder SARS 2003 noch Ebola noch Zika haben in so kurzer Zeit so viele Menschenleben in so vielen, nämlich allen Weltregionen gekostet. Dennoch lässt sich meiner Ansicht nach die COVID-19-Pandemie viel besser als systemische Katastrophe verstehen, die über alle Teilbereiche der Gesellschaft hereingebrochen ist – und auch gesellschaftlich produziert wurde, nämlich als beständig größer werdendes Risiko.

Warum ist mir das wichtig? Weil ich von Anfang an lesen konnte, dass die wirtschaftlichen Folgen von Corona nicht auf ein innerwirtschaftliches Problem zurückzuführen sind, also anders als bei der letzten Wirtschaftskrise 2008/2009, sondern eben auf einen gesundheitlichen Schock, gleichermaßen ein externer Akt Gottes oder einer Natur »rot an Klauen und Zähnen«. Dieser angeblich externe Gesundheitsschock führt dann auch dazu, dass die Weltwirtschaft um wenigstens drei Prozent oder mehr kontrahiert – und das nicht nur wie bei der Krise 2008/2009 vor allem im globalen Norden, sondern überall. Auch die Schwellenländer sind davon betroffen. Für große Aufregung bei Ökonom*innen sorgt, wie auch schon vor über zehn Jahren, die Frage nach dem »Output Gap«, also der mittel- bis langfristigen Differenz des Wachstumspfads post Corona gegenüber dem geschätzten Pfad ante Corona. Dieser »Output Gup« sei natürlich durch die bekannten wirtschafts- und finanzpolitischen Maßnahmen möglichst schnell zu schließen: aggressive Zentralbankpolitik durch weitere quantitative Erleichterung und niedrige Zinsen sowie massive Staatsausgabenprogramme zur Stützung des Konsums.

Dieses »Business as usual«-Denken bei den wirtschaftspolitischen Rezepten verkennt auf dramatische Weise, dass Corona eben nicht ein externer Schock ist, sondern innerwirtschaftlich wie innergesellschaftlich produziert wurde. Die ursprüngliche Übertragung des Coronavirus SARS-CoV-2 von einer Fledermaus auf ein von chinesischen Kleinbauern gehandeltes Wildtier wäre undenkbar gewesen, wären nicht ebendiese Kleinbauern durch die dramatische, von ausländischen Investitionen getriebene Industrialisierung der auf Wachstum getrimmten chinesischen Landwirtschaft von ihren Feldern und ehemaligen Erwerbsquellen verdrängt worden. Die britische Wissenschaftsjournalistin Laura Spinney formuliert ganz folgerichtig, dass es eine ganze Welt aus hochindustrialisierter, auf Wachstum und Effizienz ausgerichteter Landwirtschaft gebraucht hat, um dieses Virus zu erzeugen.

Ein kurzer Hinweis auf Ulrich Beck sei hier erlaubt. Mit seiner »Risikogesellschaft«[12] hat Beck bereits 1986 aufgezeigt, woher der Wind weht. Die Risiken, mit denen wir es gerade im 21. Jahrhundert zu tun haben, sind keine externen Akte Gottes, sondern hausgemacht. Präziser formuliert: Sie sind entlokalisiert in Zeit und Raum und an keine politischen Grenzen mehr gebunden; sie sind unkalkulierbar und stellen das unbekannte Unbekannte dar; sie sind damit auch nicht kompensierbar, sondern stellen uns vor eine binäre Entscheidung (und eben nicht mehr vor eine analog-ökonomische Nutzen-Kosten-Frage), ganz im Sinne Churchills Diktums vom »victory despite the costs«.

Wenn wir Beck weiter folgen, dann wird auch deutlich, wie diese aus der Gesellschaft in Naturzusammenhänge ausschlagende Irritation, um ein wenig systemtheoretisch zu klingen, wieder zurückschlägt auf Gesellschaft und soziale Gefährdungslagen schafft. Ohne dramatische globale Wachstumsprozesse und Effizienzsteigerungen in allen Wirtschafts- und Lebensbereichen kein SARS-CoV-2 – und auch keine globale Verbreitung und COVID-19-Pandemie. Noch mal weitergedacht: Ohne die Effizienzlogik, die Wachstumsprozesse immer zu begleiten scheint, auch keine auf Effizienz getrimmten Gesundheitssysteme, die schlank an Kosten, aber ebenso schlank an Resilienzfähigkeit geworden sind und mit dem Ansturm an Kranken nicht mehr fertig werden konnten.

Dennis Meadows, der Leitautor der Studie »Limits to growth« von 1972[13], hat diesen Zusammenhang von Wachstum, Effizienz und mangelnder Resilienz kürzlich so formuliert: »The incentive to raise efficiency has been spurred by the fact that those who can produce and sell the same output with less input generally make greater profits. As a result, over the past century, there has been wholesale abandonment of resilient systems in favor of efficient systems – larger scale, less diversity, lower redundancy.« Und weiter argumentiert er: »Slowing growth in population and in consumption of materials and energy will not eliminate the problem. But it would reduce the pressure to increase efficiency and leave more possibility for increasing resilience.«

Damit ist endlich die Katze aus dem Sack: Wir haben es bei Corona mit einer direkten Folge ungezügelter Wachstumsprozesse zu tun, der »großen Beschleunigung« einer Vielzahl sozio-ökonomischer und ökologischer Trends, die untrennbar mit den mentalen Infrastrukturen des Wachstums (Harald Welzer) zu tun haben. Es ist dann nur noch ein kleiner Schritt zum Kapitalismus, wobei ich hier nicht in langweilige Kapitalismuskritik verfallen will. Eher schon will ich hinweisen auf die Alternativlosigkeit im politischen und wirtschaftlichen Denken, das sich keine Welt jenseits der Akkumulations- und Expansionslogik kapitalistischen Wirtschaftens mehr vorstellen kann. Ergänzend zum kapitalistischen Wirtschaften möchte ich auch hinzufügen: kapitalistischen Lebens. Die Grundidee des Kapitalismus ist ja nicht einfach nur Privateigentum an Produktionsmitteln, das haben in der Wissensgesellschaft alle Wissensarbeiter*innen. Vielmehr geht es mir um die Idee einer fortwährenden Akkumulation von Kapital und anderen Dingen und die fortwährende Expansion in ... – ja, wohin eigentlich?

Mein »Hot take« zu Corona ist also dieser: Die Pandemie ist durch die Wachstumswirtschaft und ihr urkapitalistisches Prinzip von Akkumulation und Expansion produziert worden. Alle Maßnahmen zur Überwindung der Krise, die nicht wenigstens in Ansätzen versuchen, damit zu brechen, werden die nächste Krise produzieren. Diese wird genauso eine unbekannte Unbekannte sein, mit unkalkulierbaren und nicht kompensierbaren Folgen. Oh, wenn es doch nur Perspektiven gäbe, die sich mit anderen Wirtschafts- und Lebensweisen jenseits des Wachstums befassen würden ... *Postwachstumsökonomie, hüstel, hüstel*

Pandemie als Chance?

von Fritz B. Simon

Die These André Reichels, dass die Corona-Krise eine Krise ist, die den Strukturen unseres (Welt-)Wirtschaftssystems kausal zugeschrieben werden muss, kann meines Erachtens nur unterstrichen werden. Ich lese seine Kritik an der Wachstumsökonomie als Bestätigung meiner Ausgangsthese, dass das Wirtschaftssystem das politische System seit den 1980er-Jahren des vorigen Jahrhunderts – bis zur aktuellen Krise – dominiert hat. Allerdings würde ich nicht primär die Mechanismen des Kapitalismus dafür verantwortlich machen, sondern die mangelnde Regulierung von Märkten (was nicht dasselbe ist). Denn Märkte als soziale Systeme (= Kommunikationssysteme) folgen, wenn sie nicht angemessen reguliert sind, einer Eigenlogik, die mehr oder weniger zwangsläufig zu einer für die physische Umwelt (und dazu ist der menschliche Körper zu rechnen) fatalen, wirtschaftlichen Wachstumsdynamik führt, zur Monopolbildung und zur gesamtgesellschaftlichen Verstärkung sozialer Unterschiede.

Dass der Staat nun dank Corona aktiv geworden ist und sich über ökonomische Interessen hinweggesetzt hat, ist meines Erachtens (wie früher schon betont) positiv zu bewerten. Die Chance der Krise ist, dass nunmehr weltweit Reformen in Gang gesetzt werden könnten, welche die vorhersehbaren Risiken reduzieren, die aus der Überantwortung der Verantwortung für gesellschaftliche Entwicklungen an Märkte (speziell die Finanzmärkte) resultieren. Allerdings ist zu befürchten, dass sich das politische System – bzw. die gerade aktuellen Regierungen – wieder dem Druck der Wirtschaft beugen und der »Rückkehr zum Wachstum« die Priorität geben.

Da einmalige Ereignisse weder von Individuen noch von sozialen Systemen als Lernanlass genutzt werden, steht zu befürchten, dass es mehrerer Pandemien bedarf, um ein Umsteuern einzuleiten. Doch die Wahrscheinlichkeit, dass es zu weiteren Pandemien kommt, ist aus medizinischer Sicht ziemlich groß. Ob das Anlass zu Optimismus oder Pessimismus ist, überlasse ich dem Urteil des Lesers.

Die Umwelt der Sozialwissenschaften

von Steffen Roth

In unseren letzten Beiträgen haben wir uns, durchaus zu meinem Leidwesen, mehrfach mit dem Spiel »Verschwörungstheorie« befasst.

In seiner einfachsten Variante funktioniert das Spiel ad hominem, indem man mit dem Finger auf Personen oder Gruppen zeigt (die mit dem Finger auf Personen oder Gruppen zeigen): So macht man als Verschwörungstheoretiker etwa diejenigen aus, die Bill Gates als Verantwortlichen für die Corona-Krise ausmachen.

Auch wer koordinierte Interessen hinter einer Allianz von Organisationen wie Weltwirtschaftsforum, Gates-Stiftung und Johns-Hopkins-Universität vermutet, setzt sich dem Verdacht aus, einer Verschwörungstheorie Vorschub zu leisten.

Wie verhält es sich dann mit Theorien, die ein bestimmtes Funktionssystem »kausal« für eine globale Pandemie verantwortlich machen?

Nun, in dem Fall befindet man sich mitten im Mainstream und wohl auch deshalb in bester Gesellschaft, weil man nun mit dem Finger auf sich selbst zeigt. Mit einem Mal ist man Teil der anonymen Verschwörung und muss sich als Ferienhausbesitzer, Vielflieger, Smartphone-Käufer und Fleischesser nicht nur gründlich selbst misstrauen, sondern sich auch heute für horrende Todeszahlen und morgen für die drohende Selbstauslöschung der Menschheit verantwortlich machen lassen.

Wie weltbekannt, funktioniert dieses funktionale Blame Game besonders gut mit der Wirtschaft, just weil es sich bei diesem System – seit jeher, möchte man meinen – um den idealen Indexpatienten handelt. Mal, weil die Wirtschaft wächst, und mal ... ganz im Gegenteil. Im Grunde also, weil es eben der Indexpatient Wirtschaft ist.

Unter dem Beifall Fritz Simons, klinkt sich mit André Reichels Polemik die Idee der Gesamtverantwortung der Wirtschaft daher auf eine für den Leser sehr anschlussfähige und für beide Autoren recht gefällige Weise ins Geschehen der Corona-Krise ein. Zwar ist in Reichels Überschrift von »systemischer Katastrophe« zu lesen, der Rest seines Texts lässt aber keinen Zweifel: Es geht um (allenfalls noch falsche Politik gegenüber der) Wirtschaft.

Dem Ernst des Anliegens entsprechend wird Reichels Theorie »rot an Klauen und Zähnen« eingeführt: Die Sterbezahlen werden dramatisiert, indem man den Beobachtungszeitraum auf zwei Monate schrumpft (erste Coronavirus-Fälle in Europa gab es allerdings bereits Ende Dezember[14], was die Zahlen eigentlich mit durchschnittlichen Infektionswellen vergleichbar macht); und natürlich stammt das Virus von einer chinesischen Fledermaus, die letztlich aufgrund von Auslandsdirektinvestitionen nicht artgerecht behandelt wurde, und sicher nicht von irgendeinem niederländischen Nerz.[15] Überhaupt weiß man bereits genug, als dass man die neue Krise ungehemmt mit seiner alten Lieblingskrise verbinden und für beide die wachstumsorientierte Weltwirtschaft verantwortlich machen kann.

Woher weiß man all das aber? Manches aus den aktuellen Medien, aber das meiste aus einem Ü50 Jahre alten Diskurs, in dem die Umwelt der Gesellschaft so konsequent mit Natur verwechselt wird, dass uns das Umweltkonzept der Naturwissenschaften heute ganz natürlich als Maßstab aller gesellschaftlichen Ereignisse erscheint.

Diese reduktionistische Perspektive auf Umwelt und Gesellschaft ignoriert dann ebenso konsequent, dass ökologisches Denken im

Sinne der Limits to Growth die viel gescholtene Wirtschaft gar nicht limitieren kann, sondern durch seine immer schärfere Beobachtung »natürlicher« Knappheitslagen ironischerweise das Grundprinzip der Wirtschaft (bzw. dessen »Kontingenzformel« Knappheit) auf die Spitze treibt.

Insofern lässt sich von einer Überwindung ökonomischer Zwänge und ähnlich gelagerten »Chancen« auch in dieser Krise nicht mal träumen, solange sich die eigene wachstumskritische Beobachtung unreflektiert an Wirtschaft hält. Jeder Versuch, weniger von dem zu beobachten, das man beobachtet, verschärft Probleme und verhindert Lösungen.

Wenn man es ernst meint mit einer »Postwachstumsgesellschaft«, dann nimmt man besser den Blick vom Indexpatienten Wirtschaft. Man hört auf, das »Verhalten« eines Funktionssystems zu skandalisieren. Erst recht schiebt man diesem Funktionssystem nicht neue Probleme von pandemischen Ausmaßen zu.

Stattdessen fragt man sich – Stichwort: Kommunikation – als Sozialwissenschaftler zur Abwechslung mal nach dem Umweltbegriff der Sozialwissenschaften. Rasch schweift dann ein anderer Blick in eine Umwelt der Wirtschaft, welche nun nicht mehr zuvorderst Natur ist, sondern »intern« Markt und »extern« auch Arena, Öffentlichkeit oder Schöpfung. In diesem erweiterten Kontext beschreibt »Postwachstumsökonomie« dann vielleicht eine Situation, in der wir Wachstum nicht mehr im Kurzschluss mit Wirtschaftswachstum assoziieren, sondern mehr am Wachstum von nicht-ökonomischen Funktionssystemen wie Religion, Erziehung oder doch wieder Politik interessiert sind.

Denn auch aus dieser multifunktionalen Wachstumsperspektive stellt sich die Frage, ob die Idee einer Postwachstums- oder gar »Degrowth«-Ökonomie mehr Ausdruck ist als wirklich vereinbar mit einer Inflation von Selbst-/Ansprüchen an einen Wohlfahrtsstaat, dem man – nach immer massiveren Interventionen für Armutsbekämpfung, Gleichstellung und brandaktuell Gesundheit – nun auch noch einen Green New Deal auf den immer längeren Wunschzettel schreibt. Denn eigentlich – und so wird man sich mit André Reichel vielleicht doch noch einig – müssten auch und gerade postwachstumsökonomische Staaten eher schlanke Staaten sein, die sich steigende Investitionen in die Gesundheit eines Volkes oder gar eines Planeten entweder nicht leisten können oder nicht leisten brauchen.

Corona und Verschwörungstheorie: Macht Bio wirr?
taz, 23. Mai 2020

5G, Bill Gates und Corona: Wie man auf Verschwörungstheorien bei Freunden und Verwandten reagiert
Der Standard, 24. Mai 2020

Verschwörungstheorien: Von Aluhut bis Zwangsimpfung
Weser-Kurier, 25. Mai 2020

Früherer Kanzler zu Corona-Protesten: »Idioten gab es immer«
Stuttgarter Zeitung, 25. Mai 2020

Many Jobs May Vanish Forever as Layoffs Mount
New York Times, 26. Mai 2020

10 Verschwörung, die Zweite – oder: Selbstreferenz der Wahrheitssuche

von Heiko Kleve

26. Mai 2020

Was wir in diesem Diskurs bisher gesehen haben – und das ist jetzt eine Metaperspektive – ist, dass wir uns in all dem, was wir denken und fühlen, oft selbst wiederfinden. Wir haben uns, aus welchen (unbewussten) Gründen auch immer, irgendwann einmal für eine Überzeugung entschieden und suchen davon ausgehend unsere aktuellen empirischen Beobachtungen, unsere Kognitionen und Emotionen danach ab, wie wir diese Überzeugung weiterhin stützen können.

Claus Otto Scharmer nennt diese Form der Weltbeobachtung »Downloading«.[16] Die Welt unserer Wahrnehmung bietet uns eine solche Komplexität an möglichen Selektionen, dass wir eben jene realisieren, die unsere bisherige Weltsicht stützen, stärken und absichern, statt sie infrage stellen zu lassen. Falsifikation erscheint also zunächst unwahrscheinlich. Es sei denn, wir scheitern mit unserem kognitions- und emotionsbasierten Handeln so extrem, dass wir tatsächlich in eine Krise des Erkennens, Fühlens und Handelns geraten, die die Welt anhalten lässt. Das ist die Bifurkation, die Matthias Horx dieser Pandemie-Situation zuschreibt, nach der die Welt eine andere werden wird, weil wir unseren Pfad der zukünftigen Denk-, Fühl- und Handlungswege neu einstellen müssen.[17]

Aber Verschwörungsideologen wollen genau dies nicht. Sie sehnen sich nach Sicherheit und Eindeutigkeit. Sie wollen sich in ihren Ressentiments bestätigt sehen. Demnach finden sie in den aktuellen Geschehnissen genau das wieder, was sie immer schon gedacht, gefühlt oder nur geahnt hatten.

Ich will damit nicht sagen, dass alle derzeit gegen die Freiheitsbeschränkungen der Pandemie Demonstrierenden dieser Gruppe zuzurechnen sind. Im Gegenteil: Die Mehrheit der aktuell Protestierenden artikuliert berechtigte Forderungen und bringt ihre Kritik auf die Straße. Das ist für eine Demokratie sehr passend. Aber offenbar vertritt eine sehr aktive Protestminderheit sogenannte Verschwörungsideologien, findet in all dem, was sie derzeit sieht, sich selbst, die eigene Wahrheit bestätigt, nämlich, dass wir in einer von mächtigen Kräften gesteuerten Welt leben, die Böses im Schilde führen.

Wie lassen sich solche Ideologien dialogisch verändern?

Wir können nicht allen, die derartige »Theorien« kreieren und verbreiten, unveränderbare Wahnsysteme unterstellen. Das passt nicht zu unserer pathologisierungskritischen systemischen Überzeugung. Wie könnten wir jedoch gerade jetzt dafür arbeiten, dass das, was Scharmer die Öffnungen des Geistes, des Herzens und des Willens nennt, gestützt wird? Nur dann, wenn wir gemeinsam Dialoge beginnen, in denen wir uns in unseren Vorannahmen, Gefühlen und Handlungsimpulsen erschüttern lassen, kann Neues entstehen. Eine lebendige Demokratie sollte doch wohl solche Räume eröffnen. Aber sind die modernen Formen der Politik und des Protests überhaupt dafür geeignet, derartige dialogische Transformationen anzuregen?

Ich freue mich, dass wir mit Franz Hoegl einen weiteren Zwischenrufer begrüßen können, der uns aus systemtheoretischer Sicht die Form von »Verschwörungstheorien« erklären kann.

Theoretical Distancing: Wozu Verschwörungstheorien?

von Franz Hoegl

Dass Theorien etwas »erklären«, wie Fritz Simon schreibt, ist zunächst weniger eine Beschreibung, sondern eine Forderung. Diese Erwartung verknüpft Simon mit der Zusatzbedingung, im Falle der Wissenschaften müssten die Erklärungen, die eine Theorie ausspuckt, irrtumsfähig sein. Steffen Roth hat schon darauf hingewiesen, dass damit jede halbwegs komplexe Theorie in große Legitimationsschwierigkeiten käme, nicht zuletzt, da viele Grundbegriffe, nicht nur der Systemtheorie, gar nicht empiriefähig sind, sondern überhaupt erst das Feld bereiten (»Wir gehen im Folgenden davon aus, dass ...«), auf dem – dann – empirisch widerlegbare Behauptungen aufgestellt werden.

Mit Luhmann schlage ich vor, Theorien zunächst als eine Art Designprodukt zu verstehen[18]: Sie geben einem Verweisungswust aus Sätzen, Einfällen, Erklärungen, Widerlegungen, Berechnungen, mathematischen Beweisen, Versuchsanordnungen, Plagiatsprojekten, Diagrammen, Bildtafeln, Notizzetteln, Mitschnitten und -schriften, Papers, Artikeln, Büchern, Gesamtausgaben und so weiter eine im Wissenschaftssystem anschlussfähige Oberfläche; sie fungieren als ein zu diesem Zwecke reformuliertes Interface. Das schließt durchaus mit ein, dass Theorien auch Erklärungen anbieten, die dann anderweitig nützlich sind. Doch ihre wichtigste Funktion ist nach innen gerichtet: Theorien, und ihre kleinen Schwestern, die Methoden, ermöglichen der Wissenschaft strukturierte Komplexität und programmieren die Anwendung des Wissenschaftscodes wahr/falsch, sie gewährleisten, dass Wahrheit »wissenschaftlich« bleibt.

Mit Blick auf die momentan von den Massenmedien unter dem Label »Verschwörungstheorien« angebotenen Konstruktionen kann man sagen, Shakespeares Beobachtung lässt sich nicht verallgemeinern: Es gibt auch Wahnsinn, der ganz ohne Methode auskommt. So besehen haben Verschwörungs»theorien« wenig mit dem gemeinsam, was man als Systemtheoretiker freiwillig Theorie nennen würde.

Und dennoch lautet mein Vorschlag, dass Verschwörungsgeschichten der Funktion nach wissenschaftlichen Theorien ähneln. Beide bieten eine Lösung für das Problem: Worüber wollen wir reden?

Denn wenn die Gruppe der Personen, die an Verschwörungstheorien »glauben«, tatsächlich so heterogen ist, wie von den Massenmedien beschrieben, von Leuten, deren »ja, aber ...« andernorts zu wenig Zustimmung findet, bis zu Intensiv-Verschwörungstheoretikern, die auch noch die abseitigsten Geschichten für plausibel halten (Anti-Aging-Produkte aus Kinderblut – echt jetzt?), dann ist es ja zunächst alles andere als selbstverständlich, dass diese Personen sich auf irgendwelche konkreten Themen einigen können. Für jemanden, der fast alles für möglich hält, bieten sich auch nahezu beliebige Empörungschancen. Und genau hier setzt die Funktion von Theorien an: Sie bieten ein Interface aus anschlussfähigen Generalisierungen; sie erst ordnen und organisieren wiederbesuchbare Themen, Narrative, Bilder, Erkennungszeichen, Verdächtigungsstandards, Codes, auf die man sich dann gemeinsam beziehen kann. Theorien verringern die Unwahrscheinlichkeit, dass sich Szenen, Echokammern, Verschwörungsmilieus überhaupt finden und dann reproduzieren. Sie erst liefern die Bibel, auf die ihre Gläubigen Bezug nehmen können. Woran kann man Verschwörungstheorien erkennen? Das Merkwürdige besteht ja darin, dass sich Verschwörungstheorien selbst nicht so nennen; der Ausdruck »Verschwörungstheorie« ist eine reine Fremdbeschreibung, während diejenigen, die an diese Erzählungen glauben, sich eher an Erkennungszeichen orientieren. Da reicht eine Ziffernkombination als Andeutung hier, ein zugerauntes Deep State dort, um zu wissen, von welchem Narrativ oder Syndrom gerade die Rede ist. »Verschwörungstheorie« erscheint als Kampfvokabel, ihre Funktion, darauf hat Steffen Roth wohl zu Recht schon hingewiesen und Fritz Simon hat es vorgeführt, liegt darin, jede so bezeichnete Äußerung als »inakzeptabel« wegzusortieren. Mit gutem Grund, mögen einige sagen, aber die müssen jetzt ganz stark sein, denn hier geht es einmal nicht um Sofortbewertung.

Verschwörungstheorien statt an ihrem sozialen Gebrauch und ihrem »Beobachtet-Sein« allein an ihren Themen und Erzählweisen zu erkennen, ist schon deshalb schwierig, da auch die Verschwörungsgläubigen selbst nicht nur alles, was sie wissen, aus den Massenmedien wissen (wozu auch Breitbart und die Russian Times gehören, und sogar noch so vereinszeitungsähnliche Publikationen wie Compact – wenn sie anderes behaupten, führen sie nur die Differenz von Selbst- und Fremdbeschreibung vor), sondern auch alles darüber, wie man eine Story erzählt, von den Massenmedien gelernt haben: Verschwörungstheorien entzünden sich, ganz im Sinne der massenmedialen Selektionspräferenzen, an einem einschlägigen Thema, sie beobachten Dissens als Konflikt, sie hantieren mit Zahlen, sie sehen die bösen Früchte überall, in Amerika (global) und in ihrem Garten (lokal), und natürlich führen sie ihre Sujets auf Personen und deren niedere Motive zurück. Gerade die Konstruktion der Täter folgt dabei stets der Form privat/öffentlich, mit dem die Massenmedien ganz allgemein Personen beobachten: Es interessieren die bislang verborgenen Privatheiten öffentlicher Personen. »So trauert die Königin um ihre Prinzen«, »Was in Wahrheit hinter der Krankheit des Showstars steckt«, »Wie der Fußballer seine Verlobte enttäuscht« ... oder eben: »Wie Bill Gates sich am Leid der Kinder bereichert«. Eher lassen sich Verschwörungstheorien an dem erkennen, was sie konsequent ausblenden. Mir scheint, alle diese »Theorien«, von denen so berichtet wird, teilen ein schreiendes soziologisches Defizit. Egal, wie ingenieurmäßig der Klimawandel weggerechnet wird, wie böswillig irgendwelchen Minderheiten alles Niedere in die Schuhe geschoben wird, eines findet man nie, nämlich Beschreibungen und Erklärungen, die auf gesellschaftliche Strukturen und Prozesse abzielen. Da, wo soziologische Beobachter eine kapitalistische Wertschöpfung im Gange sehen oder operationale Schließung durch Anschlüsse von Zahlungen an Zahlungen usw., da sehen Verschwörungstheorien immer wieder nur gierige Leute. Man wagt fast, eine Formel aufzustellen: Je imposanter der Verschwörungszweck, desto kleiner die Zahl der Verschwörer, desto mächtiger ihre Mittel, desto größer die Gier, desto verblüffender, dass du und ich davon wissen.

Verschwörungstheorien haben in diesem Sinne meistens zwei Teile: Einen, der sich auf gespürte Unstimmigkeiten, Ungereimtheiten, Ungerechtigkeiten, Entwertungserlebnisse, Eindrücke eines Zu-kurz-gekommen-Seins bezieht (und wo vermutlich auch allgemein Anschlussfähigeres mitgeteilt wird, würde es unter einem anderen Label kommuniziert), und einen, der »zornpolitisch« (Peter Sloterdijk[19]) allen Unmut auf Personen lenkt und konsequent niemals auf soziale Ordnungen, Eigentumsverhältnisse, Unternehmenskulturen, sozial angelieferte Skripts usw.

Warum haben Verschwörungstheorien so viele »Gläubige«? Ich wundere mich eigentlich, dass es nicht noch mehr sind, angesichts der Erschütterungen unseres Erwartungsmanagements, ausgelöst durch das Schockerlebnis, dass von gestern auf heute Zustände eintreten konnten, die vor wenigen Wochen noch undenkbar und nur als filmische Dystopien a la »World War Z« vorstellbar waren. Die Bandbreite dessen, was man für möglich halten muss, hat sich erheblich erweitert.

Die Komplexität der Prozesse und Strukturen, die solche heftigen Ereignisse ermöglichen (auch und gerade, wenn zugleich das Management, um nicht zu sagen das Management der Krise, verblüfft), wirkt auf die weniger Abgebrühten von uns durchaus verunsichernd – eine Unsicherheit, die von manchen calvinistisch aufgehoben wird, indem sie wollen, was sie sollen, und Sicherheit und Genugtuung (und wohl auch soziale Distinktionsgewinne) darin finden, das Richtige und Gebotene zu tun: Sie beteiligen sich am großen »Abstand der Anständigen«. Andere reduzieren die Komplexität, indem sie, wie eine Art Bad-Design-Aficionados, hinter allem, was geschieht, einen absichtsvollen bösen Plan vermuten, der sich aber nur dem Spezialisten, dem Kenner, dem Eingeweihten entbirgt. So gelingt es, ein offen unpersönliches Geschehen auf geheime, aber persönliche Entscheider zurückzuführen. Design ist eben unsichtbar (Lucius Burkhardt).

Andere wiederum greifen zur Systemtheorie.

Simulation und Einschwörungstheorie

von Steffen Roth

Indem wir Runde um Runde drehen, lassen uns die Verschwörungstheorien nicht aus. In Franz Hoegls Beitrag taucht zudem der Begriff der Methode auf. Muss es uns nun um Verschwörungsmethoden gehen?

Luhmann zufolge verwandeln sich Theorien in ihre »kleinen Schwestern« (Hoegl), die Methoden, sobald sie ihre eigenen Unterscheidungen nicht nur auf extern gedachte Beobachtungsgegenstände, sondern auch auf sich selbst anwenden können. Diese Idee setzt eine gesunde Portion »theoretical self-distancing« voraus, ein Theoriedesign also, das Luhmann am Ende seiner »Einführung in die Theorie der Gesellschaft«[20] mit einer Installation veranschaulicht, »die mit Drähten von [ihm] zu einem Apparat führt und die bewirkt, dass die Vorlesung in der Vorlesung noch einmal vorkommt«. Kurz zuvor konzediert er, dass unklar bleibt, welchen Nutzen eine derart selbstbezügliche Theorie, die »sich von außen nur noch irritieren, aber nicht widerlegen lässt«, letztlich hat.

Just diesen zweifelhaften Ruf hat Luhmanns Theorie-Methode mit den methodischen Spielmachern nicht erst dieser Krise gemein. Simulationen sind zuletzt im Zusammenhang mit der Finanzkrise 2007–2008 unrühmlich in Erscheinung getreten. Auch mehr als zehn Jahre später ist man wenig schlauer. Tatsächlich wurden in der Corona-Krise die Ergebnisse von Simulationsstudien regelmäßig mit denen klassischer deduktiver Forschungsmethoden verwechselt oder bewusst als solche dargestellt. Zum Beispiel meldete die Pressestelle der Max-Planck-Gesellschaft am 03.04.2020: »Eine Simulation belegt die Wirkung der ersten Maßnahmen gegen Covid-19«, was mich am 04.04.2020 zu dem Tweet veranlasste: »Eine Simulation ›belegt‹ etwas. Auf den Seiten der Max-Planck-Gesellschaft. Es braucht schon ein Gottvertrauen in die Wissenschaft dieser Tage«.[21]

Anders als bei Luhmanns Theorie ist hier von theoretischer Distanz zu den eigenen Beobachtungen jedenfalls kaum eine Spur, und so wurden und werden Simulationen in der aktuellen Krise benutzt, um

1. die Pandemie zu detektieren und in ihrem Ausmaß zu bestimmen,
2. die Auswahl und Implementierung geeigneter Maßnahmen anzuleiten und zu begründen und,
3. wie oben gezeigt, die Effizienz der Maßnahmen zu »belegen«.

Mit anderen Worten: Problemdefinition, Methodenwahl und Erfolgsbestimmung basieren in dieser Krise weitgehend auf Simulationen, deren Ergebnisse man weit unkritischer aufnimmt als etwa die der Resultate der Heinsberg-Studie. Insofern stellt sich dann aber die Frage, inwieweit wir es hier nicht auch mit einem Selbstläufer zu tun haben, der »sich von außen nur noch irritieren, aber nicht widerlegen« lässt. Wie unterscheidet man vor diesem Hintergrund eine simulierte von einer »realen« Krise?

Solange wir auf diese Fragen keine überzeugenden Antworten haben, können wir uns und anderen Gedanken an eine »fake crisis« nicht verdenken. Warum sollten just wir Wissenschaftler dem abschwören und uns auf politisch korrektere Zoonose-Postwachstum-Geschichten (siehe André Reichels Beitrag) und andere neu-normale »Theorie«-Angebote einschwören lassen?

Im Grunde ist die Idee einer herbeisimulierten Krise dafür viel zu nützlich, denn erstens müssen wir uns an den Umgang mit selbstbezüglichen Theorie-Methoden und Simulationen alle erst noch gewöhnen, wofür diese Krise übungsweise so gut ist wie jede andere. Zweitens handelt es sich bei Simulationen eben nicht um Supertheorien von Luhmann'schem Schlage, sondern um Ad-hoc-Arrangements ohne nennenswerte Selbstimplikation und Einsicht in ihre eigene Kontingenz. Theoriearmut wird so zu einem äußerst folgenreichen »praktischen« Problem, für das es Lösungen am Theorie-Methoden-

Interface braucht, und auch in dieser Hinsicht kommt »ketzerischen« Aussagen eine wichtige Hinweisfunktion zu. Drittens wurde die Beobachtung von Kontingenz in der Corona-Krise unzweifelhaft konsequent behindert, indem im Zuge ebenso koordinierter wie massiver Kommunikationsflutmaßnahmen wochenlang auf einen Worst Case abgestellt wurde, dessen Beobachtungszwang mit ständig wechselnden Horrorzahlen aufrechterhalten wurde, bis man die Pandemie-Beobachtung mit dem R-Wert nun auf niedrigem Niveau stabilisiert hat.

Wissenschaftlich gesehen spricht demnach nichts gegen die Idee, die Idee auszuprobieren, dass es sich bei dieser Krise um den womöglich kostspieligsten Fehlalarm der Menschheitsgeschichte gehandelt hat. Zum einen wäre das nicht der erste Pandemie-Fehlalarm aus dem WHO-Milieu. Zum anderen wären die Irritationen, die eine solche Idee wissenschaftlich auslöst, durchaus überschaubar – oder zumindest weitaus weniger folgenreich als vermutlich in der Politik.

Wenn der Politik nun daran gelegen sein sollte, »verschwörungstheoretische« Ideen »dialogisch zu verändern«, wie von Heiko Kleve vorgeschlagen, dann wäre dies ein erster Schritt, die eigenen »Methoden« der Entscheidungsfindung ganz transparent offenzulegen. Konkret wäre es im Rückblick auf die Krise nicht nur wissenschaftlich wichtig, im Detail zu wissen, auf Grundlage welcher Datenlagen, Simulationen und Modelle sowie welcher Gewichtungskriterien welche Entscheidungen getroffen wurden. Hier liegt noch gar vieles im Unklaren, wenn nicht im Argen, was nicht zuletzt die jüngste Entwicklung in Dänemark andeutet.

Gefahr im Verzug war gestern. Nicht weniger wichtig wäre es daher zu begründen, warum die aktuellen Lockerungen nicht auch von einem diskursiven Tauwetter begleitet werden, das den von Heiko Kleve vorgeschlagenen Dialog überhaupt erst möglich machte. Solange dieses Tauwetter nicht heraufzieht, solange man unliebsames Frageverhalten als verschwörungstheoretisch abtut, solange man nicht ohne politisch-moralischen Druck auch den anderen Worst Case (die »fake crisis«) diskutieren kann und solange man sich »dissenting voices« wie Karin Mölling, Wolfgang Wodarg oder Sucharit Bhakdi nicht wieder sachlich anhören kann, leistet das aktuelle »politisch korrekte« Diskursklima weiterhin dem Vorschub, was man dann zur Ausschaltung von abweichenden Stimmen als Verschwörungstheorie bezeichnen kann.

Wie man sich das Etikett »Verschwörungstheoretiker« verdienen kann

von Fritz B. Simon

Zunächst möchte ich Franz Hoegl zustimmen, dass der Begriff Verschwörungstheorie verfehlt ist (und es war sicher mein Fehler, ihn unkritisch übernommen zu haben). Denn wenn man dem Diktum Wittgensteins folgt, dass der Gebrauch die Bedeutung der Worte bestimmt, so werden mit dem Etikett Verschwörungstheorie keine Theorien (wie etwa die Luhmanns) bezeichnet, sondern *Hypothesen.* Und die lassen sich, wenn sie ernst zu nehmen sind, falsifizieren:

Interpersonell beobachtete, d. h. von mehr als einem Beobachter beobachtete, *konkrete* Phänomene werden (1) *beschrieben,* es wird (2) ein hypothetischer *generierender Mechanismus* (Maturana) für das oder die Phänomene konstruiert, und schließlich lassen sich (3) *konkrete* Methoden und Merkmale – wiederum interpersonell beobachtbar – der Falsifikation der Hypothese definieren. Wenn Hypothesen sich nicht falsifizieren lassen, bedeutet das nicht, dass sie wahr sind. Dass unterschiedliche Hypothesen in Konkurrenz zueinander stehen, ist höchst funktionell, das heißt, gegen Orthodoxien aller Art helfen nur alternative Hypothesen (wiederum mit der Möglichkeit der Falsifikation).

Solche Hypothesen sind auch Grundlage der von Steffen Roth problematisierten Simulationen. Gegen sie ist generell zu sagen, dass »hinten« immer herauskommt, was »vorne« hineingesteckt wird. Trotzdem sind sie nützlich, weil sie helfen, Worst-Case-Szenarien durchzuspielen. Vor allem wenn es – wie im Falle von Infektionen – um exponentielle Wirkzusammenhänge geht, ist die Imaginations- und Prognosefähigkeit des alltäglichen Kausaldenkens (»kleine Ursachen – kleine Wirkungen; große Ursachen – große Wirkungen«) der meisten Bürger und Politiker überfordert. In Bezug auf die aktuelle COVID-19-Krise, das kann zu diesem Zeitpunkt schon gesagt werden, war es und ist es durchaus möglich, Hypothesen, die der Falsifikation zugänglich sind, zu prüfen. Denn gegenwärtig werden ja in gigantischen Feldversuchen unterschiedliche nationale (stets hypothesengeleitete) COVID-Prophylaxe- und Bewältigungsstrategien in ihrer Wirksamkeit getestet – von Südkorea bis Brasilien, von Schweden bis zu den USA.

Wenn Franz Hoegl von »Verschwörungsgeschichten« spricht, so finde ich das zwar richtig, aber zu harmlos, weil die Besonderheit von Verschwörungsgeschichten eben ein spezifisches narratives Muster ist, das dem des Kriminalromans oder Politthrillers bzw. auch des Horrorfilms entspricht. Die Spezifität dieses narrativen Musters geht meines Erachtens verloren, wenn man verharmlosend von Geschichten spricht.

Ein Punkt, in dem ich Franz Hoegl und Steffen Roth zustimme, ist, dass das Etikett »Verschwörungstheoretiker« eine Fremdzuschreibung ist (ein Schicksal, das die so etikettierten mit all denen teilen, deren Wirklichkeitskonstruktion als »Wahn« bezeichnet wird). Aber das ist ja nicht zufällig, sondern es hat mit der Struktur der von ihnen präsentierten Weltsicht zu tun. (Man muss sich solche Zuschreibungen als Teilnehmer an der Kommunikation hart erarbeiten.)

Die Methode, die man anwenden muss, um sich das Etikett »Verschwörungstheoretiker« zu verdienen, führt mich noch einmal zum Beginn unserer Verschwörungsdiskussion (die ja von unserem ursprünglichen Thema weggeführt hat) zurück. Steffen Roth setzt in seinem vorigen Beitrag die (u. a. von André Reichel geäußerte) Kritik an den aktuellen Strukturen unseres Wirtschaftssystems mit einer Verschwörungstheorie gleich. Falls er das ernst gemeint haben sollte (was ich bezweifle), dann begeht er einen Kategorienfehler (er stolpert gewissermaßen über die Abstraktionsstufen – was ihm öfter zu passieren scheint). Er verwechselt »Spiel« und »Spieler« miteinander. Wenn sich Bill Gates, die Johns-Hopkins-Universität oder George Soros tatsächlich verschwören, so agieren sie als Mitglieder/Teilnehmer u. a. des Wirtschaftssystems. Das Wirtschaftssystem selbst beteiligt sich genauso wenig an der Wirtschaft wie das Fußballspiel selbst heute gegen Borussia Dortmund spielt (weil Bayern München eben nicht »der Fußball« ist, auch wenn das Uli Hoeneß denken mag).

Am Beispiel der Wirtschaft als »Verschwörer« lässt sich ein weiteres Beispiel für die Merkmale des für mich verwirrenden Argumentationsmusters von Steffen Roth illustrieren. Es werden nicht nur Abstraktionsebenen vermischt, sondern einzelne Aspekte aus einer Argumentation, die eine Einheit bilden, herausgepickt. Bleiben wir bei meiner Definition der Verschwörungstheorie: »Nicht-Falsifizierbarkeit« und »Zuschreibung unlauterer Motive zu bestimmten Akteuren«. Wer hat der Wirtschaft »böse Absichten« zugeschrieben? Selbstorganisierte Systeme folgen bestimmten Selektionsprinzipien, aber sie haben – im Gegensatz zu ihren Teilnehmern – keine Motive. Auf diesen Aspekt von Verschwörungen geht er überhaupt nicht ein, sondern kapriziert sich auf eine – wiederum die Abstraktionsebenen verwechselnde – Infragestellung des Falsifikationsprinzips. Dabei verweist er auf die Kritik an Luhmanns Systemtheorie, die nicht falsifizierbar sei, beziehungsweise stellt er die Frage (Ha, ha!), ob Luhmann Verschwörungstheoretiker sei. Um den Punkt ernster zu nehmen, als er sicherlich gemeint ist: Ich habe von Luhmann nie etwas gelesen oder gehört, wo er gesellschaftliche Entwicklungen einem Akteur – noch dazu einem mit miesen Intentionen – zuschreibt. Da Gesellschaft wie Funktionssysteme sich selbstorganisiert strukturieren, kann deren Entwicklung nicht einer Verschwörung als »Ursache« zugeschrieben werden – eine weltweite Seuche auch nicht.

Ein weiterer Punkt von Steffen Roths Argumentation: die Wirtschaft als Indexpatient. Wer dieses Konzept aus dem therapeutischen Kontext verwendet, sollte sich darüber klar sein, dass damit stets die Symptome eines Patienten als Resultat von *Beziehungs-* bzw. *Kommunikationsmustern* erklärt werden; ihm wird also gerade nicht Schuld oder eine Störung zugeschrieben. Und genau darum geht es hier ja: die Beziehung des Funktionssystems Wirtschaft zum politischen bzw. den anderen Funktionssystemen. Die aktuelle Krise eröffnet die Chance, diese Beziehung – gern auch, wie von Steffen Roth gefordert, zu Religion und anderen Funktionssystemen – zu diskutieren. Doch dieser konkreten Frage entzieht sich die Roth'sche Argumentation, um lieber über abstrakte Zusammenhänge zu philosophieren.

Uneingeschränkt recht ist Steffen Roth zu geben, wenn er feststellt, dass es bei den Verschwörungstheorien nicht um Wahrheit, sondern um Macht geht. Nur haben wir offenbar andere Machthaber im Sinn. Ohne Zweifel sind viele der Teilnehmer an den sogenannten »Hygiene-Demos« brave Durchschnittsbürger, denen der Lockdown ökonomisch den Boden unter den Füßen weggezogen hat und deren Wut nachvollziehbar ist. Ihr Protest, dass sie nicht mehr Unterstützung erfahren, ist legitim. Auch die These von Franz Hoegl, dass die gesteigerte Unsicherheit die Tendenz zur Bildung von Verschwörungstheorien steigert, ist meines Erachtens plausibel. Unsicherheit lässt sich unter anderem durch Orientierung an Personen als Entscheidungsprämisse absorbieren – das funktioniert offenbar nicht nur, wenn diese Personen positiv idealisierte »Führer« sind, sondern auch, wenn es negativ idealisierte Finsterlinge sind. Aber diejenigen, welche die Gates-Stiftung, Event 201 oder auch das Weltjudentum usw. als Ursache allen Übels identifizieren und zum Gegenstand ihres Hasses machen, sind meines Erachtens lediglich »nützliche Idioten« (mit Betonung auf Idioten). Sie lassen sich von Leuten, die mit dem politischen System – d. h. der repräsentativen Demokratie etc. – nicht einverstanden sind, zu deren Machtzwecken instrumentalisieren. Ich will mich hier nicht weiter über die Strategien von Populisten auslassen, da ich darüber an anderer Stelle ausführlich geschrieben habe (»Anleitung zum Populismus«)[22].

An dieser Stelle würde ich gern meine Definition der »Verschwörungstheorie« bzw. besser: »Verschwörungshypothese« erweitern. Solche Hypothesen sind – und das scheint mir ein gesellschaftlich ziemlich relevanter Faktor zu sein – bei denen, die sie vertreten, ganz *fest mit negativen Affekten gekoppelt* (»Zwei-Minuten-Hass« nach Orwell).

Deswegen glaube ich auch nicht, dass ein Dialog mit ihnen möglich ist. Die von Heiko Kleve ins Feld geführte »systemische Haltung, nicht zu pathologisieren« etc., teile ich nicht. Denn dabei handelt es sich um eine moralische Forderung, die nach meinem Verständnis nicht im Geringsten aus Systemtheorie oder Konstruktivismus ableitbar ist. Ich finde sie zwar sympathisch, aber ich denke, es ist weit sinnvoller, die generierenden Mechanismen von Pathologisierung zu studieren (usw.), statt sie zu verbieten, um dann die Konsequenzen daraus zu ziehen, die dem eigenen Wertsystem entsprechen.

Was mich – um der Einladung von Heiko Kleve auf die Meta-Ebene zu folgen – an den Texten Steffen Roths irritiert, ist, dass er in seiner »Analyse« der Funktion von Verschwörungstheorien (die ja jetzt nur als Beispiel herhalten müssen) nicht konkret wird. Es bleibt beim vieldeutigen Raunen, das heißt, sie produzieren diffusen Nebel, in dem man die Schatten irgendwelcher Verschwörer zu erkennen meint (Texte wie ein Rorschachtest).

Mag sein, dass mein mangelndes Verstehen seiner Argumente daher rührt, dass ich als Praktiker Theorien immer nur als Mittel betrachte, um aus ihnen Handlungsanleitungen (Methoden) ableiten zu können. Daher stellt sich für mich die Frage – und ich gebe sie hiermit an Steffen Roth weiter: Was wäre denn in der gegenwärtigen Situation zu tun, wenn wir den schlankeren Staat hätten und wenn beispielsweise das Wachstum der Religion statt der Wirtschaft in den Fokus der Aufmerksamkeit gerückt würde? Mehr beten? Mehr Gottesdienste?

Was dies betrifft, fand ja bereits ein beeindruckendes Superspreader-Experiment in Südkorea und, wenn auch im Ausmaß bescheidener, in der Frankfurter Baptistengemeinde statt.

Der Bundesrat beendet im Juni die ausserordentliche Lage – aber das Notrecht gilt weiterhin
NZZ, Neue Zürcher Zeitung, 27. Mai 2020

Grenzenloses Unwissen, oida! Wissenschaft in Coronazeiten
Der Standard, 28. Mai 2020

Können wir noch vertrauen? Nie mussten wir uns so aufeinander verlassen wie heute. Das fällt vielen schwer. Wie lässt sich das kostbare Gut des Vertrauens bewahren, ohne das keine Gemeinschaft existieren kann?
Die Zeit, 28. Mai 2020

Protests Continue to Rage After Death of George Floyd
New York Times, 29. Mai 2020

Scharfe Worte gegen China: Trump beendet Zusammenarbeit mit WHO
FAZ, 29. Mai 2020

11 Wie aus gemeinsamer Blödheit soziale Klugheit wird

von Heiko Kleve

29. Mai 2020

Fritz Simon hat vor Jahren ein Buch geschrieben, in dem er zeigt, wie intelligente Menschen in sozialen Gruppen- und Organisationskontexten dumm kommunizieren, unkluge Entscheidungen treffen: »Gemeinsam sind wir blöd!?«[23] Unsere heutige Zwischenruferin, Dr. Antje Tschira, fragt nun, ob es in Krisenzeiten nicht klappen sollte, ja sogar klappen müsste, dass durch die unterschiedlichen Stimmen von vielen miteinander interagierenden Menschen besonders kluge Entscheidungen getroffen werden können. Gerade in Zeiten wie unseren müssten soziale Systeme nicht nur mit Verfahren ausgestattet werden, die deren Performance legitimieren, sondern die deren Beschlüsse intelligenter machen.

Soziale Intelligenz ist bestenfalls das, was nicht in einem Kopf, nicht in einem psychischen System erdacht wird und dann über Machthierarchien in politischen oder wirtschaftlichen Institutionen durchgedrückt wird, sondern was durch das kommunikative Zusammenspiel von mehreren, vielleicht sehr vielen Personen an Klugheit emergiert. Wie aber ist eine solche Art kommunikativer Intelligenz möglich?

Jürgen Habermas hat diesbezüglich die Diskursethik vorgeschlagen und damit bereits gesehen, dass für komplexe Aufgaben das einzelne Subjekt zu begrenzt ist, sodass eine kommunikative Vernunft durch herrschaftsfreies Reden und Hören zu etablieren ist.[24] Erst so ließen sich rationale Argumente austauschen, mithin in einen Wettbewerb miteinander führen, sodass am Ende die besten dieser Argumente siegen würden. Sowohl die französische Postmoderne etwa eines Jean-François Lyotard[25] als auch Niklas Luhmann[26] haben eine derartige Kommunikationsvernunft als illusionär aufgezeigt. Denn weder die kontrafaktische Situation eines herrschaftsfreien Raumes lässt sich realisieren, noch steht am Ende eines Diskurses der Konsens des besten Arguments. Es bleiben Dissens und Differenz: Je mehr kommuniziert wird, desto unterschiedlicher wird es offenbar.

Aber es muss doch möglich sein, Verfahren zu entwickeln, die in herausfordernden Situationen Personen so zusammenzubringen, dass sie Entscheidungen treffen, die ausgewogener, rationaler, passender sind als in den üblichen Zusammenkünften und sozialen Dynamiken, die Fritz Simon in seinem oben genannten Buch veranschaulicht. Ist es die Kommunikation des Marktes, die mit Friedrich August von Hayek als Entdeckungsverfahren verstanden werden kann,[27] die hier weiterhelfen könnte? Ist es die demokratische Kommunikation der Politik, die dabei unterstützt, kluge, sozial intelligente Entscheidungen zu treffen? Oder bräuchten wir neue Formen der komplexitätsangemessenen Gruppen- und Teamkommunikation, die es wahrscheinlicher machen, gemeinsame Klugheit zu organisieren. All das sind Fragen, die wir mit unserer heutigen Zwischenruferin stellen können und die ich gerne an unsere beiden Protagonisten weitergebe.

Krise des Sozialen – Krise des Entscheidens oder: In Zeiten des Abstands über neue Nähen nachdenken

von Antje Tschira

In Krisenzeiten wird oft deutlich, wie ein System hinsichtlich der krisenrelevanten Parameter funktioniert, welche Entscheidungsprämissen wirksam werden und wo diese zu Problemen führen.

Da sich derzeit alles um das Gebot des Social Distancing dreht und damit Gefahr oder Rettung verknüpft wird, wird dies überall dort deutlich, wo Begegnung und Kontakt systemrelevant sind. Auf der persönlichen Ebene werden Erfahrungen mit Kontaktreduzierung und virtueller Kommunikation gemacht, auf der Organisationsebene kann man beobachten, wie existenziell das Überleben mancher Branchen und Institutionen an menschliche Kontakte gekoppelt ist. Auf der politischen Ebene wird für mich die soziale Distanz in anderer Hinsicht deutlich. Im Moment wird evident, welchen Entscheidungsprämissen nach wie vor politische Beschlüsse folgen. Sie folgen der Logik der Repräsentanz, der damit einhergehenden Logik der meisten Wählerstimmen und der Logik expertengeleiteten Entscheidens. Hinzu kommen historische und kulturelle Verpflichtungen.

Das ist keine ausreichende Voraussetzung, um paradoxieadäquat zu handeln, fließen doch viele paradoxieerzeugende Momente nicht mit in die Entscheidungen ein. Das produziert Lösungen, die eher einem Kompromiss als einem Konsens folgen. Fließen zu wenige Unterscheidungen in den Entscheidungsprozess ein, dann ist das wie Entscheiden auf der Ebene. Man verschenkt sich die unzähligen Möglichkeiten der Auslotung des dreidimensionalen sozialen Raumes oder Körpers und des damit verbundenen Suchens in allen Richtungen.

Paradoxieentfaltung als Weg und Denkfigur ermöglicht das Abschreiten der verschiedenen Positionen, das Integrieren skeptischer Momente als Ressource für differenzierte Lösungen. Zentrales Element für soziale Formen der Paradoxiebearbeitung ist die Begegnung mit den Unterschieden und den unterschiedlichen Auswirkungen, deren positive Bedeutung und das gemeinsame Aushandeln von Positionen und Lösungen.

Was mir fehlt, ist die »Weisheit durch die Vielen«, die in diese Entscheidungen mit einfließen würde und die die jeweiligen Probleme neben den sachangemessenen, administrativ und kulturell richtigen Vorgehensweisen um die vielen unterschiedlichen Lebenswirklichkeiten, die es in unserer Gesellschaft gibt, bereichern würde, die intelligente Vorschläge hervorbrächte und gleichzeitig für deren Akzeptanz in der Bevölkerung sorgen würde. Last but not least erhöhen gute Formate, in denen Menschen sich mit ihren sehr unterschiedlichen und entgegenstehenden Interessen um ein Thema herum zusammenfinden, die Kompetenz, souverän mit Unterschieden umzugehen. Man lernt zuzuhören und sich abzugrenzen, Widerstände als Befürchtungen zu verstehen und aus den unterschiedlichen Lebensentwürfen und Hintergründen gute Ideen zu entwickeln, mit denen bestenfalls alle leben können.

Gerade wenn es wie zurzeit um die Wiederherstellung einiger Interaktionssysteme und die dafür besten Strategien geht, kann das lokale Wissen der Betroffenen nur helfen.

Beispiele wären ... lokale sach- und personenorientierte soziale Systeme, die sich in cross-kultureller Zusammensetzung um lokale Probleme kümmern. Ähnlich den Regiegruppen, die in Organisationen Veränderungsarchitekturen entwickeln und durchführen, würden unterschiedliche Interessengruppen ihre Perspektiven aufzeigen und gemeinsam tragbare Lösungen entwickeln. Geloste Bürgerräte entwickelten Empfehlungen für die Politik.

Sie würden die Politik und die Organisationen, in denen wir uns bewegen, zugänglicher machen, dadurch die Akzeptanz des politischen Vorgehens erhöhen (was man selbst mitgestaltet, das trägt man eher mit).

Gelebte Paradoxieentfaltung sorgt für sozialen Frieden und gibt der Entfaltung kollektiver Intelligenz eine Chance.

Aufgabe von politischen Entscheider*innen wäre es demnach, unmögliche Kommunikation (die von alleine nicht stattfindet) möglich zu machen und damit Kommunikationscontainer zu schaffen, die in weiteren Krisenzeiten jederzeit belebt werden könnten.

Nie war so viel Kontingenz wie heute. Diesen Raum könnte man nutzen, um bewusst Entscheidungen über neue Formen bürgerschaftlichen Kokreierens herbeizuführen.

Und wenn es dann doch eine Ausnahme war, dann hätten wir die Krise dazu genutzt, unser gesellschaftliches Immunsystem zu stärken, indem wir uns neue zivilgesellschaftliche und organisationale

Optionen im Umgang mit komplexen Situationen geschaffen hätten. Es wäre eine gute Ressource für gesellschaftliche Problembearbeitung, wenn wir die Logik der gesellschaftlichen Problembearbeitung in Richtung beteiligungsorientierter Formate weiterentwickeln und diesbezüglich neue Routinen schaffen könnten.

Was existiert und worin man Routine hat, darauf kann man mit wenig Aufwand zurückgreifen.

Umweltbeobachtungswerkzeuge

von Steffen Roth

Antje Tschira schlägt in ihrem Beitrag vor, verstärkt auf die Weisheit der Vielen zu setzen. In meinem Beitrag will ich diesen Vorschlag in mehrfacher Weise aufnehmen.

Zunächst setze ich mit Blick auf Fritz Simons letzten Beitrag getrost auf die Weisheit unserer vielen Leser, denen ich zutraue, dass sie ein gutes Taktgefühl besitzen und ohne schulmeisterliche Anleitung theoretische Spreu von Weizen trennen können. Nur ein Missverständnis möchte ich beseitigen: Wenn ich von der Wirtschaft als Indexpatient spreche, dann geschieht das in meinem Fall nicht nur aus der Perspektive des fürsorglichen Therapeuten, der dem Indexpatienten »also gerade nicht Schuld oder eine Störung« zuschreibt, sondern eben auch mit Blick auf die »Beziehungs- bzw. Kommunikationsmuster«, in denen sich jene Schuld- und Störungszuschreibung vollzieht, die Verhaltensspielräume einengen, Sündenbockmechanisierungen Vorschub leisten, Leidensdruck erzeugen und so mitunter auch Therapie notwendig machen.

Nun hat André Reichel in seinem Beitrag der Wirtschaft ganz klar die Schuld am Ausbruch der Corona-Krise gegeben. Fritz Simon hat das so verstanden, »dass die Corona-Krise eine Krise ist, die den Strukturen unseres (Welt-)Wirtschaftssystems kausal zugeschrieben werden muss«, und diesen Gedanken ausdrücklich »unterstrichen«. Daraufhin habe ich die Frage in den Raum gestellt, inwieweit sich derart schlichte Kausalitätsannahmen von denen sogenannter Verschwörungstheoretiker unterscheiden. Mehr ist an der Stelle nicht passiert, aber vielleicht kommen wir einen Schritt weiter, wenn wir uns fragen, ob es eigentlich auch so etwas wie wahre Verschwörungstheorien gibt. Diese Frage widerspricht Fritz Simons meinetwegen maßgeblicher Definition von Verschwörungstheorie (»Nicht-Falsifizierbarkeit« und »Zuschreibung unlauterer Motive zu bestimmten Akteuren«) nur scheinbar.

Nehmen wir ein Beispiel, dass uns auf eine zweite Weise die Weisheit der Vielen nahebringt. In seinem Buch »Power and the structure of society« beschreibt James Coleman eindrücklich, wie sich Mitglieder des Englischen Dritten Standes ganz legal verschwören, um Erbschaftssteuer zu hinterziehen. Das Zauberwort heißt »trust« und gilt Coleman als Frühform der modernen Organisation. Das Beispiel macht dort wie anderswo Schule, entzieht dem Feudalsystem über Generationen hinweg die wirtschaftliche Grundlage und ermöglicht schließlich diese oder jene bürgerliche oder industrielle Revolution. Regulierungsversuche scheitern und Regierungen sehen sich mitunter ziemlich ratlos, bis irgendein Schotte ein Buch über die Weisheit der Vielen schreibt.

Colemans Theorie ist historisch verifizierbar bzw. falsifizierbar und Verschwörungstheorie, solange man es eben mit Herrschaft hält. Für einen Liberalen hingegen handelt es sich um eine Theorie über die Rolle von Subversion und Organisation im Streben des »unlauteren« Dritten Standes nach Freiheit und Wohlstand.

Ein zweites Beispiel für eine möglicherweise wahrheitsfähige Verschwörungstheorie ist der »Marsch durch die Institutionen«. Ob es diesen Marsch gab und ob er allenfalls erfolgreich war, kann Fritz Simon sicher besser entscheiden als ich. Im Positiv- und Erfolgsfall wäre so immerhin teilweise erklärt, warum eine Generation von Permanenzrevolutionären heute derart staatstragend oder zumindest staatsnachfragend ist. Im Negativfall handelt es sich bei dieser gebeugten Trage- und Nachfragehaltung wohl eher um ein Zeichen von Resignation.

Um nicht in Resignation zu verfallen, lohnt es sich zu schauen, was wir im Krisenfall (oder überhaupt) tun können, außer nach dem Staat zu rufen.

»Was wäre denn in der gegenwärtigen Situation zu tun, wenn wir den schlankeren Staat hätten?«, fragt Fritz Simon am Ende seines letzten Beitrags. Hier kommt dann die von Antje Tschira angeratene Orientierung an der Weisheit der Vielen ein drittes Mal ins Spiel.

Vielstimmigkeit, die in meinem Fall als Multifunktionalität, alternativ aber auch mit Blick auf bestimmte Strata, Zentren (und Peripherien) oder Segmente von Gesellschaft gedacht werden kann, empfiehlt sich hier tatsächlich in mehrfacher Hinsicht.

Wenn wir die Verschwörungen nun hoffentlich ein für alle Mal beiseitestellen, dann drängt sich aus einer multifunktionalen Perspektive die Beobachtung auf, dass wir theoretisch, gefühlt seit Jahrhunderten mit »politökonomischen« Kanonen auf noch den allerkleinsten Spatzen schießen. Politik gegen Wirtschaft. Choose your side. Politökonomischer Tunnelblick und Lagerkoller sind dabei nicht nur langweilig geworden. Sie machen uns auch blind. Aktuell befinden sich selbst primitivere biopolitische Theorieangebote in besserer Resonanz mit gesellschaftlicher Selbstbeschreibung als die raffiniertesten Politökonomien oder deren gentechnisch unveränderte ökologische Klone.

Warum sollte sich nun ausgerechnet eine so vielseitige Theorieplattform wie unsere immer wieder nur das nächste Update von Wirtschaft und Gesellschaft aka Politik herunterladen?

Wenn man es recht bedenkt, dann sind politökonomische Theorien per se weder besser noch schlechter als biopolitische oder gottesstaatliche oder zur Abwechslung auch mal »apolitische« Theorien. Auf die Resonanz mit gesellschaftlichen Selbstbeschreibungen kommt es an, diese theoretische Resonanzfähigkeit prüfen kann man nur, wenn man nicht immer schon vorher weiß, welche Funktionssysteme und welche Umwelten wirklich systemrelevant sind.

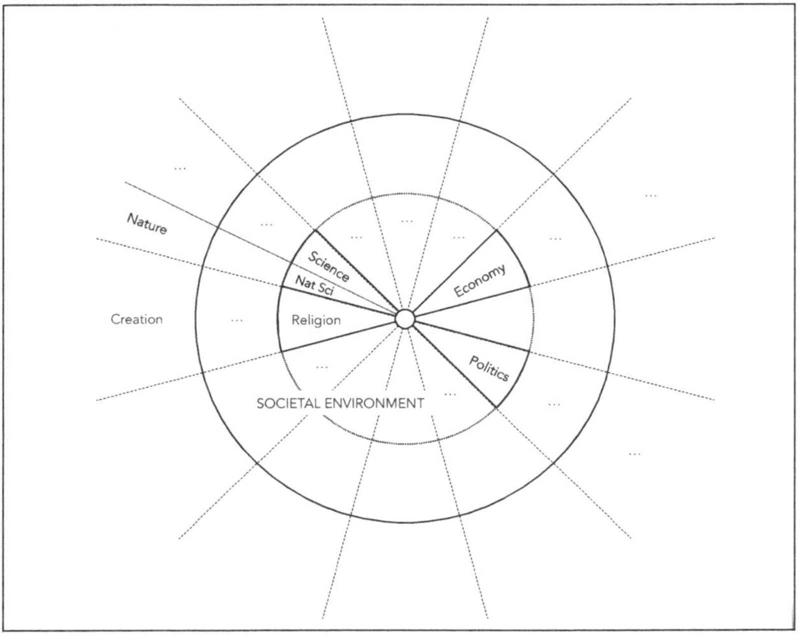

Was folgt daraus für den Praktiker? Ganz einfach: neue Beobachtungswerkzeuge oder, in den Worten Heiko Kleves, Entdeckungsverfahren. Eine erste Blaupause für ein solches Werkzeug wurde gerade von der Fachzeitschrift Ecological Economics zur Publikation akzeptiert.[28] In dem betreffenden Beitrag starte ich mit meinem Freund und Kollegen Vladislav Valentinov von der Frage, warum man von der Wirtschaft heutzutage erwartet, dass sie sich an dem Umweltverständnis der Naturwissenschaften orientiert und nicht etwa dem der Religion oder – Gott behüte – gar an ihrer eigenen Umwelt: dem Markt. Im Ergebnis steht dann der Prototyp eines erweiterten Umweltentdeckungsverfahrens (siehe Abbildung).

Es könnte an dieser Stelle noch viel die Rede davon sein, wie man solche Umweltentdeckungsverfahren umbaut in Stakeholder-Managementwerkzeuge, deren Einsatz dazu führen könnte, dass Organisationen wie der Staat in Zukunft nicht nur auf die lautesten Stakeholder hören, sondern systematisch auch auf jene, die in jeweils wechselnden Situationen »systemrelevant« sind.

Im Kern laufen solche Gedanken aber auf eine kurze Antwort auf Fritz Simons Frage hinaus: Was kann der schlanke Staat in dieser oder jener Krise tun? – Weniger. Einfach weniger. Mit den richtigen Tools kann der schlanke Staat einfach weniger tun und mehr zuhören.

Kollektive Intelligenz vs. kollektive Blödheit

von Fritz B. Simon

Um das leidige Thema Verschwörungs-»Theorie« bzw. Verschwörungstheoretiker oder auch »wahre Verschwörungstheorie« vs. »falsche Verschwörungstheorie« zu seinem verdienten Ende zu bringen, nur wenige Worte. Auch hier scheint es mir wichtig, die Begriffe sauber abzugrenzen: Ich habe keinen Zweifel daran, dass es Verschwörungen gibt (habe mich selbst schon daran beteiligt). Was ich in Zweifel ziehe, ist der Erklärungswert von Verschwörungshypothesen. Ob er gegen Null geht oder groß ist, hängt meines Erachtens vom Einzelfall bzw. den zu erklärenden Phänomenen ab. In der gegenwärtigen Corona-Krise halte ich Verschwörungsideen für weder plausibel noch nützlich (vor allem, was die Handlungskonsequenzen angeht). Ganz im Gegenteil, ich meine, wie bereits ausgeführt, dass sie zu illegitimen, machtpolitischen Zwecken genutzt werden.

Was die von Antje Tschira angesprochene »Weisheit der Vielen« betrifft, so scheint es mir wichtig, genau zu differenzieren, wie sie wann organisiert werden könnte. Denn wo es Weisheit gibt, gibt es auch Blödheit (auf der anderen Seite der Unterscheidung). Es ist ja nicht so, dass jede kollektiv getroffene Entscheidung weise ist. Manche sind auch richtiggehend dumm. Also stellt sich die generelle Frage, welche Verfahren und Methoden – genauer: Kommunikationsmuster – mit größerer oder geringerer Wahrscheinlichkeit zu intelligenten Entscheidungen oder ihrem Gegenteil führen. Diese Frage ist nicht absolut zu beantworten, da es jeweils vom zeitlichen und situativen Kontext abhängt, in dem bzw. für den eine Entscheidung getroffen wird.

Unter »Weisheit der Vielen« wird ja häufig verstanden, dass möglichst viele Menschen in die Entscheidungsfindung einbezogen werden (wie etwa bei Plebisziten). Doch die Rationalität dieser Form der Einbeziehung – sie entspricht in ihrer Logik der Publikumsfrage bei Günther Jauchs »Wer wird Millionär?« – beschränkt sich auf Situationen, in denen Wissen verteilt ist und nicht zu identifizieren ist, bei wem bzw. bei welcher Gruppe von Akteuren es zu finden ist. Ganz anders ist die Situation, wenn es um Entscheidungen geht, deren Richtigkeit oder Falschheit sich erst in der Zukunft herausstellen wird. Hier ist es – wie von Antje Tschira vorgeschlagen – sinnvoll, möglichst viele Stakeholder, Vertreter unterschiedlicher Interessen und Sichtweisen, Menschen mit unterschiedlicher Expertise, aus unterschiedlichen kulturellen Milieus usw. einzubeziehen. Das von Steffen Roth favorisierte Stakeholder-Management zielt, wenn ich das richtig verstanden habe, in dieselbe Richtung. Dies alles ist deswegen sinnvoll, weil soziale Systeme immer paradox organisiert sind und es nie einfache Entweder-oder-Entscheidungen gibt, die dauerhaft (und in jeder Hinsicht) »richtig« sind. Die dargestellte Methode ermöglicht es – wie Frau Tschira treffend schreibt –, die Paradoxie zu entfalten. Mit dieser Methode ist allerdings zwangsläufig ein hoher Kommunikationsaufwand verbunden, das heißt, sie verbraucht Zeit, es dauert lange, ehe es zu Entscheidungen kommt – sogar dann, wenn man nicht den Konsens als Ideal anstrebt.

Der Faktor Zeit ist es, der die Rationalität hierarchischer Strukturen in den Fokus der Aufmerksamkeit rückt. Wenn schnell entschieden werden muss, dann gibt es wohl kaum funktionellere Kommunikationsmuster. Ihr Risiko besteht zum einen darin, dass eigentlich die Zeit für eine andere Art der Entscheidungsfindung gewesen wäre, sodass eine »blödere« Entscheidung nicht nur getroffen, sondern auch umgesetzt wird, und zum anderen, dass diejenigen, die von einer hierarchischen Struktur profitieren, sie auf Dauer zu stellen versuchen (im Organisationsalltag, aber auch auf Staatsebene, ist ja immer wieder zu beobachten: Hierarchen, die ihre Entscheidungen unreflektiert durchsetzen wollen, machen Zeitdruck).

Bezogen auf die Corona-Krise waren meines Erachtens schnelle (!) staatliche Maßnahmen angesagt, denn was die Verzögerung des Lockdowns etc. zur Folge hatte, ist in den USA, GB oder Brasilien gut zu beobachten, während Griechenland und Süd-Korea, die extrem schnell agiert haben, nur relativ wenige Tote zu betrauern haben. Was die Beendigung des Lockdowns angeht, wäre ein anderes Verfahren, das möglichst viele Stakeholder in die Entscheidungsfindung einbezieht, sicher intelligenter.

Zu guter Letzt: Die Antwort von Steffen Roth, was denn ein schlankerer Staat tun würde, wenn er den Roth'schen Vorstellungen entspräche (»Weniger. Einfach weniger«), finde ich nicht befriedigend: zu unkonkret, zu vage usw. – Wovon weniger? Und dass »einfach Zuhören« ein probates Mittel zur Mitigation der Infektion gewesen wäre, wage ich auch zu bezweifeln. Dass mehr Zuhören jetzt angezeigt ist bzw. vor Beendigung des Lockdowns sinnvoll gewesen wäre, scheint mir allerdings sehr plausibel. Die Idee des »One-size-fits-all« scheint mir hinsichtlich der Organisation von Entscheidungsprozessen aber generell nicht sonderlich rational.

»Die Frage der Kommunikation ist ganz entscheidend«
Weser-Kurier, 31. Mai 2020

Coronakrise: Mehr Rechte für die Kommunen!
WirtschaftsWoche, 1. Juni 2020

Papst: Nichts wird nach der Pandemie so sein wie vorher
Neues Ruhr-Wort, 31. Mai 2020

Großbritanniens Quarantäneplan: Macht Johnson sich zum Gespött?
FAZ, 2. Juni 2020

12 Alles bleibt, wie es ist, weil es sich permanent verändert

von Heiko Kleve

2. Juni 2020

Die implizite Botschaft, die ich aus unserem heutigen Zwischenruf herauslese bzw. die ich hineindeute ist: Keep cool! Prof. Dr. Peter Pantuček-Eisenbacher beschreibt, dass es durchaus einen Schock gab. Dieser habe die Gesellschaft aber nicht zum Stoppen gebracht. Das Kommunizieren ging und geht weiter.

Jedoch sind reale Warenströme und Dienstleistungen sowie die regionale und globale Mobilität der Menschen ins Stocken geraten. Soziale Realräume, etwa die städtischen Plätze, Geschäfte, Kultureinrichtungen, viele Krankenhäuser sowie alle Schulen und Universitäten blieben leer und füllen sich erst seit wenigen Wochen wieder, langsam aber kontinuierlich. Das Anhalten der sozialen Betriebsamkeit scheint leichter zu gelingen als das Wieder-Hochfahren der entsprechenden Prozesse in ihren materiellen Strukturen. Daher sollte die Frage erlaubt sein, ob denn überhaupt das Herunterfahren in der vollzogenen Form und Dauer notwendig war. Die kritische Reflexion der Lockdown-Maßnahmen ist mindestens das, was hätte beginnen müssen, als diese Interventionen beschlossen wurden.

Ich möchte also unseren heutigen Zwischenruf zum Anlass nehmen, um zu betonen, dass Coolness nur bedingt die passende Haltung ist, wenn es darum geht, solche maximal-invasiven Eingriffe in den Ablauf von realwirtschaftlichen Prozessen, von Kultur- und Bildungsstätten sowie von Einrichtungen des Gesundheitswesens durchzusetzen, die zwar die Kommunikation der Gesellschaft nicht zusammenbrechen lassen, aber eben deren physische und biologische Umwelt empfindlich und wohl sehr nachhaltig treffen. Denn an dieser realen Basis der Gesellschaftlichkeit hängen Leben, Existenzen, Gesunde und Kranke, Eltern und Kinder, auf pflegerische und andere unterstützende Fachkräfte angewiesene Menschen.

Somit nutze ich mein heutiges Intro, um unsere Protagonisten zu fragen, wie überhaupt ein Kommunikationsprozess aussehen könnte, in dem temporär notwendige Entscheidungen, wie die herrschende Politik und maßgebliche Teile der Wissenschaften den Lockdown bewerten, in passender Weise reflektiert werden könnten.

Und hier geht es jetzt nicht darum, das »Hätte-hätte-Fahrradkette«-Spiel zu zelebrieren, sondern aus der Betrachtung der jüngsten Vergangenheit für die Zukunft zu lernen. Also, wie wäre es möglich gewesen, dass in der Lockdown-Phase unterschiedsgesättigte Kommunikationen in und zwischen den Systemen der Politik und der Wissenschaft vollzogen worden wären? Mit Blick auf die Zukunft: Wie müssten solche Kommunikationen formal organisiert werden, damit sie tatsächlich die soziale Intelligenz fördern und entsprechende Entscheidungen ermöglichen – Entscheidungen also, die eine Vielzahl von Perspektiven, eine Diversität von Kompetenzen integrieren? Wie sähen eigentlich Spielregeln aus, wenn es darum geht, innerhalb der Gesellschaft (vor allem in ihren unterschiedlichen Systemen und zwischen diesen) Diskurse anzuregen, die die soziale Klugheit fördern? Wie viel Inklusion diverser Stimmen ist hier möglich und notwendig, wie viel Exklusion unvermeidbar?

Auch wenn wir, wie Peter Pantuček-Eisenbacher schreibt, erst mit zeitlichem Abstand die jüngsten und aktuellen Ereignisse passender als derzeit bewerten können, scheint es mir notwendig, bereits jetzt ein Denken und Kommunizieren zu kultivieren, das die Kontingenz wieder ernsthaft einführt, die alle komplexen Prozesse kennzeichnet, zweifelsfrei auch eine Pandemie und die gesellschaftlichen Reaktionen darauf. Daher will ich diesen Diskurs damit anregen, an die systemische Minimalethik zu erinnern, die wir mit Peter Fuchs[29] und in Anlehnung an Heinz von Foerster[30] äußerst knapp pointieren können mit: Steigere Alternativität!

Die (Nicht-)Veränderung der Welt

von Peter Pantuček-Eisenbacher

Ich erinnere mich, eine Erzählung von Stanislaw Lem gelesen zu haben, in der immer mehr Dinge aus der Welt verschwinden, und zwar schubweise. Zuerst alle Dinge mit dem Anfangsbuchstaben A: Autos, Affen, Ampeln zum Beispiel. Dann alle mit dem Anfangsbuchstaben B: Bügeleisen, Bälle, Blumen und so weiter. Von Schritt zu Schritt wird die Welt ärmer. Aber schon nach dem ersten Tag ist es nicht mehr jene Welt, die es zuvor gewesen war.

Die Pandemie, und vor allem die Reaktion darauf, veränderte die Welt auch vom ersten Tag an. Anders jedoch als in der Erzählung, verschwanden keine Dinge, keine Tiere, keine Menschen. Es verschwanden Bewegungen, Interaktionen. Und der Prozess hat ein Ende, die Welt hat es nicht.

Nicht »die Wirtschaft« begann zu stocken, sondern der Strom von Waren und die Produktion von Dienstleistungen stotterten, der gewöhnlich kontinuierliche Fluss von Geld wurde an einigen Punkten, beileibe nicht an allen, unterbrochen, was Folgewirkungen bei wirtschaftlichen und persönlichen Subjekten zur Folge hatte und hat. Einige Erscheinungsformen verschwanden temporär oder änderten sich, die grundlegende Mechanik von Wirtschaft und Gesellschaft blieb jedoch gleich.

Man könnte boshaft feststellen, dass Ereignisse in der physischen Welt in Erinnerung gebracht haben, dass die Kommunikation der Gesellschaft (oder die Gesellschaft als Kommunikationssystem) auf eine sehr komplexe Hardware aufsetzt, die ihrer eigenen Logik folgt. Das betrifft nicht nur die Verbreitung des Virus. So wurde zum Beispiel auch sichtbar, dass Staaten darauf beruhen, dass sie das Gewaltmonopol besitzen und darauf aufbauend die Regelsetzung und Regeldurchsetzung über ein Territorium und die darauf befindliche Bevölkerung ausüben – und dass es vorerst dazu keine Alternative gibt.

Die Politik machte das, was ihr Geschäft ist: Sie traf Entscheidungen und stellte Regeln auf. Nichts Neues also. Dass dadurch die Bewegungen von Menschen, Fahrzeugen und Waren beeinflusst wurden, war ebenfalls nicht neu. Ungewohnt war bloß die Schnelligkeit, mit der das passierte. Und ungewohnt war, dass vom ersten Moment an schwerwiegende Folgen der neuen Regeln sichtbar oder zumindest erahnbar waren, die jene Klientel schwer trafen, die von den Regelsetzern normalerweise eher bevorzugt wird. Ob dies zu Recht geschah und geschieht, darüber wird nun gestritten, und zwar unter Einsatz schwerer Geschütze. Ob die Repräsentanten des politischen Systems sich durch erkenntnistheoretische Diskussionen beeindrucken lassen, mag allerdings bezweifelt werden. Sie agieren mit dem, was sie zur Verfügung haben, und sie entscheiden, welches Risiko sie einzugehen bereit sind beziehungsweise fügen sich dem, was sie glauben tun zu müssen.

Und fast alle tun das, was sie schon bisher getan haben. Sie versuchen die Welt zu retten oder zumindest ihre Position in der Welt.

Auf die Idee, dass sich dadurch nun (nahezu) weltweit eine Machtverschiebung ereigne, die funktional (und auch anders) differenzierte Gesellschaft in Gefahr wäre, bin ich alleine nicht gekommen; sie scheint mir auch nicht sonderlich plausibel – es sei denn, man schreibt der Politik in weiterhin demokratischen Staaten eine wundersame Machtfülle zu, die sie schlicht nicht hat und nicht haben kann – es sei denn, sie versucht zerstörerisch alle anderen Funktionssysteme direkt unter ihre Kontrolle zu zwingen. Dafür braucht es aber mehr als bloß eine Pandemie, und mehr als einige Tage oder Wochen. Möglicherweise gab es eine Überreaktion der Regierungen, aber Putsch gab es keinen und eine Revolution schon gar nicht.

Das Pathos der Verteidiger der Freiheit scheint mir also etwas übertrieben zu sein. Der mitunter untergriffige Versuch, die Positionen anderer zu delegitimieren, mag nicht erfreulich sein, aber er ist selbstverständlicher Bestandteil des Diskurses in einer offenen Gesellschaft. Kritisch würde es, wenn gegen »Abweichler« mit der Justiz, mit Versuchen der Zerstörung ihrer Existenz, mit physischem oder psychischem Terror, mit der Aberkennung ihrer Bürgerrechte vorgegangen würde. Kritisch würde es, wenn den Entscheidungsmöglichkeiten der Individuen und der Wirtschaftssubjekte nicht nur (wie schon bisher) die Einhaltung von Gesetzen und Regeln auferlegt, sondern ihnen tendenziell die Möglichkeit zur Entscheidung entlang der Logik ihres eigenen Kontextes genommen würde. Das ist nicht der Fall, und das möge auch so bleiben.

Verschiebungen in der weltweiten Aufstellung der Staaten und der Branchen gibt es allerdings ebenso wie das Prekärwerden der Geschäftsgrundlage von bisher relativ gesicherten Positionen von Individuen und Wirtschaftssubjekten. Dass dies (als Beispiele) Fluggesellschaften ebenso trifft wie Taglöhner und Künstler, zeigt Gemeinsamkeiten zwischen Bereichen auf, denen man eine Verwandtschaft bisher nicht unterstellt hätte. Gemeinsam ist ihnen wohl, dass sie jeweils ohne jede Absicherung auf eine unterbrechungslose Kontinuität des Immergleichen gesetzt haben, erzwungen oder freiwillig. Sie mussten eine Wette auf diese Kontinuität eingehen, und sie haben diese Wette verloren. Wie immer gibt es Gewinner und Verlierer jener Umgruppierungen, die nun auf vielen Ebenen stattfinden. Und wie es üblich ist, sind die wenigsten dieser Umgruppierungen so intendiert.

Paul Jandl hat kürzlich in der NZZ so formuliert: »Dass man sich aus Vernunft plötzlich auch gemeinschaftlich einigen soll, macht wiederum die Vernünftigen nervös. Sie wollen auf souveräne Art, sozusagen eigenhändig, vernünftig sein.« Das scheint tatsächlich die große Herausforderung zu sein, vor allem für eine liberale Weltsicht. Der Eingriff des Virus und jener des Staates aktiviert emotionale pubertäre Restbestände, ideale (und damit auch ideologische) Vorstellungen von der Arbeitsteilung zwischen Staat, Wirtschaft und Individuen, möglicherweise auch Ängste vor zu großer Regelungsdichte – wobei: An Letzterer haben auch die Wirtschaftssubjekte einen gehörigen Anteil. Die Planungs- und Steuerungsillusionen deren Headquarters sind, soweit beobachtbar, sicher nicht geringer ausgeprägt als jene der staatlichen Akteure. Und sie haben recht damit, ein wenig, und unrecht auch, was sie nicht immer büßen müssen. Kollektive Vernunft ist auf Ebene der Betriebe gut organisiert, auf der Ebene des Staates auch. Da wie dort ist sie fähig zu scheitern. Mitunter mit einem großen Krach.

Die eigentliche Hybris ist wohl zu meinen, man verstehe und könne eindeutig deuten, was hier vor sich geht, und zwar über begrenzte Beschreibungen und mit Unsicherheit behaftete Vorhersagen hinaus. Für seriösere Deutungen wird man Zeit verstreichen lassen müssen. Bis dahin gilt, dass nicht nur die Politik, sondern wir alle unter Bedingungen von Unsicherheit handeln müssen. Wer dafür als Leitschnur einen Gestus der Rebellion wählen will, soll das tun. Wer das für unreif oder irrational hält, soll das auch tun. Letztlich ist das aber ziemlich egal, vorausgesetzt, wir bleiben dort, wo wir in dieser Welt stehen, in unserem beruflichen und privaten Alltag, handlungsfähig und können weiterhin anschlussfähig agieren und kommunizieren. Jetzt vielleicht ein wenig anders als eben noch. Am besten, wir tun das mit einem Blick auf Zusammenhänge und Folgen, andere Kontexte nicht völlig ignorierend. Gemeinwohl im Blick behaltend.

Skepsis

von Steffen Roth

Als Thomas Kemmerich am Vorabend der Corona-Krise zum Ministerpräsidenten von Thüringen gewählt wurde, war landauf, landab von Dammbrüchen die Rede. »Dieser Tag wird die deutsche Politik verändern«, titelte damals Die Zeit, oder die taz vollmundig: »Die Masken sind gefallen«.

Im Rückblick erscheint dieser Sturm im Wasserglas grotesk. Inzwischen wissen wir sehr genau, dass es nicht der Februar, sondern der März 2020 war, welcher mehr als nur die Politik verändert hat – und das weltweit. Seither brechen täglich Dämme und fallen stündlich mehr Masken, als man im öffentlichen Leben nun sichtbar im Gesicht hat.

Die von Peter Pantuček-Eisenbacher beobachtete Nervosität ist da berechtigt, und, ja, man wird die Spannung noch eine Weile aushalten und »für seriösere Deutungen [...] Zeit verstreichen lassen müssen«. Dabei lotet man aber die Grenzen selbst der Küchenpsychologie nicht hinreichend aus, wenn man sein Unbehagen mit »pubertären Restbeständen« in Verbindung bringt. Vielmehr dürfen wir unseren Gefühlen getrost trauen, wenn unsere repräsentative Wahrnehmung anzeigt, dass sich die Strukturen der Gesellschaft verändern, dass wir zwischen Absperrgittern in Reih und Glied gestellt werden. Man wird abwarten müssen, bevor man sehen kann, worauf dieses Manöver uns vorbereitet haben wird.

Die Formen ändern sich. Der Ton wird rauer. Polizisten schreien Professoren und Supermarktangestellte ihre Kunden an. Wegen Bagatellen. Klaus Kusanowsky erlebt das am Beispiel der Einkaufswagenpflicht als die Verwandlung von Menschengruppen in »Affenbanden«.[31]

Was wir da spüren, mag Regression sein, aber es betrifft eben weit mehr als die Pubertätserfahrung des Einzelnen, wenn sich Bürger wieder wie Untertanen fühlen und damit eine Erfahrung machen, für die man sich in weiten Teilen des Europas der letzten Jahrzehnte erst durch Straftaten qualifizieren musste. Ansonsten war man sogar als Staatsalmosenempfänger Staatskunde. New Public Management sei Dank; und wer ein Problem hat mit dieser »neoliberalen« Errungenschaft, der stellt sich erst einmal im Winter zwei Stunden vor ein französisches Ausländeramt und lässt sich dann auf Englisch anschreien, warum er kein Verwaltungsfranzösisch kann.

Die aktuell in ÖPNV, Arbeitsstätte und Freilufttheater inszenierte Lust der Maskenträger an persönlicher Konformität und staatlicher Autorität ist demnach eine noch recht erfahrungsarme und dennoch folgenreiche Aufführung. Latour spricht von einer Generalprobe[32], das Thema der Tragödie ist Angst, und die maßgeblichen Antihelden-rollen des Stücks sind besetzt mit den Mitgliedern einer Generation, die man im ebenso erfahrungsarmen Stahlgewitter des kalten Kriegs nachhaltig an Schutzschirme gewöhnt hat und denen man seither mit thematisch fast schon beliebigen Katastrophengeschichten immer neue Schirme gegen Atome, Terroristen, Wirtschaften, Viren oder das Wetter ver- und somit den Schneid abkauft. Das aktuelle Maskenspiel ist das neue »duck and cover« und, wenn Latour oder Reichel recht behalten, nur das Vorspiel zum planetaren Regentanz.

Wenn wir die massenmedialen Bretter, die die Welt bedeuten, ernst nehmen, dann schlittern wir nicht erst seit 9/11 von Krise zu Krise. So erhält sich der Zeitdruck, so reduziert sich die Reflexionsneigung, so legitimiert sich, Fritz Simon sagt es selbst, die Hierarchie.

Man muss die Bretter aber nicht mit der Welt verwechseln. Man muss nicht bei jedem Theater mitmachen, mitfiebern, Farbe bekennen. Wenn »unterschiedsgesättigte Kommunikationen« gewünscht sind, dann erfordert das auch und gerade in Krisenzeiten den Mut zum Abstand von der sich gerade wieder ausbreitenden Moralisierungskultur. Dann geht es eben nicht darum, empfindlich auf jeden Missstand zu reagieren. Dann gibt es keine Letztwerte. Dann ist Skepsis definitiv die Hauptspielregel und wieder einmal das Zauberwort einer Zwischengeneration.

Nicht nur Politik und Wissenschaft, uns allen steht daher ein hoffentlich baldiger Übergang von der kritischen hin zur skeptischen Medienkompetenz bevor: Nicht jeder Ölfleck im Ärmelkanal macht uns zu ökologischen Schmuddelkindern und nicht jeder Tod »im Zusammenhang mit Corona« ist ein Verbrechen gegen die Menschlichkeit. Das mag zynisch klingen. Und etymologisch ist es das vielleicht auch. Kühler Kopf statt warmer Worte, mit denen wir uns so heiß reden, bis ein physischer und intellektueller Lockdown als einziger Ausweg erscheint. Denn auch so können wir den Leviathan im Zaum halten: indem wir unseren aktuellen Medienkonsummustern statt einander oder uns selbst misstrauen.

Cool down!

von Fritz B. Simon

Die Aufforderung »Keep cool!« unterstellt, dass man cool geblieben ist. Und das stimmt ja auch für den größten Teil der Bevölkerung – und nicht nur hier bei uns, sondern weltweit. Von Panik keine Spur, lediglich gelegentliche hysterische Auftritte von »Verteidigern der persönlichen Freiheit«, die meinen, man werde zum Untertanen, wenn verlangt wird, in geschlossenen Räumen eine »Mund-Nasen-Maske« zu tragen. Die Gesellschaft hat nicht angehalten, die Kommunikation geht weiter, wenn auch in etwas veränderter Form. Der Staat hat plötzlich gezeigt, dass die Metapher vom »Staatskunden« immer Quatsch war. (Das ist wie in der Psychiatrie, wenn einige ihre Rolle und Funktion leugnende Mitarbeiter zwangseingewiesene Menschen als »Kunden« bezeichnen.)

Aber sind nun Dämme gebrochen? – Ich denke nicht. Cool down!

Denn die verordneten Maßnahmen erscheinen mehr als zwei Dritteln der Bevölkerung sinnvoll, und viele finden, sie würden zu früh gelockert. Man fühlt sich nicht als Untertan, wenn man tut, was einem sinnvoll erscheint. Wäre es anders, würden die meisten Leute sich genauso wenig an derartige Verordnungen halten wie die über den gewaltsamen Tod von George Floyd empörten, die nächtliche Ausgangssperre in Minneapolis missachtenden Demonstranten. Das heißt aber nicht, dass Corona keine Veränderungen zur Folge gehabt hätte, die auch die Zukunft beeinflussen dürften (in wie starkem Maße, ist abzuwarten und wahrscheinlich erst später, wie Peter Pantuček-Eisenbacher nahelegt, angemessen zu analysieren).

Zunächst betrifft das die erlaubten bzw. verbotenen Interaktionsformen (Social Distancing). Auch wenn es von staatlicher Seite wieder erlaubt sein sollte, dass sich mehr als zwei Personen zu welchem Zweck auch immer versammeln, werden Spuren von staatlich verordneter Distanz und Waschzwang im kulturellen Gedächtnis zurückbleiben. Um zu wissen, dass Geschlechtsverkehr, ja schon Küssen, unter Infektionsgesichtspunkten riskant ist, musste man schon früher kein Virologe oder Mikrobiologe sein. Dass auch Händeschütteln problematisch sein kann, ist neu. Das wird in Japan – wo man schon lange erheblich bewusster mit den Gefahren durch Keime umgeht – wenig Verhaltensänderungen zur Folge haben: Man wird sich weiter zur Begrüßung verbeugen, beim Betreten der Wohnung die Schuhe wechseln und in die speziellen Hausschuhe schlüpfen, wenn man die Toilette betritt. In Nordeuropa wird man zurückhaltender mit pseudomediterranen Begrüßungsküssen sein, und in den mediterranen Gegenden vielleicht (obwohl ich da meine Zweifel habe) etwas mehr nordische Distanz halten. Die in China schon früher übliche Mund-Nase-Maske wird auch im Westen zu einem – in manchen Subkulturen – üblichen Accessoire, das von Pariser Modeschöpfern in seinem Design von Saison zu Saison modifiziert wird. Das häufige Händewaschen wird zu weniger Infektionen mit Durchfallerkrankungen führen, da nun vor dem Essen – wie Oma es schon immer gefordert hat – die Hände gewaschen werden. Die Digitalisierung der Verwaltung dürfte einen Schub erhalten, an Homeoffice und Videokonferenzen werden sich in Zukunft auch Leute beteiligen, die nicht internetaffin sind (wahrscheinlich wirklich ein Dammbruch), und nicht wenige Kleinunternehmen und Kneipen werden Pleite gehen (was in Städten wie Berlin schon immer der Fall war) usw. Alles das ist nicht revolutionär und wird auch nicht die Strukturen der westlichen Gesellschaften verändern. Dazu braucht man schon richtige Kriege, nicht ein läppisches Hygieneproblem. Deswegen werden sich auch nur wenige Leute Gedanken machen, welche Kommunikationsformen zu intelligenteren Entscheidungen für die Zukunft führen könnten (wozu ja Heiko Kleve Ideen hören wollte). Die formalen Strukturen repräsentativer Demokratien, die ja nicht überall gleich aussehen, liefern hier Reformmöglichkeiten, ohne dass es dazu revolutionärer Umstürze bedürfte. Deren Institutionen setzen ihre Autopoiese fort, auch wenn sie sich dabei ein wenig verändern mögen (das hat sogar nach dem Zweiten Weltkrieg in Deutschland funktioniert, wo die alten Reichs-Beamten die Metamorphose zu BRD-Beamten ohne große persönliche Änderungen durchstanden, und die Verordnungen und Gesetze, an denen sie ihre Entscheidungen orientierten, blieben zu einem großen Teil auch dieselben – Grundgesetz hin oder her).

Auch wenn die Strukturen sich nicht revolutionär verändern dürften, könnte es auf der inhaltlichen Ebene einen relevanten Vorher-nachher-Unterschied geben: Die von Politikern verkündete Behauptung: »Es gibt keine Alternative!«, wird nun von der Bevölkerung nicht mehr akzeptiert werden. Denn das künstliche Koma, in das weite Bereiche des gesellschaftlichen Lebens versetzt worden sind, hat den nicht-intendierten Nebeneffekt, dass viele Leute auch über andere

Prämissen politischer Entscheidungen nachdenken bzw. nachgedacht haben (z. B. über die wirtschaftlichen Kosten des Umweltschutzes, die auf einmal nicht mehr so untragbar erscheinen, angesichts des für die Rettung von Unternehmen verpulverten Geldes).

Es geht jetzt um »Wozu«-Fragen: Wozu dienen unsere politischen Strukturen? Wozu unsere Art zu wirtschaften? Wozu kulturelle Einrichtungen? Wozu Wissenschaft? Wozu schulische Erziehung? Wozu das Gesundheitssystem? usw. Und wie jede Wozu-Frage führen diese Fragen zu einer nächsten Frage: »Für wen?« Es geht um die Frage der Systemrationalität: Für welches System werden Entscheidungen getroffen? Denn die haben ja nicht nur Wirkungen für den, der sie trifft, sondern auch noch für alle, die durch sie betroffen sind. Und in der Hinsicht scheint die Corona-Krise ein paar Neudefinitionen zur Folge zu haben.

Um etwas konkreter zu werden: Dass Lösungen für aktuelle Notlagen auf nationaler Ebene getroffen werden, steht zu Debatte. Zum ersten Mal ist zum Beispiel die deutsche Regierung bereit, der Aufnahme von Krediten durch die EU zuzustimmen (von beiden Regierungsparteien und Teilen der Opposition wird dies mitgetragen). Das heißt im Klartext, dass nunmehr de facto (zumindest hoffe ich, dass diese Deutung stimmig ist) nicht mehr »Teutschland«, sondern Europa als Überlebenseinheit zur Grundlage von Entscheidungen gemacht wird. Gleichzeitig soll – auch das scheint mir bemerkenswert und Ausdruck eines Wandels der Entscheidungsprämissen – in Thüringen (die anderen Bundesländer dürften folgen) auf der Ebene von Gemeinden und Kreisen über die konkreten Maßnahmen der Seuchenbekämpfung entschieden werden.

Damit wird ein alternatives Modell (eine »Vision«) der europäischen Integration praktiziert, das auf der Ebene der Wirtschafts-, Finanz- und hoffentlich auch Außen- und Verteidigungspolitik die Verantwortung nach Brüssel transferiert, während all das, was das konkrete, alltägliche Leben der Bürger betrifft, dort bzw. von denen (auch plebiszitär) entschieden wird, die mit den unmittelbaren Folgen der Entscheidungen leben müssen.

Unterstützer schlagen Alarm – Corona-Krise: Huren brauchen jetzt Hilfe!
Hamburger Morgenpost, 3. Juni 2020

Ökologische und ökonomische Krise: Rational und brutal ehrlich
taz, 4. Juni 2020

»Wir alle müssen uns einbringen«
Claudia Kemfert im Interview mit Weser-Kurier, 4. Juni 2020

Warum es in der Politik mehr Ethik braucht
Der Standard, 4. Juni 2020

Corona-Milliarden: Auch wenn es stinkt
Die Zeit, 4. Juni 2020

Workers Fearful of the Coronavirus Are Getting Fired and Losing Their Benefits
New York Times, 4. Juni 2020

Wachstum durch kluge Klimapolitik
FAZ, 5. Juni 2020

13 Umsteuern der Gesellschaft

von Heiko Kleve

5. Juni 2020

Das Thema der Wachstumsreflexion, insbesondere des Wirtschaftssystems, verlässt uns nicht. Bereits Birger Priddat hat das (zumindest implizit) adressiert. Ganz explizit ist es von André Reichel angesprochen worden. Und auch unsere heutige Zwischenruferin, Prof. Dr. Claudia Kemfert, die bekannteste deutsche Wissenschaftlerin für Energie- und Klimaökonomie, mahnt genau dies an: Wir sollten die Chance der Stunde, den besonderen Moment der angehaltenen Welt nutzen, um die Gesellschaft auf Nachhaltigkeit hin umzusteuern. Sie zählt zahlreiche Bereiche auf, in denen dies passieren müsste.

Niklas Luhmann hat 1986 in seinem Buch »Ökologische Kommunikation«[33] die Frage reflektiert, ob sich die moderne Gesellschaft auf die ökologischen Gefährdungen einstellen kann, und ernüchternde Beschreibungen und Erklärungen geliefert. An den Eigendynamiken der gesellschaftlichen Systeme prallt zunächst das ab, was etwa moralisch an diese herangetragen wird. Auch das, was die Politik an Veränderungsimpulsen in Richtung dieser Systeme, etwa bezüglich der Wirtschaft, kommuniziert, kann die adressierten systemischen Prozesse nicht zielgerichtet verändern, sondern nur zur Selbstveränderung anregen. Das scheint mir eine Grunderkenntnis der Systemtheorie zu sein.

Daher stellt sich die Frage, die ich an unsere Protagonisten, Steffen Roth und Fritz Simon, weitergeben möchte, wie die von Claudia Kemfert angemahnten Transformationen in demokratischen Prozessen so aufbereitet, entschieden und ordnungspolitisch implementiert werden können, dass sie tatsächlich in nachhaltiger Weise das entschleunigen, was als zentrales Problem diagnostiziert wird: die Wachstumsdynamik des wirtschaftlichen Systems.

Gerade die Suche nach Antworten auf die Frage, wie ein Umsteuern gesellschaftlicher Dynamiken gelingen kann, ist bei Beachtung der gegebenen sozialen Komplexität wohl die schwierigste Herausforderung, mit der wir uns befassen können. Wenn wir die systemtheoretische Bewertung akzeptieren, dass wir in einer polyzentrischen Gesellschaft leben, dann könnte es sein, dass das System, das wir bisher als Steuerungszentrum identifizieren, nämlich die staatliche Politik, dafür nur bedingt infrage kommt.

Oder zeigt uns die aktuelle Krise, dass die Systemtheorie hier falsch gelegen hat?

Haben nicht die politischen Entscheidungen genau das bewirkt: ein Aus-den-Angeln-Heben gesellschaftlicher Dynamiken? Ist jetzt tatsächlich der Zeitpunkt gekommen, der weiter dafür genutzt werden sollte? Stehen wir am Beginn dessen, was alle Gesellschaftsverbesserer der letzten Jahrzehnte erträumt haben? Können wir die sozialen Systeme nun endlich so umgestalten, dass diese sich in die menschlichen und ökologischen Bedürfnislagen passender als bisher einbetten?

Oder spricht aus solchen Ansinnen die menschliche Hybris der Gesellschaftskonstruktion, die auch den Sozialismus mit seiner staatlich zentrierten Gesellschaftsplanung charakterisiert und die zumindest in der konsequent liberalen Sozialphilosophie etwa eines Friedrich August von Hayek in der Mitte des 20. Jahrhunderts als ein sicherer »Weg zur Knechtschaft«[34] kritisiert wird?

Das Problem des ungezügelten Wachstums

von Claudia Kemfert

In der Corona-Krise werden viele Dinge hinterfragt: Immer schneller, immer weiter, immer mehr, kann das gehen? Brauchen wir überhaupt Wirtschaftswachstum? Müssen wir nicht weg vom Konsumwahn? Es ist gut und richtig, dass wir im jetzigen Stadium alles hinterfragen. Zum Wirtschaftswachstum: Wachstum ist eigentlich etwas Wunderbares – nicht nur in der Kindheit wachsen wir, sondern unser ganzes Leben lang. Menschen, Tiere und Pflanzen sind Teil eines ewigen Kreislaufs aus Werden und Vergehen. Leben ist Wachstum. Die Erde ist über Milliarden von Jahren zu dem gewachsen, was sie heute ist. Und sie dreht sich immer weiter. Wäre das Wirtschaftswachstum ähnlich organisiert, würden wir uns darüber freuen.

Problematisch ist ein ungezügeltes Wirtschaftswachstum, das den Planeten zerstört, statt ihn zu beleben. Wir müssen das Wirtschaftswachstum vom fossilen Energieverbrauch entkoppeln. Und wir müssen uns abgewöhnen, das Wirtschaftswachstum als Maßstab für Wohlstand zu definieren. Statt vor der Tagesschau Börsenkurse zu zeigen, sollten wir lieber die Indikatoren der Nachhaltigkeit unseres Planeten erfahren: Ressourcenverbrauch, die Sauberkeit der Luft oder den Anteil erneuerbarer Energien.

Wachsender Umweltschutz, wachsende Gesundheit, wachsender Zugang zu sauberem Trinkwasser und sauberer Energie hingegen sind wünschenswert. Der wachsende Einsatz von beispielsweise erneuerbaren Energien, klimaschonender Mobilität, steigender Gesundheitsvorsorge sowie Techniken zur Herstellung von sauberem Trinkwasser kann für wachsenden Wohlstand sorgen. Dann wäre Wirtschaftswachstum nicht die Ursache eines globalen Klimawandels, sondern dessen Lösung. Aber sind die Klimaschutzziele und uneingeschränkter Konsum miteinander vereinbar? Sollten wir unseren jetzigen Konsum einschränken? Auch hier ist die Frage: Konsum von was? Konsum, der zu Überfischung, Vermüllung und Zerstörung der Erde führt, muss natürlich aufhören, und zwar sofort! Aber wir werden die Treibhausgase nicht allein über Verzicht um 95 Prozent reduzieren. Ein solches Ziel scheint unerreichbar fern. Wir müssen den Menschen einen machbaren Weg zeigen und dafür auch politisch die Weichen stellen. Statt Askese zu predigen und zu üben, sollten wir uns freuen: Mit Klimaschutz bleibt die Welt lebenswert. Klimaschutz macht Spaß. Und nachhaltig konsumieren ist einfach. Es bedarf aber eines kompletten Umsteuerns in allen Bereichen: Ab sofort muss jede Investition statt in fossile in erneuerbare Energien fließen. Das Motto lautet: »Renewables first!« Also Schluss mit Subventionen für fossile oder atomare Energien. Stattdessen müssen die Folgeschäden endlich eingepreist werden. Wenn Öl, Gas und Kohle so teuer wären, wie sie es in Wahrheit sind, werden die Leute mit großer Begeisterung auf Wind, Wasser, Sonne und Geothermie umsteigen. Wir brauchen eine Regulierung der Finanzmärkte für attraktive Investitionen in die globale Energiewende. Das ist der Anfang und mit dem entsprechenden politischen Willen leicht umzusetzen. Dann geht's weiter mit dem nächsten Schritt: Alle Produkte müssen nachhaltig und recycelbar sein. Die Mobilität sollte öko-elektrisch und klimaneutral sein. Auch das kann man durch entsprechende Rahmenbedingungen ermöglichen und einen Wettbewerb klimabewusster Ökonomie in Gang setzen. Effizienz, Suffizienz, Konsistenz: Was denn nun? Das Problem an solchen Begriffen ist leider immer, dass man sich erst mal verständigen muss, was damit gemeint ist. Dabei ist doch klar, dass wir – nach über 40 Jahren Diskussion über die Grenzen des Wachstums, über Umwelt- und Klimaschäden als Folge unseres Wirtschaftens – jetzt endlich handeln müssen.

Effizienz, die Vermeidung von Verschwendung, also mit möglichst wenig Ressourcenverbrauch ans Ziel zu kommen, ist dabei natürlich wichtig. Andererseits neigt der Mensch dazu, ständig mehr zu wollen. Das führt zu sogenannten Rebound-Effekten. Autos beispielsweise verbrauchen heute theoretisch weniger Sprit als früher, tatsächlich aber verbrauchen sie mehr, weil sie größer und schwerer geworden sind und mit Klimaanlage und elektronischem Service unterm Strich einen höheren Energieverbrauch haben als die Spritfresser früherer Jahrzehnte. Suffizienz, Genügsamkeit, ist deswegen der logische nächste Schritt. Oder anders gesagt: Verzicht scheint unverzichtbar. Wir brauchen ein Konsumbewusstsein, das den realen Bedarf hinterfragt und vor allem die jeweiligen Folgen eines bestimmten Konsumverhaltens einbezieht. Wenn wir nicht von selbst aufhören, immer mehr zu brauchen, müssen wir eine klimaverträgliche Obergrenze definieren. Eine Art CO2-Budget ist sinnvoll: Wenn jeder Mensch nur noch 6,5 Kilogramm CO2 pro Tag ausstoßen darf, dann wird er lernen, wie er mit weniger zurechtkommt. Jedes Land ist gefordert, dass dieses Klima-Budget nicht überschritten wird und muss dies mit entsprechenden Maßnahmen umsetzen.

Konsistenz, Kreislaufwirtschaft, also eine Welt ohne Abfälle, in der alles wiederverwertet wird, ist ein verlockender Gedanke. Die Natur macht es uns in wunderbarer Weise vor. Bislang gelingt es uns nur, die Lebensdauer von Rohstoffen im Verwertungsprozess zu verlängern, von echten Kreisläufen kann kaum die Rede sein. Es wird zwar viel von »Re-Cycling« gesprochen, aber vollkommene Kreisläufe sind noch Utopie. Deswegen ist die Strategie-Diskussion nicht hilfreich, erst recht nicht die Frage, welche der Strategien die beste ist. Derzeit sollten wir alle drei Wege beschreiten, gleichzeitig nebeneinander oder am besten miteinander verzahnt. Hauptsache, wir kommen endlich mit großen Schritten weiter! Die Verantwortlichen in der Politik sind genauso gefragt wie jeder einzelne Mensch. Es geht vor allem darum, jegliches Wirtschaften komplett auf Nachhaltigkeit und Klimaschutz auszurichten. Dies braucht einen bunten Strauß an Instrumenten aus Ordnungsrecht und ökonomischen Rahmenbedingungen. Die Politik muss die Instrumente bauen und zur Verfügung stellen; die Menschen müssen dann verantwortungsbewusst, kreativ und harmonisch auf ihnen spielen.

Das Problem der ungezügelten Verwechslung von Umwelt mit Natur

von Steffen Roth

Im Unterschied zu André Reichels ausdrücklicher Polemik liest sich Claudia Kemferts Beitrag eindrücklich eingängig. Man ist geneigt, Zeile für Zeile abzunicken. »Wachsender Umweltschutz« gepaart mit »Effizienz, Suffizienz, Konsistenz«. Wenn man sich einlässt, dann scheint es in der Tat glasklar, dass wir nach der gefühlt ewigen Diskussion über Wachstumsgrenzen und Umweltschäden nun endlich handeln müssen.

Wie also kann man als Systemtheoretiker, dem die Umwelt nicht nur theoretisch am Herzen liegt, ernste Bedenken haben, wenn man einen derart wohlformulierten und wohlmeinenden Beitrag liest?

Die Antwort ist einfach: Weil man als Systemtheoretiker ein anderes Verständnis von Umwelt hat. Umwelt ist dem Systemtheoretiker alles, was nicht das System ist. Umwelt ist demnach kein System. Auch kein Ökosystem.[35]

Eine grundlegende Fehlannahme der anderweitig durchweg systemtheoretisch fundierten »Diskussion über die Grenzen des Wachstums, über Umwelt- und Klimaschäden als Folge unseres Wirtschaftens« ist damit bereits genannt: Man diskutiert über *die Umwelt,* als sei sie ein System, das man als solches beobachten, kontrollieren oder eben schützen kann.

Jede Umwelt ist komplexer als ihr System. Dass die Umwelt zu komplex ist, um von einer einzelnen Person vollständig erfasst zu werden, ist sicherlich unstrittig. Aber selbst das umfassendste Sozialsystem, Gesellschaft, vermag nicht die komplette Komplexität seiner Umwelt zu erfassen. Entsprechend muss bei der gesellschaftlichen Umweltbeobachtung erheblich Komplexität reduziert werden. Seit der Entdeckung der *Grenzen des Wachstums* geschieht das auf eine zweifach problematische Weise.

Zum einen glaubt man zu wissen, dass wirtschaftliches Wachstum ursächlich für unsere Umweltprobleme verantwortlich ist und nicht etwa eine opulente Wohlfahrtspolitik wirtschaftliches Wachstum notwendig macht. Mehr Politik gilt gemeinhin als Lösung und nicht als Problem, und das, obwohl sich auch die inhaltlich fantasievollste grüne, blaue oder andersfarbige Wohlfahrtspolitik formal zumeist ganz fantasiearm auf Umverteilung allenfalls immer knapperer wirtschaftlicher Ressourcen beschränkt.

Zum anderen erhebt man *die Umwelt* zur Richtschnur aller wirtschaftlichen und politischen Entscheidungen und denkt dabei doch nur an *»Natur«*. Natur aber ist nur *eine* Umwelt unter vielen. Genauer gesagt handelt es sich bei Natur um nichts anderes als das Umweltkonzept der Naturwissenschaften.

Nun ist es erst mal kein Fehler, Wirtschaft und Politik auf das Umweltverständnis eines bestimmten Wissenschaftszweigs einzuschießen. Auch können die Naturwissenschaften auf eine lange, erfolgreiche und folgenreiche Kooperationsgesichte zurückblicken, die weit über die Zeit hinausreicht, in der Naturforscher als zunehmend nützlicher Ballast von Kanonenbooten und Handelsschiffen die Welt entdeckten und vermaßen. Die *Triple Helix* aus Politik, Wirtschaft und Naturwissenschaft hat sich als äußerst tragfähig erwiesen. Wer eine Weltsicht, die im Kern um Macht, Geld und Natur kreist, allerdings mit Wissen über *die Umwelt* verwechselt, der bewegt sich in einem intellektuellen Bermudadreieck.

Entsprechend folgenreich ist der eigentlich triviale Hinweis, dass es neben der Natur- auch noch die Geistes- und die Gesellschaftswissenschaften gibt. Wenn dem so ist, dann stellt sich tatsächlich die Frage, warum sich die Gesellschaftswissenschaften am Umweltkonzept der Naturwissenschaften orientieren sollen statt an dem der Geisteswissenschaften oder, Gott behüte, an ihrem eigenen. Warum also sollten die Naturwissenschaften im Allgemeinen und die Lebenswissenschaften im Besonderen den Takt angeben, wenn Menschen eben nicht nur Organismen sind und wenn man nahezu alles, was man über Organismen, Viren, Menschen, Epidemien und menschgemachtes Klima weiß, nur durch gesellschaftliche Filter beobachten kann?

Dass sich die folgenschwere Reduktion von Umwelt auf Natur so konsequent vollziehen konnte, ist dabei sicher auch und vor allem Verdienst jener dominanten sozialwissenschaftlichen Traditionen, die alteuropäisches Gedankengut auch und gerade dann fortschreiben, wenn naturwissenschaftlicher Fortschritt es schon längst aus den Angeln gehoben hat.

Im Resultat ist unser sozialwissenschaftliches Wissen über die inneren und äußeren Umwelten der Gesellschaft allen warmen Wortneuschöpfungen zum Trotz nicht auf der Höhe der Zeit und hinterlässt Lücken, die das Wissen der Naturwissenschaften natürlich nicht schließen kann.

So stoßen dann naturwissenschaftliche Umweltrisiken des 21. Jahrhunderts nahezu ungebremst auf allenfalls verzeitgeistigte sozialwissenschaftliche Konzepte der frühen Neuzeit. Die Epidemiologie etwa, die sicher nicht keine Sozialwissenschaft sein kann, scheint sich seit dem Mittelalter nicht recht weiterentwickelt zu haben. Aber auch wer sich daran stört, dass uns selbst die wahrhaftig schauerlichsten Erzählungen von Klimawandel und Weltuntergang nicht läutern, verfällt auf konfrontative Moralkommunikation (»How dare you!«), betreibt Ablasshandel (Carbon Offsetting) oder bedeckt zunehmend offenherzig, doch leider mit Maske, die endlich wieder sichtbare staatliche Hand mit Küssen, die uns die Corona-Krise gnädig hingehalten hat. An all diese überholt geglaubten Muster scheinen wir uns im Krisenfall immer wieder zu klammern, und wenden sich die Fundstücke aus der Mottenkiste der Stratifikation noch so oft gegen ihre Funktion.

Ob Viren, Klimawandel, digitale Transformation – die eigentlichen Herausforderungen unserer Zeit sind sozialwissenschaftlicher Natur.

Das hat man inzwischen selbst in *Nature*[36] zumindest ansatzweise verstanden. Entsprechend sicher bin ich mir, dass man den gesellschaftlichen Kompass nicht ungestraft vorrangig an der natürlichen Umwelt ausrichten kann.

Weiterführende Literatur:

Roth, S. u. V. Valentinov (2020): East of nature. Accounting for the environments of social sciences. *Ecological Economics* 176: 106734.

Roth, S. (2019): Heal the world. A solution-focused systems therapy approach to environmental problems. *Journal of Cleaner Production* 216: 504–510.

»Ich möchte lieber nicht«

von Fritz B. Simon

Wie mein geschätzter Sparringspartner kann ich den Ausführungen von Claudia Kemfert nahezu vorbehaltlos zustimmen. Und ich gebe ihm auch recht, dass aus systemtheoretischer Sicht »die Natur« nur eine Umwelt unter vielen ist, und selbstverständlich stimme ich auch zu, dass wir sie durch sozial definierte Brillen (die wir gelegentlich wechseln sollten) betrachten. Und ich gebe ihm auch, um die Menge meiner Beifallskundgebungen ins wahrscheinlich Unerträgliche zu steigern, darin recht, dass es noch viele andere relevante Umwelten gibt, die es in die Überlegungen einzubeziehen gilt, angesichts der Komplexität der Welt. Daher könnten und sollten auch Geistes- und Sozialwissenschaftler die Diskussion nicht allein den Naturwissenschaftlern überlassen.

Allerdings würde ich, und da scheinen wir verschiedener Meinung zu sein, der Natur – aber keineswegs generell den Naturwissenschaften und Naturwissenschaftlern – einen besonderen Status zubilligen. Mir scheint in der Hinsicht die Sache immer noch durch die weiland in »Welt im Spiegel« publizierte erkenntnistheoretische Frage am besten auf den Punkt gebracht: »Wussten Sie, dass die Alpen gar nichts Besonderes sind, wenn man sich die Berge wegdenkt?!« Wie alles, was als »selbstverständlich« gegeben vorausgesetzt wird, laufen wir Gefahr, die Natur in ihrer spezifischen Formation als relevante Umwelt von Gesellschaft »wegzudenken«. Das ist es, glaube ich, was durch die Corona-Pandemie ein wenig verändert worden ist – und zwar für eine breitere Öffentlichkeit. Claudia Kemfert und viele andere weisen nicht erst jetzt darauf hin, dass diese Grundlagen schon lange bedroht sind. Und – da unterscheidet sie sich von allen, die mit moralischen Appellen arbeiten oder freitags auf die Straße gehen – sie argumentiert wirtschaftswissenschaftlich (und die Wirtschaftswissenschaften sind Sozialwissenschaften, auch wenn das Wirtschaftswissenschaftler gelegentlich nicht zu wissen scheinen).

Das führt zu der Frage von Heiko Kleve, ob bzw. wie denn Gesellschaft umgesteuert werden kann. Er scheint dabei ja in den Raum zu stellen, dass dies aus systemtheoretischer Perspektive nicht geht. Und, auch auf die Gefahr hin, dass dies hier zu einer Zustimmungsorgie verkommt, ich denke, dass er recht hat, wenn er Weltverbesserungsideologien als Hybris bewertet. Aber so, wie ich Systemtheorie verstehe, bedeutet »Strukturdeterminiertheit autopoietischer Systeme« (also auch einer wachsenden Wirtschaft oder einer sich spaltenden Gesellschaft) zwar, dass man nicht linear kausal steuernd von außen eingreifen kann, aber es heißt nicht, dass man nicht Einfluss nehmen könnte oder es beliebig wäre, was man – z. B. als Staat, aber auch als einzelner Bürger – tut. Da solche autonomen Systeme füreinander Umwelten (im Sinne von Steffen Roth) bilden, sind sie in der Lage, sich gegenseitig zu irritieren, vor allem aber: sich gegenseitig in ihrem Freiraum zu *begrenzen*.

Wenn die Frage nach den Möglichkeiten der Umsteuerung von Gesellschaft gestellt wird, kann meines Erachtens aus systemtheoretischer Sicht die Frage nicht lauten: In welcher Gesellschaft wollen wir leben?, sondern sie muss lauten: In welcher Gesellschaft wollen wir auf keinen Fall leben?

Positiv definierte Utopien, das zeigt die Geschichte, führen stets zu totalitären Systemen – und die müssen früher oder später aufgrund der Unmöglichkeit der instruktiven Interaktion (= der geradlinig-kausalen Steuerung) von lebenden und Leben voraussetzenden Systemen scheitern – leider meist erst nach langer Leidenszeit der Bevölkerung. Negativ definierte (Worst-Case-)Szenarien helfen hingegen, sich immer dann einzumischen oder Grenzen zu setzen, wenn gesellschaftliche Entwicklungen drohen, die möglichst zu vermeiden sind – die »positive Kraft des negativen Denkens«. Daher sind negativ definierte Klimaziele sinnvoll, weil die Folgen des steigenden Meeresspiegels etc. durchaus mit großer Wahrscheinlichkeit im Voraus berechenbar sind;

der Corona-Lockdown war sinnvoll, um die Überlastung der Intensivstationen à la Bergamo zu verhindern usw.

Wir sollten uns also sehr bewusst fragen und politisch diskutieren, in welcher Gesellschaft wir nicht leben wollen. Das hat in der Geschichte ja auch in vielen Bereichen (zumindest in unseren Breitengraden) ganz gut funktioniert: Wir wollen keine Kinder im Steinbruch arbeiten sehen; es sollten möglichst wenige Säuglinge an banalen Infektionen sterben; die Einführung des staatlichen Rentensystems hat dazu geführt, dass man im Alltag nicht an jeder Ecke mit einem Alten in halb verhungertem Zustand konfrontiert wird; Arbeitgeberwillkür sollte begrenzt sein; die Krankenversicherungspflicht sorgt dafür, dass jeder die Chance hat, sich im Krankheitsfall behandeln zu lassen, usw.

Zur Beruhigung aller Bannerträger der Liberalität: Die Freiheit des Menschen beginnt bei der Möglichkeit, »Nein« zu sagen. Das ist schon bei Kleinkindern der Fall, die ihren Spinat nicht essen wollen, und das gilt auch für soziale Systeme. Die Kraft der Negation, des Nicht-mehr-Mitspielens, ist es, was langfristig zu einer Umsteuerung der Gesellschaft führt. Der passive Widerstand, der auch den »real existierenden Sozialismus« und so manches Unternehmen zu Fall gebracht hat, ist in seiner Wirkung mächtiger als revolutionärer Aktionismus. Mit Bartleby, dem Schreibgehilfen (H. Melville), können wir (und sollten wir) immer dann und dort, wo es uns angemessen scheint, sagen: »Ich möchte lieber nicht.«

Moralisch sein kann jeder, kompetent sein erfordert Arbeit und Anstrengung
Tagesspiegel, 8. Juni 2020

Corona-Einschränkungen retteten laut Forschern Millionen Leben
ZEIT ONLINE, 8. Juni 2020

Impfpflicht wäre rechtlich möglich
Ärzteblatt, 8. Juni 2020

George Floyd, From »I Want to Touch the World« to »I Can't Breathe«
New York Times, 9. Juni 2020

Maßnahmen gegen Covid-19: Millionen Menschenleben gerettet
FAZ, 9. Juni 2020

14 Die Moralisierung der Corona-Gesellschaft

von Heiko Kleve

9. Juni 2020

Niklas Luhmann war zeitlebens ein Kritiker der Moralisierung. Daher sollte sich – seiner Einschätzung nach – die wissenschaftliche Beschäftigung mit Moral, die Ethik, mit Moralreflexion befassen und vor zu viel Moral in der Kommunikation, etwa in öffentlichen Diskussionen, warnen.[37] Denn die Kommunikation im Modus der Moral grenzt aus und polarisiert, verringert die kreative Problemlösekompetenz in der Gesellschaft und reduziert womöglich zu stark das Entstehen förderlicher sozialer Komplexität.

Für Luhmann ist moralische Kommunikation daran erkennbar, dass die Sprechenden oder Schreibenden ganz bestimmte Werte vertreten (etwa Sicherheit und Lebensschutz) und auf einer übergeordneten Ebene der Kommunikation zum Ausdruck bringen, dass sie diejenigen achten, sich mit denen identifizieren, die ihre Werte teilen, und jene missachten, die anderer Meinung sind, also andere Werte (etwa Freiheit und individuelle Selbstbestimmung) vorziehen. Eine in dieser Weise geprägte Kommunikation trennt zwischen den einen und den anderen. Sie verhindert den weiteren konstruktiven Austausch, indem sich beide Seiten womöglich abwertende Attribute zuschreiben.

Wenn wir auf den öffentlichen Diskurs zu Corona und zur Bewertung der eingeleiteten Maßnahmen schauen, dann können wir eine solche Kommunikation beobachten. Diese wurde und wird zudem mit Angst angeheizt: Die einen haben Angst vor einem Virus, die anderen ängstigen sich vor dauerhaftem Freiheitsentzug, vor Impfzwang oder informationeller Fremdbestimmung. Die einen gelten als der sogenannte Mainstream, die anderen werden als »Verschwörungstheoretiker« tituliert.

Was eine solche Art von moralisierender Eskalation der Kommunikation kennzeichnet, ist, dass nicht nur argumentativ gestritten wird, sondern dass die Akteure nicht (mehr) zwischen Personen und Argumenten unterscheiden. Sie identifizieren beides: Der Kampf gegen die andere Position weitet sich zu einer Abwertung der Personen aus, die die abgelehnte Position vertreten. Diese Personen werden diffamiert, herabgewürdigt, in ihren fachlichen Kompetenzen oder sozialen Verdiensten herabgesetzt.

Wenn wir uns die öffentliche Kommunikationsdynamik in Sachen Corona anschauen, dann konnten wir früh diesen moralisierenden Ausgrenzungsdiskurs beobachten. Kritiker wie der ehemaliger SPD-Gesundheitsexperte und Arzt Wolfgang Wodarg oder der emeritierte Mainzer Medizin-Professor Sucharit Bhakdi, um nur die bekanntesten zu nennen, fanden – eigenen Angaben zufolge – keine Möglichkeiten, in den sogenannten öffentlich-rechtlichen Leitmedien zu sprechen, sondern wurden von diesen mit sogenannten Faktenchecks in ihren Argumenten und Positionen grundsätzlich infrage gestellt. Unabhängig davon, wie richtig und angemessen die Faktenchecks waren, ist es doch erstaunlich, wie der Mechanismus der moralisierenden Ausgrenzung zuschlug. Diese Kritiker störten den Konsens der Mehrheit, sie stellten infrage, dass das Virus so gefährlich sei wie behauptet, und kritisierten zudem, dass die gesamte Gesellschaft über den gesundheitlichen Supercode des Infektionsschutzes Leben/Tod gestaltet wird.

Dass sich Wodarg, Bhakdi und andere Kritiker/innen aufgrund der öffentlich-medialen Exklusion sogenannte alternative Medien suchten, in denen sie gehört wurden, verschärfte die moralische Abwertung und Ausgrenzung aufseiten des Mainstreams, schien sie nachträglich sogar zu bestätigen – nach dem Motto, wer mit solchen äußerst umstrittenen

Influencern spricht, der gehört ohnehin nicht zu uns und kann nicht mehr ernst genommen werden.

Meine Frage an Steffen Roth und Fritz Simon ist nun, wie sie die mediale Kommunikationsdynamik der aktuellen Corona-Gesellschaft einschätzen. Was ist da gelaufen und läuft womöglich immer noch? Was könnten wir für die Zukunft daraus lernen? Wie sollten öffentliche Diskurse zu äußerst umstrittenen Themen gestaltet werden? Ganz so einfach wie naive Realisten, die Fakten von Fake unterscheiden, können es sich erkenntnistheoretisch reflektierte Systemtheoretiker doch nicht machen, oder? Wir alle wissen nicht, ob und wie die Pandemie weitergeht, ob sie vielleicht tatsächlich bereits zu Ende ist, wie die genannten Kritiker behaupten. Wäre es daher nicht sinnvoll, so viele unterschiedliche Perspektiven wie möglich im öffentlichen Diskurs zu integrieren? Und wie könnte dies ohne destruktive Moralisierungen geschehen?

Kommunikation über Moral versus Moralkommunikation

von Steffen Roth

Natur ist die Umweltvorstellung der Naturwissenschaften und damit nur eine Umwelt unter vielen. Diesem Kerngedanken meines letzten Beitrags hat Fritz Simon zugestimmt. Dennoch möchte er der Natur »einen besonderen Status zubilligen«. Zwar gebe es »noch viele andere relevante Umwelten«, aber die Natur scheint ihm dann doch am relevantesten.

Somit stehen wir bereits wieder mit einem Bein in der altbekannten Moraldiskussion. Fritz Simon weiß einfach, dass der Politik der Vorrang gegenüber der Wirtschaft gebührt, und nun offenbar auch, dass wissenschaftliche Naturgesetze systemrelevanter sind als etwa religiöse Schöpfungslehren.

Ich verstehe nun, dass man als systemtheoretischer Wissenschaftler derlei Moralisierungen deskriptiv beobachten kann. Normativ lassen sie sich mit unserer Theorie allerdings nicht halten. Mehr noch: Nur aufgrund unserer normativen Indifferenz verwechseln wir Gesellschaft nicht mit historisch kontingenten Funktionssystempräferenzen, sondern sind Chronisten ihres Wandels: Theokratie, politische Ökonomie, Triple-Helix, nun möglicherweise Politische Ökologie und in einer vielleicht nicht allzu fernen Zukunft auch mal eine Selbstbeschreibung ohne Politik – all das ist und kann Gesellschaft sein.

Wie Heiko Kleve ausführt, war Niklas Luhmann auch deshalb zu Recht skeptisch gegenüber moralischer Kommunikation. Umgekehrt müssen wir aber auch skeptisch gegenüber Luhmanns mitunter stark oszillierenden Ausführungen zur Moral sein. Einerseits ist ihm Moralkommunikation tatsächlich die ausdrückliche Kommunikation von Werten. Andererseits lesen wir aber immer wieder auch, dass die implizite Kommunikation von Werten als Selbstverständlichkeiten der springende Punkt bei Moralkommunikation sei.

Veranschaulichen lässt sich der im Titel etwas klarer formulierte Unterschied mit Blick auf eine Forschungsarbeit, die ich nur durchgeführt habe, um ihn zu veranschaulichen. Damals habe ich nach Unternehmen gesucht, die ihr offizielles Unternehmensleitbild von anderen Unternehmen geklaut haben. So kommt es gar nicht so selten vor, dass man auf den Webseiten zweier gänzlich unabhängiger Unternehmen warme Worte liest wie: »Always working with integrity. Conducting our operations with integrity and with respect for the many people, organizations and environments our business touches has always been at the heart of our corporate responsibility.« Die Kommunikation über Werte ist in beiden Fällen klar dieselbe. Allein, die Wertkommunikation wird im Fall des Nachäffers ganz anders verstanden, und zwar ganz selbstverständlich als Konterkarikatur des eigentlichen Inhalts.

In diesem Sinne gilt es daher, Kommunikation über Moral systematisch von Moralkommunikation zu unterscheiden, und das nicht zuletzt, weil man auf Grundlage dieser Unterscheidung dann beobachten kann, dass eine Zunahme von Kommunikation über Werte ein Indikator für zunehmende Wertverluste sein kann.

In diesem Sinne ist es ja ein Kennzeichen unserer modernen, funktional differenzierten Gesellschaft, dass es nicht mehr viel gibt, das sich von selbst versteht. Werte lassen sich nicht debattieren; und insofern heute, und in Krisenzeiten umso heftiger, über nahezu jeden sogenannten Wert gestritten wird, scheint es in der Tat nur noch wenige zu geben. So gibt es, meines – in diesem Bereich aber sicher nicht umfassenden – Wissens nach, keine wissenschaftlichen Konferenzen über das Für und Wider der Pädophilie; und man fühlt sich förmlich gezwungen nachzuschieben: Und das ist auch gut so. Das ist ein Wert. Einer von relativ wenigen.

An diesem Beispiel wird auch sichtbar: Moralkommunikation neutralisiert Entscheidungskommunikation.[38] Wo es Werte gibt, da gibt es keine echten Alternativen im Sinne Heinz von Foersters Diktum: »Only those questions that are in principle undecidable, we can decide.« Wo die heiße Luft der Kommunikation über Werte tatsächlich kondensiert, regiert die Alternativlosigkeit.

Insofern überrascht mich die von Altachtundsechzigern maßgeblich vorangetriebene resignierte Renaissance der Kommunikation über Werte und der »Ethik« immer wieder; denn egal, wie gut das Ansinnen, die eigentlich gewünschte Moralkommunikation lässt sich nicht herbeireden. Man kann sich für Werte einfach nicht entscheiden.

Letztlich bin ich daher froh über den Feuereifer, mit dem ökologische Gretchenfragen immer wieder gestellt werden. Und auch fast schon dankbar für den brachialen Mangel an politischer Eleganz, mit der die aktuellen Corona-Manöver durchgeführt worden sind. All das markiert lautstark die Kontingenz der eben doch nur unterstellten Letztwerte wie Naturschutz, Sicherheit oder Leben und erzeugt so den Horizont von Alternativen, der uns von den Gesellschaftsformen unterscheidet, in denen schwerpunktmäßig nicht Entscheidungsfreiheiten, sondern institutionalisierte Selbstverständlichkeiten den Alltag bestimmen.

Wenn Heiko Kleve nun fragt, wie wir »so viele unterschiedliche Perspektiven wie möglich im öffentlichen Diskurs« integrieren können, und »dies ohne destruktive Moralisierungen«, dann können wir uns mit ihm diese Frage nur stellen, weil sich, wie etwa von Sean Ward[39] (2006) minutiös herausgearbeitet, erst die adelige Oberschicht und später breite Teile aus der totalen Institution der moralisch durchstratifizierten Gesellschaft heraus- und ins Zeitalter der Entscheidung hineinkommuniziert haben. Das Mittel der Wahl damals wie heute ist, auch wenn ich mich wiederhole, funktionale Differenzierung, und es wirkt bei Bedarf auch in der Corona-Krise: Was gut aus der Perspektive des einen Systems sein kann, mag schlecht aus der Perspektive des anderen sein, einem dritten ambivalent erscheinen und einem vierten ganz egal sein; ganz wie in der unten stehenden Tabelle, bei der es sich um ein einfaches kommunikatives Werkzeug handelt, mit dem sich Moralkommunikation verflüssigen oder überflüssig machen kann.[40]

	Politics	Economy	Science	Religion	Art	Legal	Sport	Health	Education	Media
Good	1	1	1	0	0	0	0	0	0	0
Bad	0	0	1	1	0	0	1	1	1	1

Lob der Moral

von Fritz B. Simon

Systemtheorie und Konstruktivismus haben beide die meines Erachtens unschätzbare Qualität, dass sie moralfrei sind. Auf keinen Fall lässt sich aus diesen Theorieansätzen irgendeine Moral ablesen. Sie sind nicht normativ. Das ist in Naturwissenschaften im Prinzip selbstverständlich, in den Sozialwissenschaften (und ich rechne die Psychologie jetzt mal dazu) ist das keineswegs vorauszusetzen. Mithilfe von Systemtheorie und Konstruktivismus lassen sich im Prinzip die Strukturen und Dynamiken aller Typen sozialer Systeme analysieren und erklären, und daher lassen sie sich auch zu den unterschiedlichsten Zwecken und Zielen – und Moralen – verwenden. Um es plakativ zu sagen: Man kann Systemtheorie genauso gut nutzen, um eine karitative wie eine kriminelle Organisation aufzubauen oder zu optimieren.

Der Sinn dieser Vorrede ist, deutlich zu machen, dass niemand sein Handeln unter Berufung auf »systemisches Denken« o. Ä. (»systemische Haltung«) legitimieren kann. Jeder Einzelne trägt die Verantwortung für seine Konstruktion der Wirklichkeit, d. h. für die Phänomene, auf die er seine Aufmerksamkeit fokussiert (= Beschreibungen), wie er sie erklärt (= Hypothesenbildung) und wie er sie bewertet (ökonomisch, ästhetisch, ethisch usw.) und für sein Verhalten. Niemand kann sich hinter einer Theorie oder einer »höheren Wahrheit« verstecken. Er muss seinen Buckel dafür hinhalten, an welchen Normen oder Prinzipien er sein Handeln und seine Entscheidungen orientiert – auch diejenigen, die politisch wirksam sind. Und auch, wenn er die Entscheidung über sein Verhalten durch den Würfel bestimmen lässt.

Das führt uns zum Thema Moral, zum Unterschied zwischen »Moralkommunikation« und »Kommunikation über Moral«. Da sind Steffen Roth und ich offenbar – welch Wunder, aber auch wie beruhigend – einer Meinung. Hier scheint mir die von Heiko Kleve zitierte Luhmann'sche Definition am nützlichsten, dass Moral die Regeln bzw. »Bedingungen der Kommunikation von Achtung und Missachtung« definiert. Es gibt noch ein paar andere Begriffe außer Achtung, die in ihrem Gebrauch eng verwandt sind: Ehre, Respekt usw. Sie alle bzw. ihre Kommunikation definieren das soziale Ansehen und in der Folge meistens auch die Selbstdefinition und den Selbstwert einer Person, soweit beides an soziale Anerkennung gebunden ist.

Wichtig ist, das fügt sich in die Moralfreiheit der Systemtheorie, dass die Bedingungen der Kommunikation von »Achtung« oder »Missachtung« nicht inhaltlich definiert sind, das heißt, es lassen sich keine »Werte« (ein – nebenbei bemerkt – lausig definierter Begriff, der wahrscheinlich gerade deswegen so populär ist) aus dieser Theorie ableiten. Wenn in der Systemtheorie Moral problematisiert wird, so nicht das Ob, sondern das Wo und Wie. Es gibt aber – um allen Missverständnissen vorzubeugen – keine sozialen Systeme, die auf Moral bzw. Moralkommunikation verzichten könnten. Sie steuern Erwartungserwartungen und tragen so elementar zur Koordination der Interaktion der Mitglieder bei. Sie gehören meines Erachtens zu den fest mit Affekten gekoppelten kulturellen Geboten und Verboten, die man in Analogie zu den Regeln von Sprachen »grammatische Regeln« nennen kann (siehe »Formen«, 52.6 ff.)[41]. Wer gegen sie verstößt, hat sich zwar im Allgemeinen noch nicht strafbar gemacht, aber er riskiert die Verachtung seiner Mitmenschen, im Extremfall auch die Ausgrenzung. Es handelt sich um ein Normensystem, das Verhalten positiv oder negativ sanktioniert, ohne dass das Rechtssystem in Anspruch genommen werden müsste: Man kann die Achtung der anderen nicht einklagen und auch nicht Berufung gegen Missachtung einlegen.

Wichtiger als das Reden über Moral scheint mir die Moralkommunikation, d. h. das Zeigen von Achtung oder Verachtung gegenüber konkretem Verhalten. Um meinerseits auch Heinz von Förster zu zitieren (der Wittgenstein zitiert): »Ethik ist immer implizit.« Das heißt im Klartext: Wenn du wissen willst, an welchen Werten sich jemand orientiert, schau dir an, was er tut (»walk« vs. »talk«)!

Das gilt, ungeachtet der Tatsache, dass ich zu Beginn die Moralfreiheit der Wissenschaft als Qualität positiv bewertet habe, auch für die Moralkommunikation in den Wissenschaften. Denn die Moralfreiheit der Wissenschaften bezieht sich auf die Inhaltsebene, d. h. die Sachdimension der Kommunikation. Sie gehört meines Erachtens – nur scheinbar paradox – zur wissenschaftlichen Moral. Im Klartext bedeutet das, dass zwischen sachbezogenen Aussagen, Hypothesen und Theorien und denen, die diese Aussagen machen, unterschieden wird. Die scheinbare Paradoxie besteht darin, dass die *Moralfreiheit* der Sachdimension der wissenschaftlichen Kommunikation durch die *Moral* in der Sozialdimension der wissenschaftlichen Kommunikation *geschützt* wird. Aussagen dürfen – wenn moralisch gehandelt wird – nicht deswegen disqualifiziert werden, weil sie vom Autor XY stammen. Der Autor verliert aber die Achtung der Community oder erntet gar Verachtung, wenn er sich gegen die Regeln der Wissenschaft vergeht und z. B. fälscht, plagiiert usw.

Wenn »über Moral« kommuniziert wird, geht es daher *nicht* um das Ob von Moral, sondern um die konkreten Bedingungen des »Erwerbs« oder des »Verlustes« von Achtung, d. h. die gezeigten/zu zeigenden Verhaltensweisen, die dem Mitglied eines sozialen Systems Achtung oder Missachtung verschaffen (= Metakommunikation).

Ich bin jemand, der – wenn ich ehrlich bin – nie in seinem Leben über Moral mit irgendwem debattiert hat. Wenn bislang irgendwer in meiner Anwesenheit angefangen hat, über »Werte« zu reden, habe ich immer meine Brieftasche festgehalten, weil ich stets von der Hypothese ausgegangen bin, es mit einem Trickbetrüger zu tun zu haben. In der Hinsicht hat sich für mich in den letzten Jahren etwas verändert – Donald Trump, Boris Johnson, Bernd Höcke, Alexander Gauland und ähnlichen (aus meiner Sicht »unanständigen«) Typen sei Dank. Auf einmal denke ich, dass Kommunikation über Moral sinnvoll sein könnte, denn es geht meines Erachtens darum, sich darüber auseinanderzusetzen, in welcher Art von Gesellschaft wir (nicht) leben wollen.

Nun ein paar Anmerkungen zur Kritik Steffen Roths an meiner höheren Bewertung der Natur (gegenüber z. B. der Religion) als relevanter Umwelt usw. Meine Erklärung dafür: Es liegt wahrscheinlich daran, dass mich persönlich – und das hat etwas mit meinem professionellen und akademischen Hintergrund zu tun – die Kopplung von Organismus, Psyche und sozialen Systemen interessiert, drei autopoietischen Systemen, die füreinander Umwelten darstellen (siehe »Formen«)[42]. Insofern hat aus meiner Sicht der Organismus (und damit die Natur) als Umwelt einen anderen Stellenwert als irgendwelche sozialen Subsysteme. Und mein Verweis auf die Relevanz der Natur war – zumindest, was meine Intentionen anging – nicht im Geringsten moralisch gemeint. Nur: Es bedarf eben menschlicher Körper als relevanter Umwelten, damit menschliche Kommunikation stattfinden kann.

Dass ich »weiß«, dass der Politik Vorrang gegenüber der Wirtschaft zuzubilligen ist, scheint mir eine sehr weit hergeholte Lesart (um es vornehm auszudrücken), angesichts dessen, was ich geschrieben habe. Ganz im Sinne des oben Gesagten leite ich weder Wahrheitsanspruch noch Normen aus der Systemtheorie ab. Aber als Individuum, Bürger dieses Landes, Bewohner dieses Planeten usw. habe ich durchaus eine politische Meinung, über die ich auch bereit bin, mich zu streiten. Und nach der halte ich es einfach für ein Verbrechen (durchaus moralisch gemeint), welche Macht inzwischen z. B. die ungeregelten Finanzmärkte haben und dass dies von »der Politik« zugelassen wird. Ich meine, dass man dies ändern sollte. Aber das ist lediglich meine persönliche Meinung, und sie ist bestimmt von meinem (wie ich finde, guten) Geschmack. (Ich finde übrigens keineswegs, dass sich der Staat immer und überall einmischen sollte – aber das müssten wir an konkreten Fragestellungen diskutieren.)

Der Eindruck, ich würde der Natur aus moralischen Gründen einen Sonderstatus zusprechen, mag durch den Kontext entstanden sein, in dem wir ja u. a. die Frage diskutieren, ob die Corona-Maßnahmen, die von den unterschiedlichen Staaten veranlasst worden sind, angemessen sind. Um hier keine Missverständnisse aufkommen zu lassen: Das ist für mich keine moralische Frage (das heißt, ich bin nicht bereit, jemanden zu verachten oder auch nur zu missachten, der in dieser Hinsicht nicht meine Meinung teilt).

Wo ich Steffen Roths Meinung ausdrücklich *nicht* (!) zustimme, ist, dass Wertekommunikation Entscheidungskommunikation verhindert. Jeder Entscheidung liegt letztlich eine Unterscheidung zugrunde, und jede Unterscheidung beruht darauf, dass den beiden Seiten der Unterscheidung ein unterschiedlicher Wert von dem oder den Beobachtern zugeschrieben wird. Also, wo immer es um Entscheidungen geht, geht es um Bewertungen. Wenn man Werte – da haben wir wieder das Problem der unterschiedlichen Abstraktionsstufen, über die man stolpern kann – auf einer sehr abstrakten Ebene positioniert, so geht es bei konkreten Entscheidungen immer darum, sie auf die jeweils zur Entscheidung stehenden konkreten Alternativen herunterzurechnen.

Aber zurück zur Frage von Heiko Kleve, wie wir den öffentlichen Diskurs zu Corona bzw. die damit verbundene, aktuelle Moraldiskussion bewerten. Mir scheint, dass die moralische Disqualifikation eher einseitig ist und von der Seite derer kommt, die mit den staatlichen Maßnahmen nicht einverstanden sind. Denn die Verfechter der Nützlichkeit des Tragens von Mund-Nase-Maske und Abstandsregeln werden nicht nur massiv abgewertet, ihnen wird nicht nur bei »Hygiene-Demonstrationen« öffentlich Verachtung signalisiert, sondern sogar Hass. Virologen erhalten Morddrohungen, Journalisten werden tätlich angegriffen usw.

Dass diejenigen, die mit den verordneten Maßnahmen aus sachlichen Gründen nicht einverstanden sind – wie beispielhaft genannt Herr Wodarg und Herr Bhakdi –, moralisch disqualifiziert werden, kann ich nicht sehen. Dass sie in den Mainstream-Medien nicht hinreichend zu Wort kommen, ist meines Erachtens aber nur bedingt richtig. Denn ich kenne ihre Thesen und Argumente, obwohl ich mich fast ausschließlich durch die sogenannten Mainstream-Medien informiere (wenn auch durch ziemlich viele/internationale). Das Schicksal, dass sie nicht so häufig zitiert werden, wie sie nach ihrem Gefühl eigentlich genannt werden müssten, teilen sie sicher mit uns Dreien, da die Medien unsere wunderbaren und genialen Ideen nicht angemessen zur Kenntnis nehmen. Sicher eine Verschwörung! Auf jeden Fall moralisch verwerflich! Medien, ob nun »mainstream« oder »sozial«, funktionieren nun einmal selbstreferenziell, das heißt, sie schreiben alle beieinander ab, und wer wenig zitiert wird, wird schnell gar nicht mehr zitiert.

Noch ein persönliches Wort zur Moralkommunikation: Ich möchte die Möglichkeit nicht missen, manchen Leuten meine tiefe Verachtung zeigen zu können ... – meine Art der Mikropolitik. Dass dies für Berufspolitiker eine nützliche Strategie wäre, bezweifle ich. Aber irgendein Privileg muss man als Privatmann ja auch haben.

Kolonialisten-Statue in Bristol: Höflichkeit hilft nicht mehr
taz, 10. Juni 2020

Lockerungsdebatte: Bleibt mir vom Leib! Nicht nur die Saboteure der Maßnahmen sind zu kritisieren, sondern oft auch übereifrige Corona-Wächter
Die Zeit, 10. Juni 2020

Investors, No Longer in Denial About Grim Outlook, Drive Market Down
New York Times, 12. Juni 2020

Politische Überheblichkeit : Gegen ein »Recht auf Homeoffice«!
FAZ, 12. Juni 2020

Ließ Spanien ältere Menschen bewusst am Coronavirus sterben?
ÄrzteZeitung, 12. Juni 2020

15 Der Sternenhimmel der Werte

von Heiko Kleve

12. Juni 2020

Ich möchte die Kommunikation über Werte, Moral und Ethik noch eine Runde weiterführen. Denn ich habe den Eindruck, dass wir hier an einem wichtigen Thema sind, das nicht nur Steffen Roth und Fritz Simon beschäftigt, sondern dessen Reflexion viel dazu beitragen kann, dass wir mehr von der Dynamik unserer Gesellschaft, zumal in Krisenzeiten, verstehen. Niklas Luhmann benutzt die Metapher des Sternenhimmels[43], um die reine Quantität der Werte zu veranschaulichen und aufgrund dieser schier unermesslichen Zahl von möglichen Werten zu schlussfolgern, dass die Grundwerte – wie etwa »Freiheit, Gleichheit, Gerechtigkeit, Frieden, Sicherheit, Würde, Wohlfahrt, Solidarität« – dazu dienen, eine Basis einzuführen, die eine übergroße Mehrheit teilt.

Mit diesen Grundwerten ist jedoch keineswegs Ruhe in die Moralkommunikation und die Kommunikation über Moral eingekehrt, denn nicht nur die Gewichtung bzw. Priorisierung der genannten Grundwerte kann durchaus sehr unterschiedlich sein. Noch fundamentaler wirkt wohl das, was Steffen Roth als systemische Perspektivenvielfalt beschreibt: »Was gut aus der Perspektive des einen Systems sein kann, mag schlecht aus der Perspektive des anderen sein, einem dritten ambivalent erscheinen, und einem vierten ganz egal sein.« Erst die funktionale Differenzierung der Gesellschaft führe, wie er in seinem letzten Beitrag schreibt, zu den vielfältigen und differenten Perspektiven auf die Moral. Das erleben wir sehr anschaulich in der Corona-Gesellschaft.

Ein Widerspruch scheint jener zwischen den Interessen des Gesundheitsschutzes und denen der freien wirtschaftlichen Entfaltung von Unternehmen zu sein. Allerdings verläuft diese Differenz zwischen gesundheitlichen und wirtschaftlichen Fragen selbst in Organisationen, die eher dem einen als dem anderen System zugeordnet werden, etwa in Krankenhäusern. Diese beklagten sich darüber, dass in der Zeit des Lockdowns sehr viele Betten leer standen, dass gar über Kurzarbeit des Personals nachgedacht werden musste.

Mit Fritz Simon könnten wir nun sagen, dass die Kommunikation über Werte nicht der Eigendynamik der Gesellschaft überlassen werden sollte, sondern dass wir ein Funktionssystem ausmachen können, in dem die öffentliche und demokratische Debatte über die moralischen Präferenzen, die die gesellschaftlichen Systeme leiten sollen, stattfindet, nämlich die Politik. Mit der politischen Kommunikation stellen wir die Frage, in welcher Gesellschaft wir (nicht) leben wollen. Hier ist die Debatte erwünscht. Regierung und Opposition repräsentieren bestenfalls auf der Basis eines moralischen Minimalkonsenses, der in Deutschland vom Grundgesetz markiert wird, unterschiedliche Wertepräferenzen, die sich im Disput miteinander befinden, zwischen denen hin- und hergependelt wird, manchmal Kompromisse möglich sind oder sich gegensätzliche Entweder-oder-Positionen einstellen.

Aber reicht diese Form der politischen Kommunikation über Werte für eine funktional differenzierte Gesellschaft aus? Lässt sich im politischen System oder von diesem System aus tatsächlich die gesamte gesellschaftliche Wertedebatte führen? Freilich sehen wir hier wohl auch die Medien, die die Politik beobachten und kommentieren, als weitere Kraft. Aber welche Rolle spielen dabei die anderen relevanten Systeme, etwa die Wissenschaft, das Recht, die Kunst, die Religion, das Erziehungs- oder auch das Gesundheitssystem? Wieder komme ich mit meiner bereits bekannten Frage: Wie gelingt die Integration des Unterschiedlichen? In welcher Weise werden die differenten systemischen Perspektiven aufeinander bezogen und miteinander verbunden? Ist die Politik in der Form des Staates bereits in einer Weise organisiert, dass diese Moderation der Differenzen passend gelingt? Oder sind neue politische Organisationsformen für eine sich durch das Internet weiter dynamisierende Kommunikation innerhalb der Gesellschaft notwendig?

Die Etikette der Alternativen

von Steffen Roth

Werte. Achtung. Moral. Vielleicht macht es Sinn, diese Begriffe noch ein wenig systematischer auseinanderzuhalten.

Soweit ich unsere Theorie verstanden habe, benutzen wir den Begriff Wert für die Kommunikation von sachbezogenen und den Begriff Achtung für die Kommunikation von personenbezogenen Präferenzen. Wert- und Achtungskommunikation bezeichnen demnach die Sach- und Sozialdimension der Moralkommunikation. Das kann man nicht zuletzt deshalb leicht durcheinanderbringen, weil die Frage, ob es sich bei »Großer Gott, wir loben dich« um Wert- oder Achtungskommunikation handelt, maßgeblich davon abhängt, ob Gott seinem Beobachter Idee oder Person ist.

Bei Moral geht es demnach nicht nur um die von Fritz Simon zitierten Bedingungen für den Erwerb oder Verlust von Achtung, es geht auch um die Bedingungen für Präferenzen für oder Abneigungen gegen Objekte auch »immaterieller« Art. In beiden Fällen ist der binäre Code der Moral *gut/schlecht*, der sich analog aber auch problemlos und nahezu unbegrenzt als *besser/schlechter* skalieren lässt.

Wenn wir Moral nun durch die Linse der Entscheidungskommunikation beobachten, und etwas anderes fällt modernen Beobachtern schwer, dann erscheint sie uns als Programm, das bedingt, welche Präferenzen und welche Präferenzen für welche Präferenzen man hat oder eben überhaupt haben kann.

Der Code und somit die Programme der Moral sind dabei aber in einer Sprache geschrieben, die quer steht zu jener der Entscheidungskommunikation. Wer in Sachen Partnerwahl wahrhaftig glaubt, dass der Mensch nicht trennen soll, was Gott zusammengefügt hat, für den gilt eben nicht, wie Fritz Simon für Entscheidungen beobachtet, »dass den beiden Seiten der Unterscheidung [hier: treu/untreu] ein unterschiedlicher Wert von dem oder den Beobachtern zugeschrieben wird«. Nein, wer an göttliche Zusammenfügung glaubt, bei dem findet keine Wertzuschreibung als Entscheidungsergebnis statt, für den steht der Wert und stand schon immer geschrieben. Untreue ist und war so nie eine Option, und wer auf dieser Grundlage untreu wird, der entscheidet sich nicht, der scheitert.

Insofern begrenzt Moral den Spielraum von Entscheidung. In das Entscheidungsspiel selber greift sie aber nicht ein. Entscheidung kommt erst ins Spiel, wenn der Konditional selbst im Zielprogramm die Alternative mitführt und somit den gesetzten Wert neutralisiert. Erst dann stehen wir vor »those questions that are in principle undecidable«, erst dann kommt es zu Entscheidungskommunikation, erst dann verlangt es uns nach Organisation.

Nun mag man Entscheidungsprogramme wie etwa den kategorischen Imperativ als algorithmisierte Moralprogramme beobachten, übersieht dann aber geflissentlich, dass es solche Programme erst braucht, wenn das Kind bereits in den Brunnen gefallen ist, zumal jedem Entscheidungsprogramm, jeder Organisation zwingend eigentlich nur eins klar sein muss: dass es Alternativen gibt – und damit auch zu einem selbst.

So kann der organisierte Beobachter dann auch Alternativen zur Organisation beobachten. Man kann an die Stelle einer Entscheidung einen »Wert« setzen. Und siehe da: Dann wird an dieser Stelle nicht entschieden. Dann beobachtet man eben nicht Organisation. Beispiel Unternehmensnachfolge nur durch Familienmitglieder. Wenn das gesetzt ist, dann funktioniert das als Moralkommunikation, und die macht Entscheidungskommunikation unmöglich, und zwar genau so lange, wie die Moralkommunikation nicht als Entscheidungskommunikation verstanden wird. Sobald man aber beobachtet, dass sich das Selbstverständliche nicht mehr von selbst versteht und deshalb beispielsweise in rechtlich verbindlichen Unternehmensfamilienverfassungen fixiert werden muss, beobachtet man Organisation. Man hätte sich beim Verfassen des Dokuments ja auch für einen Traditionsbruch entscheiden können. Just das beweist die Existenz der Verfassung, und just in diesem Sinne gilt es, nicht unbedingt die von Fritz Simon wiederholt angesprochenen Ebenen, sondern eben Unterscheidungen auseinanderzuhalten: Wer Entscheidungskommunikation als Kette aktualisierter Wert- oder Moralkommunikation beobachtet, der beobachtet Kommunikation womöglich auch ganz allgemein als wechselseitige Verhaltenssteuerung; in jedem Fall beobachtet er nur einen Fußabdruck der betreffenden Kommunikation.

Der springende Punkt bei der Entscheidungskommunikation ist nicht der aktualisierte Wert, sondern die Beobachtung von Alternativen. Wie Etikettiergeräte taggen Organisationen jedes Thema gnadenlos als Alternative. Auch moralische Werte. Auch und gerade, indem sie sie »präferieren«, weil sich nun der Wortsinn verschiebt und perspektivisch wohl einen anderen Begriff notwendig macht. Denn wenn Organisationen Werte thematisieren, dann funktionieren sie Werte um, zum Beispiel in Entscheidungsprämissen. Auch sonst beruht beileibe nicht, wie von Fritz Simon unterstellt, jede Entscheidung darauf, dass den Alternativen unterschiedliche moralische Werte zugeordnet werden. Entscheidung kann nicht zuletzt auch ganz moralfrei funktion(alis)ieren, indem sie etwa ein Kunstwerk zum Anlageobjekt umetikettiert, was nur einem leidenschaftlichen Moralisten zwingend als moralisches Problem erscheint. Der moralische Code gut/schlecht wird so von der Richtschnur zu einer Option unter vielen, wobei man nun je nach Funktion beobachten kann, dass Zahlungsverzicht mitunter nützlich ist oder sich Wahrheit nicht immer anbietet.

Auch dass sich der Staat vornehmlich an politischen und ökonomischen Kategorien orientiert, macht ihn nicht zur guten oder schlechten, sondern zur vornehmlich »politökonomischen« Organisation. Insofern fällt mir kein wissenschaftliches Argument ein, warum just diesem politökonomischen »Dickhäuter« (Stefan M. Seydel)[44], und nicht etwa einem anderen wie der katholischen Kirche, die Deutungshoheit zustehen sollte über »die öffentliche und demokratische Debatte über die moralischen Präferenzen, die die gesellschaftlichen Systeme leiten sollen« (Heiko Kleve). Vermutlich bringen uns ein freundliches Wort und eine Pistole oft weiter als nur ein freundliches Wort, aber das verschafft einem politischen Aktanten meines Erachtens keine moralische Überlegenheit gegenüber dem von Fritz Simon gering geschätzten Marktprinzip »Wer zahlt, schafft an«. Der Zweck mag vielen viele Mittel heiligen, aber wenn Wissenschaftler nun für Theokratien den geringsten ökologischen Fußabdruck ermitteln, wäre es dann »ethisch«, Staaten weltweit wieder primär an Religion auszurichten?

Auch Heiko Kleves Frage, wie die »Integration des Unterschiedlichen« gelingen könne, will ich nicht beantworten, weil in ihr doch recht deutlich mitschwingt, dass Integration gut ist und Differenz ein Problem. Für mich als *Oberhaupt* (Entrüstung, ich weiß, aber so hieß das damals etwa im Kanton Fribourg, *Chef de famille,* und man bringt von Reisen ja immer Souvenirs mit) einer durch und durch internationalen Familie ist es vielleicht genau umgekehrt: Differenzen sind gut und Integrationserwartungen das Problem. Wer will das schon wissen?

Im Übergang von der stratifizierten zur funktional differenzierten Gesellschaft lässt sich mit unserer Theorie nun mal ein Umschalten von Integration auf Differenz beobachten. Ein Switch von Präferenz zu Prävalenz. Ein Umschlag von Qualität auf Quantität. Die inzwischen glücklicherweise wenig originelle Erkenntnis lautet: Die moderne Gesellschaft ist »statistischer« geworden und weniger moralisch. Dass Quantifizierung und Simulation auch Nachteile haben können, haben wir unlängst wieder am eigenen Wirtsorganismus erfahren und stellen uns dafür prompt die moralische Quittung aus.

Entsprechend hat zumindest Kommunikation über Werte und Achtung gerade wieder Konjunktur. Dabei trifft die Krise aber ohnehin auf ein gesellschaftliches Klima oder auch konkret auf ein Massenmediensystem, in dem wir öfter auf markante Werturteile und »Bad News« als auf funktionale Fantasie zu stoßen scheinen. Sekundiert vorzugsweise von irgendeiner »kritischen Theorie«, befördert dieser funktionale Analphabetismus ein »progressives« Distinktionsgebaren, das sich weitestgehend darin erschöpft, sich im selbstkonterkarierenden Rückgriff auf Strukturmuster der Stratifizierung für irgendwelche Werte zu entscheiden, die man anderen dann als alternativlos vorsetzt, oft auch damit man irgendwelche Verzichterwartungen daran knüpfen kann. Für all das hat man dann irgendwelche Gründe, die man nicht bräuchte, wenn die unterstellten Werte tatsächlich Werte wären.

So entstehen ernste Probleme, die keine sein müssten. Wenn uns der technische Fortschritt tatsächlich eine gläserne Welt beschert, in der jeder jederzeit beobachtbar ist, dann wäre größtmögliche moralische Indifferenz der Schlüssel für den panoptischen Käfig. Statt ihn im Schloss zu drehen, moralisiert man in diesem wie in anderen Fällen lieber den technischen Fortschritt und trägt so sein Scherflein zu seinen eigenen Zukunftsängsten bei.

Ein moralisches Decoupling wäre demnach funktional, wenn man den technischen Herausforderungen des 21. Jahrhunderts nicht länger Sozialstrukturformen der Frühmoderne entgegenhalten will. Zudem ist es machbar. Man hätte auch ohne Moral immer noch jede Menge

Steuerungsoptionen. Rechtsprechung etwa hängt schon lange – gelinde gesagt – nur noch wenig davon ab, was irgendwelche alteuropäisch gedachten Menschen für gut und richtig erachten. Allzu oft kann nur Gesetz werden, was etwa wissenschaftlichen Ansprüchen genügt und auch bezahlbar ist; und in jedem Fall muss neues Recht letztlich mit bestehendem Recht in Einklang zu bringen sein. Like it or not: Der Take-off der Funktionssysteme hat sich längst vollzogen. Die neue Etikette der Alternativen kann von moralischen Werten unabhängig sein.

Den moralischen Cassandra-Komplexen der »progressiven« und »kritischen« Kräfte kann man demnach getrost einen funktionalen Zweckoptimismus entgegenstellen: Jeder Versuch, eine erst mal losgetretene Organisationsgesellschaft bewusst wieder auf Moral zu stellen, wird keinen anderen Impact haben als die ephemeren Fußabdrücke derer, die gerne auf ihr herumtrampeln.

Paradoxie-Management

von Fritz B. Simon

Wenn Heiko Kleve in seiner Einleitung über »Werte« spricht, über die es zu diskutieren gilt, so schließt er an den allgemeinen Sprachgebrauch an, das heißt, er bezieht sich auf Ideen wie »Freiheit, Gleichheit, Gerechtigkeit, Frieden, Sicherheit, Würde, Wohlfahrt, Solidarität«. Diese Begriffe erfreuen sich – wenn man genauer prüft – lediglich deswegen so breiter Zustimmung, weil es Worthülsen sind, in die man hineinstecken kann, was immer man will. Es sind Abstrakta, deren Funktion in der Konfliktvermeidung besteht. Sie ähneln vielen UN-Sicherheitsrats-Resolutionen, die ebenfalls so formuliert sind, dass jeder zustimmen kann, weil aufgrund ihrer Vieldeutigkeit keinerlei Verpflichtungen aus ihnen resultieren.

»Die Wahrheit ist konkret«, hat ein großer Denker gesagt. Aus konstruktivistischer Perspektive muss dieser Satz etwas umformuliert werden: Was jemand für wahr hält, zeigt sich in seinem konkreten Verhalten. Das gilt für die Bewertungen des eigenen und fremden Verhaltens. Innerhalb von sozialen Systemen werden derartige Bewertungen dadurch *ausgehandelt* (im wörtlichen Sinne, d. h. durch die vollzogenen Handlungsweisen in der Interaktion etablieren sie sich). Das gilt zumindest für die sogenannten moralischen Regeln. Sie müssen nicht explizit gemacht oder formal beschlossen werden, um das Verhalten zu steuern. Also auch, wenn Steffen Roth sich »moralfreie Steuerungsoptionen« vorstellen kann (das kann ich auch), wir werden die Moral nicht los, da sie sich – ob das gefällt oder nicht – selbstorganisiert formt.

Wer nicht verachtet oder auf die eine oder andere Art ausgegrenzt werden will, muss sich den impliziten Erwartungen seiner Mitmenschen an sein Verhalten anpassen, oder er muss diese Erwartungen (d. h. die Regeln des Umgangs miteinander) zu ändern versuchen. Das ist es, was man als Integration eines Individuums in ein soziales System bezeichnen kann: die Akzeptanz der *Einschränkungen* des eigenen Handlungsspielraums. Integration ist immer Freiheitsverlust, d. h. eine Zumutung. Alle Differenzierung hat nur eine Chance zu überleben, wenn sie innerhalb dieser Grenzen bleibt oder es ihr gelingt, sie zu verschieben.

Ich denke nicht – wie mir von Steffen Roth zugeschrieben – es beruhe »*jede* Entscheidung darauf, dass den Alternativen unterschiedliche moralische Werte zugeordnet werden« (Wo hat er das her?), aber es geht bei jeder Alternative und damit bei jeder Entscheidung um *Bewertungen* (seien sie moralisch, politisch, ökonomisch, ästhetisch usw.). Vielleicht müssen wir da noch mal die Begriffe klären. Und ich habe nie Verzicht gepredigt (denn das sollte niemand tun, der nicht selbst verzichtet), vor allem aber schätze ich keineswegs den Markt generell gering. Aber es gibt eben einen Unterschied zwischen ungeregelten und geregelten Märkten; und es gibt darüber hinaus Bereiche, für die es intelligentere Wege der Entscheidungsfindung gibt, als es Marktmechanismen sind, und bei denen es meines Erachtens kriminell (um nicht zu sagen: idiotisch) wäre/ist, Märkte entscheiden zu lassen. So wie es Bereiche gibt, in denen es meines Erachtens idiotisch wäre, Entscheidungen allein aufgrund moralischer Erwägungen zu treffen. Hoch lebe die Differenzierung!

Es finden sich, da geben ich Heiko Kleve und Steffen Roth recht, in einer hochdifferenzierten Gesellschaft sehr unterschiedliche Perspektiven auf fast alles und damit verbunden höchst unterschiedliche Interessen und Bewertungsmaßstäbe. Um es auf eine Formel zu bringen: Soziale Systeme – große wie kleine, von der Paarbeziehung bis zur Weltgesellschaft – sind *paradox* organisiert, das heißt, sie müssen stets damit leben und es managen, dass jede Entscheidung, die für ein Subsystem bzw. Mitglied rational und richtig (womöglich auch moralisch gut) ist, für ein anderes Subsystem/viele andere Subsysteme irrational und falsch (womöglich auch moralisch schlecht) ist.

Meiner Meinung nach gewinnen systemtheoretische Konzepte ihre Relevanz, weil/wenn sie den Fokus der Aufmerksamkeit auf Paradoxien richten. So lässt sich die Entstehung einer funktionell differenzierten Gesellschaftsstruktur als Entfaltung von Paradoxien erklären. Um bei unserem aktuellen Beispiel zu bleiben: In »Gesundheitssystem« und Wirtschaft treffen die Akteure ihre Entscheidungen nach unterschiedlichen Bewertungskriterien (in der Sach- wie der Sozialdimension). Aus der Paradoxie des übergeordneten gesellschaftlichen Systems, dass das, was ökonomisch richtig ist, im Blick auf den Lebenserhalt falsch sein kann und umgekehrt, werden zwei Subsysteme, in denen jeder Akteur (im Idealfall) ambivalenzfrei entscheiden und handeln kann: Ärzte versuchen den Regeln der Kunst entsprechend Leben zu retten, Manager versuchen Profite zu erwirtschaften (um es klischeehaft darzustellen). Die Paradoxie wird nicht aufgelöst oder entschieden oder in einer Synthese »aufgehoben«, sondern sie wird in Form eines strukturellen Konflikts auf Dauer gestellt. (Das ist besonders gut zu beobachten, wenn man Klinikleitungen, bestehend aus einem Chefarzt / einer Chefärztin, der wirtschaftlichen Geschäftsführerin / dem wirtschaftlichen Geschäftsführer und der Pflegeleiterin/dem Pflegeleiter, beobachtet und berät.)

Das Risiko solch einer Paradoxie-Entfaltung besteht darin, dass Entscheidungen blockiert sein können. Das ist dann der Moment, wo Hierarchie ins Spiel kommen kann (wahrscheinlich: muss). Ihre Funktion ist es – ich wiederhole mich, ich bin mir dessen bewusst –, »unentscheidbare Fragen« (das ist synonym zu »paradox«) zu entscheiden. Und das tut sie, wenn sie schlau ist, nicht ein für alle Mal (»Basta!«), sondern jedes Mal, wenn der strukturelle Konflikt offenbar wird, das heißt, wenn er in die Kommunikation kommt und Entscheidungskommunikation notwendig wird. In traditionellen Organisationen ist das üblicherweise die Führungsspitze (das könnte aber auch anders organisiert sein, z. B. könnten theoretisch an die Stelle von Rollen und Personen auch Regeln treten, denen sich alle gleichermaßen unterordnen), in einem Staat sind es Regierung, Parlament usw.

In der Corona-Krise haben sich die meisten Staaten bzw. ihre Regierungen zeitweise gegen die Wirtschaft und für die Gesundheit (bzw. für das, was man gemäß dem aktuell akzeptierten Stand der Wissenschaft dafür hielt) entschieden. Inzwischen entscheiden die meisten sich wieder für das Hochfahren der Wirtschaft – wohl wissend, dass die erste wie die zweite Entscheidung mit Risiken behaftet war/ist.

Hat das alles etwas mit Moral zu tun? Ich denke, an den Demonstrationen in den USA (»Black Lives Matter«) zeigt sich, dass die Politik, ob sie will oder nicht, immer (auch) durch die moralische Brille beobachtet wird von den Bürgern eines Landes. Die Tötung eines unbewaffneten Afroamerikaners durch ein Rudel von Polizisten hat einen moralischen Diskurs ausgelöst, dessen Folgen noch nicht abzuschätzen sind.

Dass es offenbar höchst unterschiedliche Maßstäbe sind, die auf der politischen Ebene und der öffentlichen Auseinandersetzung wirksam werden, wird am Beispiel Donald Trumps deutlich. Seine sexuellen Eskapaden werden von fundamentalistischen Christen offenbar (ohne mit der Wimper zu zucken?) akzeptiert, wahrscheinlich, weil er erzkonservative Richter an den Obersten Gerichtshof holt usw. Ob der Einsatz des Militärs gegen die eigene Bevölkerung (vor allem von den Militärs) hingenommen wird, muss sich erst noch zeigen. Und wie die Bevölkerung reagieren wird, wenn Trump im November seine Wahlniederlage nicht akzeptiert, sondern im Amt bleibt, steht auch in den Sternen (wahrscheinlich den von Luhmann zitierten).

Der Tod wartet nicht: Beerdigungen und der Gang zum Friedhof in Corona-Zeiten
Passauer Neue Presse, 15. Juni 2020

Forscher: Corona-Krise verschärft Konflikte weltweit
Süddeutsche Zeitung, 16. Juni 2020

New Yorkers Flattened the Curve. Now They're Dropping Their Guard.
New York Times, 16. Juni 2020

Umbruch in der Lufthansa: 2600 Flugbegleiter und 600 Piloten zu viel
FAZ, 16. Juni 2020

16 Die Existenz des Todes

von Heiko Kleve

16. Juni 2020

Die hohe Moralisierung des Corona-Diskurses soll ein weiteres Mal im Zentrum unseres Disputs stehen. Dieses Mal beziehen wir uns auf das existenziellste Thema schlechthin, auf die Frage nach Leben und Tod, das uns mit etwas konfrontiert, das Andreas Reckwitz den »Umgang mit negativen Unverfügbarkeiten«[45] nennt. »Als ›unverfügbar‹ sind generell sämtliche Ereignisse zu bezeichnen, die sich der subjektiven Kontrolle entziehen, problematisch scheinen aber solche, die in negativer, schmerzhafter Hinsicht unverfügbar bleiben« (ebd.), etwa Krankheiten und natürlich der Tod. Die moderne Gesellschaft lasse sich, so Reckwitz, »als eine Gesellschaft interpretieren, deren Ziel es ist, negative Unverfügbarkeiten zu eliminieren«. Das große Ziel am Ende wäre dann wohl die Abschaffung des Todes selbst, die Beseitigung aller Krankheiten, die Erreichung des ewigen Lebens, gewissermaßen eine post-humane Gesellschaft jenseits biologischer Limitationen.

So ist der Kampf gegen das Corona-Virus möglicherweise ein Beispiel für den Versuch, noch Unverfügbares verfügbar zu machen. Daher können wir auch an dieser Stelle eine soziale Spaltung beobachten, die moralisch aufgeladen ist sowie ethische Diskurse herausfordert. Ein Kollege aus der Beraterbranche, Wolfgang Zimmermann, wies mich in diesem Zusammenhang auf eine Beobachtung hin, die er und seine Frau, Monika Pantele-Zimmermann, im eigenen Bekannten- und Freundeskreis machten. Angesichts der sehr unterschiedlichen Bewertung bezüglich der Corona-Gefahr und der diesbezüglich politisch eingeleiteten Maßnahmen könne man, so die beiden, zwischen den »Vorsichtigen« und den »Skeptikern« unterscheiden. Die einen akzeptierten die Position der Mehrheit, dass mit extremen Interventionen wie dem Lockdown, inklusive Kontaktbeschränkungen sowie Maskenpflicht in Geschäften und öffentlichen Verkehrsmitteln, die Verbreitung des Virus verhindert werden müsse, dass es mithin unbedingt darum gehen müsse, das Leben von Menschen mit allen notwendigen Maßnahmen zu schützen. Die anderen schienen diesbezüglich weniger eindeutig positioniert zu sein; sie äußerten Zweifel, ob der beschrittene maximal-invasive Weg, der an die erste Stelle der Maßnahmen die Rettung von Leben setzt, der passende sei. Es solle zuvorderst um die Achtung der Menschenwürde gehen, wie Wolfgang Schäuble in einem Zeitungsinterview[46] meinte und damit von den Zweiflern aufgegriffen wurde.

Das Ehepaar Zimmermann sieht hier ein interessantes Muster, das es in seiner privaten und begrenzten Empirie bereits überprüft hat: Die Menschen, die dem Tod gegenüber nicht mit Ausgrenzung reagieren, die dessen »Unverfügbarkeit« annehmen, weil sie zum einen selbst bereits in lebensbedrohliche gesundheitliche Krisen geraten waren oder zum anderen im engen Familienkreis die emotional sehr bewegende Erfahrung von Sterbebegleitung machten, gehen gelassener mit der aktuellen Situation um und zeigen mehr Skepsis gegenüber dem Mainstreamnarrativ.

Mit Fritz Simon[47] können wir davon ausgehen, dass autopoietische Systeme, die von außen tendenziell unsteuerbar sind, dann eine vermeintliche Steuerbarkeit zeigen, wenn sie in ihrer Existenz bedroht sind. In solchen Situationen entscheiden sie sich für das, was von ihnen erwartet wird, wenn sie damit die eigene Existenz retten. Wenn also der Tod droht, sind wir freiwillig bereit, all das aufzugeben, was uns ansonsten wichtig ist, etwa die Freiheit, wenn wir dadurch unser Leben und das anderer Menschen sichern.

So hat uns die aktuelle Krise mit dieser Grundunterscheidung biologischer Systeme konfrontiert: mit Leben und Tod. Angesichts der

Realität dieser Unterscheidung wird vieles von dem nachvollziehbar, was wir erlebten und noch erfahren. Nur jene Menschen, die diese verbreitete Umgangsform mit dem Tod nicht (mehr) realisieren, die das Ende des Lebens nicht ausblenden, können mehr Gelassenheit gewinnen und nüchterner auf die aktuelle Situation blicken. So meint zumindest das Ehepaar Zimmermann.

Ich bin gespannt, was unsere beiden Protagonisten Steffen Roth und Fritz Simon dazu sagen. Erleben wir mit dem »Anhalten der Welt« eine Konfrontation mit dem unvermeidlichsten Ereignis überhaupt, das wir jedoch so lange wie möglich von uns wegschieben wollen, mit dem Tod? Was sagt das über unsere Gesellschaft? Sollten wir versuchen, den Tod anders zu thematisieren, nicht zuletzt deshalb, weil mehr Gelassenheit, Nüchternheit und Sachlichkeit gerade in der Bewältigung von Krisen sehr hilfreich wären?

Freiheit oder Tod

von Steffen Roth

Wie von Heiko Kleve angesprochen, hat Bundestagspräsident Schäuble Ende April mit der Aussage von sich reden gemacht, dass das Grundrecht auf Leben nicht absolut gelte und nicht alles dem Schutz des Lebens unterzuordnen sei. Schäuble hat dafür mitunter harte Kritik einstecken müssen. Zwar räumten auch seine Kritiker mit Blick auf das Abtreibungsrecht oder den einst sogenannten »finalen Rettungsschuss« bei Geiselnahmen ein, dass das Lebensrecht mitunter Einschränkungen unterliegt. »Dennoch hat das Recht auf Leben, selbst wenn es auf den ersten Blick auf einer Stufe mit anderen Grundrechten steht, einen besonderen Rang, ein sogenanntes ›Prä‹ gegenüber den anderen Freiheiten. Denn Leben ist die Voraussetzung für Freiheit« (Martin Klingst, Die Zeit, 4. Mai 2020). Für viele war damit alles Notwendige gesagt.

Die aktuell neu entfachte Diskussion über den Wert des Lebens ist dabei typisches Beispiel für die in unseren letzten Beiträgen diskutierten Probleme von Wertkommunikation und Kommunikation über Werte. Wenn Werte gelten, dann gibt es nichts zu entscheiden. Wenn dem Leben Vorrang vor Freiheit gebührt, dann ist klar, was zu tun ist. Dann ist schon entschieden. Allerdings zeigt das Beispiel auch, dass

Werte nur dann Orientierung bieten, wenn im Fall von Wertkonflikten klar ist, welcher Wert Vorrang hat. Ansonsten weicht man im Zweifelsfall oft auf dritte Werte aus, die dann als Schiedsrichter fungieren und denen man die konfligierenden Werte somit unterordnet. Das Problem ist nur, dass auch Schiedsrichterwerte in Konflikt mit anderen Werten geraten können und dann ihrerseits auf Schiedsrichter angewiesen sind. So versucht man ständig, Wertepyramiden zu bauen, und dreht sich doch nur im Kreis.

Das war im christlichen Mittelalter anders. Da war Gesellschaft entlang ultimativer religiöser Werte durchstratifiziert. Da hatte so ziemlich alles und jeder seinen Platz in einer Wertepyramide. Da musste man nur im richtigen Buch die richtige Seite aufschlagen. Der Interpretationsspielraum war überschaubar. Das Meiste verstand sich von selbst, egal ob geschrieben oder ungeschrieben. Erst die vermaledeite Moderne hat uns die vormals unsäglichen Wertediskurse beschert.

Nun hat die Corona-Krise in Form des Lebens wieder einen durchaus aussichtsreichen Kandidaten für einen Letztwert in Stellung gebracht. Im Angesicht des Todes, schreibt Heiko Kleve, scheinen wir bereit, »all das aufzugeben, was uns ansonsten wichtig ist, etwa die Freiheit, wenn wir dadurch unser Leben und das anderer Menschen sichern«.

Tatsächlich hat man uns in dieser Krise den Tod mit seit Langem beispielloser Wucht vors Angesicht geführt, etwa in Form des »COVID-19 Dashboard by the Center for Systems Science and Engineering (CSSE) at Johns Hopkins University (JHU)« (siehe Abbildung).

Mit Blick auf die »Body Count«-Konsole der Johns Hopkins University wird sichtbar, dass es ein Interesse gibt, etwas sichtbar zu machen, das sonst aller Wahrscheinlichkeit nach im Statistischen verborgen geblieben wäre. Sichtbar will man dabei auch Gefühle auslösen. So werden Corona-Tote zu immer dickeren blutroten Punkten aggregiert, bis das Bild eines von Einschusslöchern übersäten, blutüberströmten Planeten entsteht.

Wir haben es hier demnach mit einer recht martialischen Inszenierung von im Grunde wenig außergewöhnlichen Sterbefällen zu tun. Hendrik Streeck etwa ließ sich in der Welt (11.06.2020) zitieren: »Ich glaube auch weiterhin nicht, dass wir am Ende des Jahres in Deutschland mehr Todesfälle als in anderen Jahren gehabt haben werden«, sagte der Bonner Mediziner und wies auf das Durchschnittsalter der Pandemie-Toten von 81 hin, das eher »oberhalb der durchschnittlichen Lebenserwartung« liege. Mancher, den COVID-19 in Deutschland verschone, sterbe stattdessen »an einem anderen Virus oder Bakterium«. Die Zahlen des Statistischen Bundesamts scheinen ihm Recht zu geben. Gleichwohl hat das Spiel mit der »Body Count«-Konsole seine Wirkung nicht verfehlt und dabei insbesondere die (Einwohner von) Wohlfahrtsstaaten nicht nur intellektuell erpressbar gemacht. Wie man gerade hautnah erleben kann, darf ein Wohlfahrtsstaat alles, aber auch wirklich alles, nur nicht wegsehen, wenn jemand seine Hilfe brauchen kann. Und genau das kann er nun nicht mehr, weil uns die epidemiologisch eigentlich wenig bemerkenswerten Zahlen nun rot auf schwarz ins gesellschaftliche Gedächtnis gebrannt sind.

Entsprechend prominent ist dann die Idee, dass dem Schutz von Leben alle anderen Werte unterzuordnen sind. Dabei stellt sich allerdings die Frage, ob wir hier vom Menschenrecht auf Leben sprechen oder doch schon von einem posthumanistischen Recht auf Lebensverlängerung. Zweifellos sind wir gut beraten, das Recht auf Leben im Sinne des Schutzes vor aktiver Herbeiführung des Todes zu verteidigen, auch wenn wir bei Ungeborenen und Terroristen dabei mitunter weniger streng sind. Aber der Gedanke, dass ein Mensch auch weit jenseits der durchschnittlichen Lebenserwartung ein Recht darauf hat, eine tödliche Krankheit wie Krebs, die Grippe oder nun auch

COVID-19 zu überleben, der wäre uns vor wenigen Monaten noch reichlich seltsam erschienen. Ein Recht, eine – aber warum dann nicht jede? – tödliche Gefahr zu überleben, wo stand das früher geschrieben?

Vom Wert des *Lebens* auf ein Recht auf das *Überleben* einer Krankheit oder einer natürlichen Lebensspanne zu schließen, ist daher aus mancherlei Sicht problematisch. Erstens sind Werte und Rechte nur lose gekoppelt. Zweitens wird so ein naturwissenschaftlich fundiertes Recht auf Übernatürlichkeit herbeifantasiert. Drittens lassen sich so nicht nur Impfimperative, sondern mittelfristig auch verpflichtende Eingriffe ins Erbgut von geborenen und ungeborenen Personen legitimieren (und spätestens an dieser Stelle sollten politische Ökologen ihre Allianz mit der neuen Normalität noch einmal überdenken). Viertens wird die Idee auf ein Recht auf Lebenszeitmaximierung dann besonders problematisch, wenn sie – wie nun geschehen – auf eine Weise umgesetzt wird, die die Lebenszeitmaximierungschancen künftiger Generationen reduzieren kann.

Denn tatsächlich werden die angeblichen Lebensverlängerungsmaßnahmen von Maske bis Lockdown einschließlich Wirtschaftsschrumpfung aktuell über Schulden finanziert. Insofern ist der Gedanke, dass Menschenleben wichtiger sind als eine funktionierende Wirtschaft nur dann fromm, wenn er via Verschuldung nicht letztlich doch verstanden werden muss als »das Leben der Alten der Gegenwart ist wichtiger als das Leben der Alten der Zukunft«. Just diese Message steht aber im Raum, zumal der *Double Bind* perfekt ist: Zum einen geht man davon aus, dass es zwei Generationen brauchen wird, um den von der aktuellen Krise ausgelösten finanziellen Schaden zu kompensieren. Zum anderen wird diesen Generationen ideologisch per Klimakatastrophendiskurs und Postwachstumserwartungen aber auch die Möglichkeit verbaut, ohne Schuldgefühle an ein entsprechendes Wirtschaftswachstum zu glauben, verbietet sich der Gedanke an ein Decoupling von Wirtschaftswachstum und CO2-Ausstoß der politökologischen Orthodoxie zufolge doch strengstens. Wenn diese Generationen es ihren Vorgängern also nicht gleichtun und ihre Schulden einfach weiterreichen wollen, dann bleibt ihnen in einer idealen politökologischen Neunormalität nichts anderes übrig, als die eigenen Lebenserwartungen zu drosseln und somit den Wert des eigenen Lebens in Geld, Zeit und vielem mehr als niedriger anzusetzen als den Wert des Lebens ihrer Eltern und Großeltern.

Die Ironie der Geschichte will es nun, dass all das nicht nötig gewesen wäre. So ließ selbst die WHO am 08.06.2020 vermelden, dass die asymptomatische Verbreitung des Coronavirus »very rare« sei. Auch wenn die WHO tags darauf aus Angst vor so viel Courage wieder zurückgerudert ist, setzt sich der Zweifel an der Notwendigkeit der Maßnahmen von Tag zu Tag tiefer, auch wenn er sich im aktuellen Diskursklima noch nicht vollständig unbehelligt ausdrücken kann.

In Europa ist eine alternde Gesellschaft aus Todesangst in eine neue Normalität gestolpert, in der man sich von der Welt und ihren Märkten abwendet, während bei jedem Small Talk übers Wetter Weltuntergangsstimmung mitschwingt und selbst die eigenen Enkel ein Gesundheitsrisiko sind. All das lässt tief blicken und wenig hoffen, denn an der Spitze einer solchen neunormalen Wertepyramide steht vermutlich wenig mehr als blanke Angst, die auf ein Vakuum verweist, das durch regelmäßige Pauschal- oder Erlebnisausflüge in ostasiatische Geisteswelten offenbar nicht nachhaltig gefüllt worden ist. Die Frage gar, für welche Werte wir bereit wären zu sterben, stellt ohnehin keiner mehr. Verständnisloses Kopfschütteln. Freiheit oder Tod war vorgestern.

Von Altersweisheit ist heute wenig Spur. Doch wenn die Alten dem Tod nicht ins Auge schauen können (und das auch den Jungen verbieten), dann ist gänzlich unklar, für welche Werte die Alten stehen oder inwiefern man sich an ihrem Leben sonst ein Beispiel nehmen kann. Insofern steht wohl weniger die nächste Runde in irgendeinem antiquierten Wertediskurs als vielmehr ein baldiger Generationenwechsel an.

Spiel mir das Lied vom Tod

von Fritz B. Simon

Um das gleich an den Anfang zu setzen: Ich stimme weder den Vorannahmen Heiko Kleves, noch den Beobachtungen und Deutungen des Ehepaars Zimmermann und schon gar nicht den Ausführungen Steffen Roths zu. Fange ich der zeitlichen Reihenfolge gehorchend mit Heiko Kleves Argumenten an. Allen gemeinsam ist ja, dass sie mit dem Tod spielen ...

Er will die staatlichen Aktionen angesichts der Corona-Pandemie (auch wenn er das nicht explizit so formuliert) als Maßnahmen einer »Gesellschaft interpretieren, deren Ziel es ist, negative Unverfügbarkeiten zu eliminieren«. Und mit diesen Unverfügbarkeiten meint er den Tod. Nun will ich mich hier nicht näher mit den Ideen von Andreas Reckwitz auseinandersetzen, sondern mit der Frage, ob der Lockdown, die Maskenpflicht und die Abstandsregeln (usw.) tatsächlich von der Idee getragen sein könnten, den Tod abzuschaffen.

Das scheint mir doch sehr an den Haaren herbeigezogen. Denn – und das ist ein Argument, das meines Erachtens auch zu einigen der Punkte der Zimmermanns und Steffen Roths kritisch anzumerken ist – es geht bei all den Corona-Einschränkungen nicht um die Vermeidung des individuellen Tods »an sich«, sondern um die Vermeidung eines kollektiven Geschehens, nämlich der Ausbreitung einer Seuche. Es geht, um es krass zu formulieren, um Statistik. Mir scheint wichtig, zwei Systemrationalitäten auseinanderzuhalten: Was ist für das Individuum und dessen Wohl und Wehe, sein Überleben, seinen Tod bzw. dessen Vermeidung ein rationales Verhalten? Versus: Was ist für eine größere soziale Einheit – im Falle von Corona war und ist es der Nationalstaat (hätte aber auch Europa sein können bzw. müssen) – und ihr Wohl und Wehe usw. ein rationales Verhalten?

Wohl jeder hat inzwischen mitbekommen, dass das Tragen der Masken aller Wahrscheinlichkeit nach den Einzelnen nicht vor einer Infektion schützt, sondern der Maskenträger andere vor Ansteckung schützt. Analoges gilt für die Abstands-, Besuchs-, Usw.-Regeln. Diejenigen, die – wie exemplarisch in all seiner Idiotie Donald Trump – ihre »Stärke« und »Unverwundbarkeit« zeigen wollen, indem sie keine Maske tragen, haben irgendwie den Schuss nicht gehört und nicht mitbekommen, worum es geht.

Wie schon mehrfach angemerkt, diese Maßnahmen der Seuchenbekämpfung sind schon seit dem Mittelalter und wahrscheinlich auch davor angewandt worden – und haben sich alles in allem bewährt. Die Einschränkung der individuellen Freiheit diente nie der Vermeidung des individuellen Todes (das höchstens als intendierte »Nebenwirkung«), sondern der Seuchenbekämpfung und der Prophylaxe der Weiterverbreitung. Und es war kein Zeichen dafür, dass »Unverfügbares« bekämpft wurde, sondern eine pragmatisch bewährte Methode, d. h. der Rückgriff auf Verfügbares.

Ich habe ja schon seit Beginn unserer Diskussionen hier das Problem, dass immer wieder die Systemebenen und logischen Typen der Begriffe nicht auseinandergehalten werden. Auch dies scheint mir ein Beispiel dafür: Der individuelle Tod ist unvermeidbar (gehört in den Bereich der »Unverfügbarkeit«), Massensterben in einer Seuche ist vermeidbar (gehört in den Bereich der »Verfügbarkeit«). Und das hat meines Erachtens nichts mit posthumaner Gesellschaft zu tun, sondern mit humaner Gesellschaft bzw. kollektiver Intelligenz und Erfahrungswissen.

Um zu den Beobachtungen des Ehepaars Zimmermann zu kommen: Mag sein, dass Menschen, die bereits mit dem Tod konfrontiert waren, gelassener mit dem Tod umgehen. Aber, und damit komme ich erneut zum Unterschied zwischen individuellem Tod und potenziellem Massensterben, es geht nicht (oder nur auch, aber nicht primär) um das eigene Sterben bei all den Maßnahmen, die in letzter Zeit getroffen wurden. Es war wahrscheinlich für viele Individuen – vor allem für alle Selbstständigen, z. B. Berater, Friseure, Masseure oder alle anderen Berufsgruppen, die ihren Lebensunterhalt in der Face-to-Face-Interaktion verdienen – vollkommen irrational, was da von ihnen verlangt wurde. Aber es war auf einer anderen Systemebene rational. Denn wenn Herr Streeck meint, dass wir am Ende des Jahres wahrscheinlich keine Übersterblichkeit haben werden, so kann das wohl als Erfolg gewertet werden. Denn in anderen Gegenden der Welt (New York, Lombardei, England, Brasilien ...) zeigen jetzt schon alle Daten, dass dort am Ende des Jahres eine gewaltige Übersterblichkeit festzustellen sein wird.

Noch einmal zu den von Steffen Roth so geliebten Werten, die angeblich Entscheidungen verhindern. Dass ich »Werte« für ein problematisches Konzept halte (schon, weil im Allgemeinen weder die Innenseite noch die Außenseite des jeweiligen »Wertes« so definiert wird, dass seine Realisierung interpersonell beobachtbar würde), habe ich schon betont. Am pragmatisch nützlichsten scheint mir eine Definition von Wert, die Gregory Bateson in seinem mit Jürgen Ruesch verfassten Buch »Kommunikation. Die soziale Matrix der Psychiatrie« gegeben hat.[48] Ein Wert ist demnach ein »Reiz-Reaktions-Muster«. Diese Definition finde ich so nützlich, weil sie nicht in abstrakte Höhe (mit all dem Sonntagsreden-Geschwurbel) führt, sondern auf die konkrete Handlungsebene verweist. Wenn also die Frage »Tod oder Leben?« als Wertfrage verstanden wird, so muss sie auf die konkrete

Ebene übersetzt lauten: Wessen Tod oder wessen Leben? Und da im hier diskutierten Fall (Corona) das Infektionsrisiko der Reiz ist, stellt sich die Frage nach der Reaktion. Was tun? Und wenn wir das so betrachten, dann sind wir wieder bei der Frage, wie diese Reaktionen bewertet werden: gesundheitlich, ökonomisch, ethisch, politisch usw.

Steffen Roth hat darauf hingewiesen, dass es keine absoluten Wertpyramiden mehr gibt. Wir leben in einer Welt verwickelter Hierarchien, in denen wir immer wieder mit pragmatischen Paradoxien konfrontiert sind, d. h. immer wieder aufs Neue bei gegebenen »Reizen« (Problemen, Gefahren, Konflikten usw., ganz allgemein: Situationen) über die konkreten Reaktionen zu entscheiden haben.

All das wäre der permanente Double Bind, wenn wir nicht darüber kommunizieren könnten. Aber das können wir ja – das tun wir hier ja gerade. Und da wir darüber kommunizieren können, werden wir auch nicht verrückt, sondern können entscheiden. »Wir« heißt in diesem Falle: das politische System (womit wir wieder zum Anfang unserer Diskussionen kommen).

Geht es um Freiheit? Um die Freiheit des Einzelnen? Ja, irgendwie schon. Aber das ist nichts Besonderes. Denn unsere individuelle Freiheit ist 24 Stunden am Tag eingeschränkt. Wir dürfen nicht in Gegenrichtung auf der Autobahn fahren, nicht in Restaurants oder im Theater und Kino rauchen, nicht unsere Kinder verprügeln, nicht fremdes Eigentum in Besitz nehmen (»stehlen«) und dies nicht und jenes nicht ... All dies schreiben uns Spielregeln vor, denen wir uns unterordnen – nicht weil sie unser individuelles Leben verbessern (obwohl unser Leben – wie beim Tragen einer Maske – vielleicht auch besser geschützt ist, wenn wir die Autobahn in der vorgeschriebenen Richtung befahren), sondern weil sie die kollektive Sicherheit erhöhen.

Wer sich hier angesichts der Corona-Maßnahmen und Einschränkungen laut um die individuelle Freiheit sorgt, der sollte sich meines Erachtens schnell zur nächsten Hysterie-Olympiade anmelden. Und diejenigen, die im Lockdown ein Problem des Umgangs mit dem Tod sehen (ein Problem, das m.E. in unserer Gesellschaft tatsächlich nicht zu leugnen ist), die seien daran erinnert, dass wahrscheinlich in Zukunft niemand auf dem Sterbebett sagen wird: »Ich hätte damals früher ins Büro gehen sollen!«

Forscher: Lokale Corona-Ausbrüche werden die neue Normalität
Der Nordschleswiger, 17. Juni 2020

Sehnsucht nach Normalität
Sächsische Zeitung, 17. Juni 2020

Berge, Meere, Virus. In den großen Ferien scheint vieles wieder möglich zu sein. Die Verantwortung liegt jetzt bei den Urlaubern
Die Zeit, 18. Juni 2020

Diese Vorschriften gelten auf Mallorca in der »Neuen Normalität«
Mallorca-Magazin, 19. Juni 2020

A Tidal Wave of Bankruptcies Is Coming
New York Times, 19. Juni 2020

Neue Corona-Ausbrüche : Warum Peking und Berlin so unterschiedlich reagieren
FAZ, 19. Juni 2020

17 Die »neue Normalität« der Systeme

von Heiko Kleve

19. Juni 2020

Hat sich die Gesellschaft von Differenz auf Identität umgestellt? Diese Frage kommt mir zumindest dann in den Sinn, wenn ich auf die sogenannte neue Normalität blicke. Diese ist davon gekennzeichnet, dass offenbar die psychischen und sozialen Systeme hinsichtlich ihrer entweder gedanklichen (Psyche) oder kommunikativen (Gesellschaft) Aufmerksamkeit auf ein Phänomen ausgerichtet sind: auf die Gefahr der Ansteckung mit dem Corona-Virus. Auch wenn allmählich die Kontaktbeschränkungen aufgehoben werden, das Tragen von Masken in Geschäften und im öffentlichen Nahverkehr jedoch bleibt bisher als Pflicht bestehen. So ist uns anhaltend präsent, dass die Welt eine andere geworden ist. Wenn wir die Maske nicht tragen, dann riskieren wir, darauf angesprochen zu werden, als unsolidarisch, nicht einsichtig zu gelten oder eben tatsächlich eine Ansteckung zu befördern – obwohl Letzteres aufgrund der geringen Infektionszahlen derzeit unwahrscheinlich ist.

Trotz dieser Unwahrscheinlichkeit der realen Ansteckung mit dem Virus erfüllen die Masken als Symbol der »neuen Normalität« mehrere Funktionen: Sie sind das offensichtliche Indiz dafür, dass etwas anders geworden ist. Dieses Andersein brennt sich in die Gedanken ein, die von Kontext- zu Kontextwechsel die Frage psychisch wahrnehmbar werden lassen, ob nun eine Maske zu tragen ist oder ob dies unterbleiben kann. Damit sind wir in einer paradoxen Situation: Wir sind uns gleichzeitig sehr nah und ausgesprochen fern. Auch wenn wir unsere Gedanken nicht gegenseitig lesen können, so können wir wohl davon ausgehen, dass die Menschen um uns herum, die mit Masken durch die Geschäfte laufen, mit diesem Schutz in Trams und Bussen sitzen, ihre Aufmerksamkeit in ähnlicher Weise auf Corona ausrichten wie wir selbst. Harmut Rosa bringt dies auf den Punkt, wenn er von »gebündelte[r] Aufmerksamkeit« oder von »joined attention« spricht,[49] »die acht Milliarden Menschen auf das Virus richten« und die »historisch einzigartig« ist. Wie unter einer Glocke von Mehltau, der unsere Selbstwirksamkeit untergrabe, scheine die soziale Energie gelähmt zu sein.

Angesichts der soziologischen Systemtheorie, die die grundsätzlichen Differenzen von biologischen, psychischen und sozialen Systemen beschreibt, deren operationale Abgrenzungen und Strukturdeterminationen, die sich äußeren Steuerungsansinnen widersetzen, betont, erstaunt mich jedenfalls der aktuelle gesellschaftliche Zustand. Sind wir als Systemtheoretiker eher blind für biopsychosoziale Prozesse der extrem engen Verkoppelung von organismischen, psychischen und sozialen Operationen? Unterschätzen wir die Möglichkeit, dass sich biologische Lebensvollzüge, individuelle Denkprozesse und soziale Kommunikationen in einer Weise koevolutionär zueinander verhalten, dass eher Identität als Differenz sichtbar ist?

Angesichts der systemischen Differenzierung von Organismen, Psychen und Sozialsystemen sowie der funktionalen Multiplizierung gesellschaftlicher Perspektiven bin ich davon ausgegangen, dass die Gesellschaft und damit die an ihr orientierten Menschen nicht (mehr) auf Linie gebracht werden können. Genau dies ist jedoch offenbar passiert. Wenn wir nun – ganz im Sinne der Fragerichtung der Systemtheorie – davon ausgehen, dass ein solcher Zustand eigentlich unwahrscheinlich ist, was hat ihn dann in der aktuellen Situation tendenziell bewirkt? Ist es die existenzielle Differenz, die wir bereits im letzten Beitrag adressiert haben, die Frage von Leben und Tod, der angstvolle Umgang mit diesem (zumindest individuell) Unverfügbaren?

The Newnormers

von Steffen Roth

Wir haben alle unsere Meinungen. Manche davon mögen sich in unseren letzten Beiträgen abgezeichnet haben, worauf etwa Günter Lierschof in seinem externen Kommentar[50] zum »Anhalten der Welt« abstellt. Seine Einschätzung ist nicht gänzlich unzutreffend, gleichwohl sich der Hinweis gestattet, dass auf Bühnen Rollen gespielt werden. Auch ist der »Wirtschaftler« studierter, promovierter und habilitierter Soziologe und der »Arzt« nicht nur auch studierter Soziologe, sondern zudem ehemaliger Inhaber eines Lehrstuhls für Führung und Organisation. Die Dinge liegen also etwas komplizierter.

Wohltuend ist dennoch, dass Günter Lierschof unsere Auseinandersetzung zu den Themenkreisen Moral, Pandemie und Tod funktional kontextualisiert, statt sie wie sonst üblich zu moralisieren. Interessant auch sein Hinweis, dass Pandemien nun keine »kleinen grauen Entchen« mehr sind, sondern gleichermaßen Existenzbeweis wie potenzielles Dauerthema einer nun umso gegenwärtigeren Weltgesellschaft.

Günter Lierschof beschreibt die Pandemie damit als einen globalen Medieneffekt, der weit über die unmittelbare Schockwelle hinaus Resonanz haben könnte. Seit Wochen schon zeichnet es sich in den Massenmedien ab: Dieses Pandemie-Spiel erhebt Anspruch auf Dauerzustand. Zum 16.06.2020, Stand: 11:57 Uhr, meldete Peking wieder Schulschließungen und Reisebeschränkungen, und das angesichts von 106 Neuinfektionen gerechnet auf die Einwohnerzahl von ganz Skandinavien. Bis vor Kurzem waren solche Zahlen ein Sack Reis in China. Heute informieren sie politische Entscheidungen weltweit. Zwei neue Fälle nach drei Wochen ohne gelten in Neuseeland am 17.06.2020 schon als inakzeptabler Systemfehler. Klar, dass man dort nun einen Militärführer mit der Aufsicht von Einreisequarantäne und Isolationseinrichtungen betraut.

Nun dürften sich die Geister scheiden, ob wir jetzt und in Zukunft bei jedem – zumal als Infektion wohlgemerkt nur potenziellen – Ereignis, das lokal eine Person von 200.000 oder zwei von 5.000.000 betrifft, weltweit hellhörig werden müssen. Klar dürfte uns allen aber sein, dass wir bei einem derartigen Nervositätsniveau nicht mehr aus dem Spiel rauskommen werden, denn, selbst wenn ein Ende in Sicht wäre: Nach dem Spiel ist vor dem Spiel. Die nächste Pandemie kommt bestimmt. Notfalls tut es auch eine stärkere Grippewelle mit einem neuen Strang von Viren; oder man argumentiert eben nicht populations-, sondern politökologisch, denn was man aus der aktuellen Pandemie für den Kampf gegen die Erderwärmung lernen kann, das pfeifen die Spatzen schon lange von allen Dächern.

Insofern beobachte ich mit Heiko Kleve aktuell tatsächlich eine gewisse Tendenz zur Isolations- bzw. Einheitsrhetorik, dies aber vor allem in den Massenmedien, deren nahezu weltweite Gleichschaltung nur dann nicht verblüfft, wenn man sich vergegenwärtigt, dass dahinter ein ganz unverblümt erklärter politischer Wille zur flutartigen Gesundheitspropaganda stand und – leicht abebbend – durchaus noch steht. Ob der Zweck die Mittel nachhaltig geheiligt haben wird, das wird sich zeigen, nicht zuletzt etwa, wenn Finanzierungsfragen auf- und abgearbeitet sind: Hat der Steuerzahler die Überschwemmung der Pressefreiheit bezahlt, oder kam das Geld aus anderer Quelle?

Mit Blick auf die sich inzwischen wieder leicht normalisierende Medienlandschaft zeigt sich aber auch, dass der offiziell propagierte »Letztwert« des Lebens samt flankierender lebensverlängernder Maßnahmen inzwischen ernst zu nehmende Konkurrenz bekommen hat durch andere sprichwörtliche »Gegenwerte« wie Antirassismus. Wer gegen das Herunterfahren der Wirtschaft oder für bürgerliche Freiheiten auf die Straße ging, der war schnell Zyniker oder Verschwörungstheoretiker. Wenn es aber um Antirassismus geht, dann gilt: »Der Staat setzt in Beizen und Läden strenge Vorschriften durch, toleriert aber gleichzeitig grosse, illegale Kundgebungen« (NZZ vom 16.06.2020). In diesem Sinne hat sich die Diversität inzwischen lautstark zurückgemeldet, zumindest auf Ebene der wertdiskursiven Wolkenschieberei.

Insofern ist alles dem Augenschein nach schon fast wieder beim Alten, und auch funktional betrachtet kam das »neue Normal« von Anfang an recht altbacken daher. Damit sind nicht nur die mittelalterlichen Maßnahmen zur Pandemie-Bekämpfung angesprochen, sondern auch die vielen Visionen einer neunormalen Zeit mit und nach unserem neuen Lieblingsvirus. In der Tat beschränkte sich das Meiste, was in den ja ohnehin gut eingestellten Massenmedien zu hören war, auf bestenfalls nur 50 Jahre alte Ideen zum Schutz von Nationalstaaten, Nationalökonomien und anderen mehr oder weniger willkürlich definierten Ökosystemen.

Dabei ähnelt unser Umgang mit der Pandemie unserem Umgang mit dem technologischen Wandel, den sie angeblich beflügelt. In der Tat beschränkt sich auch unsere Vorstellung von Digitalisierung im Moment vornehmlich darauf, digitale Technologien für all die altvertrauten Dinge einzusetzen, die wir bereits vor Beginn der digitalen Transformation getan haben: Musik, Telekommunikation, Literaturrecherche, Buchführung, Massenüberwachung. Bei all dem führt die Digitalisierung aktuell selten zu mehr als mehr vom selben. Hand aufs Herz: Wer von uns denkt schon wie ein Computer (der bis weit ins 20. Jahrhundert hinein nahezu immer aus Fleisch und Blut war)?

So, wie wir aktuell kaum mehr als analoge Theorien über digitale Gesellschaften entwickeln[51], so kolportieren wir gerade unsere altnormalen Vorstellungen von einer neuen Normalität, auf die sich vor allem Natur- und Nationalstaatsschützer sowie Pharmalobbyisten zu freuen scheinen, während anderen nichts Gutes schwant.

Die Wahrheit aber ist, dass wir im Moment nicht viel wissen über das, was die Corona-Krise mit uns angestellt haben wird.

Vielleicht verbuchen wir eines schönen Tages alles als unglaublich kostspieligen Sturm im Wasserglas, und das einzig Neunormale wird sein, dass wir uns in Zukunft nicht nur über Pandemie-Maßnahmen und Herdenimmunitäten die Köpfe heiß reden, sondern auch mit kühlem Kopf überlegen, wie wir angesichts globaler Herdeneffekte und Massenpaniken Puffer in Stellung bringen können, die uns Handlungsoptionen eröffnen, statt uns abzuschotten. Diese Frage steht auch unabhängig von unserer jeweiligen Einschätzung der aktuellen Krise im Raum.

Vielleicht erleben wir aktuell aber auch tatsächlich einen tiefer gehenden Kulturwandel, von dem wir nicht viel verstehen, weil wir alle mittendrin statt nur dabei sind. Für diesen Fall geht aktuell ein ethnologisches Forschungs-Start-up an den Markt, das kein Geld verdienen, sondern Wissen generieren will. Das Projekt heißt Newnormers (newnormers.com), wobei der Begriff als leerer Bedeutungsträger den im Entstehen begriffenen Stamm jener bezeichnet, die sich bereitwillig an die wie auch immer geartete neue Normalität anpassen oder diese sogar ausdrücklich begrüßen.

Wenn es funktioniert, dann liefert das Projekt nicht nur Einsichten in eine aktuelle gesellschaftliche Entwicklung, sondern stellt Pandemie-Skeptikern auch eine goldene Brücke in eine möglicherweise unvermeidliche neue Normalität bereit. Auch wenn die beteiligten Ethnografen der neuen Normalität letztlich »native« gehen sollten, entstünde so immerhin eine kollektive Autoethnografie der Übergangszeit.

In diesem Sinne würde ich mich freuen, wenn wir uns angesichts des »Anhaltens der Welt« wieder verstärkt der Frage zuwenden könnten, wie wir mehr über die aktuelle Situation erfahren können, statt uns mehr oder weniger selbstgefällig darüber zu verständigen, dass wir das Entscheidende immer im Blick und das Wesentliche immer schon gewusst haben.

Ziemlich alte Normalität

von Fritz B. Simon

Ob sich die Gesellschaft von Differenz auf Identität umgestellt hat, fragt sich (und uns) Heiko Kleve in seiner heutigen Themensetzung. Meine Antwort lautet: Nein. Denn Differenz und Identität sind ja nicht zu entkoppeln. Identität bedarf (als Innenseite einer Unterscheidung) der Differenz (zur Außenseite der Unterscheidung), das heißt, man bekommt sie nur im Paket. Allerdings, und da ist die gegenwärtige Krise aus systemtheoretischer Sicht interessant: Identität und Differenz sind ja – wie früher schon die hier diskutierte Moral – inhaltsfreie Begriffe, die erst, wenn sie mit konkreten Inhalten gefüllt werden, ihre Bedeutung – zumindest für konkrete soziale Systeme – gewinnen. Und da sind tatsächlich gewisse Änderungen zu beobachten.

Heiko Kleve weist darauf hin, dass die Aufmerksamkeit von acht Milliarden Menschen auf das Virus gerichtet ist, und Steffen Roth spricht in der Hinsicht von der Gleichschaltung der Medien. Das ist auch aus meiner Perspektive ein neues und bemerkenswertes Phänomen. Wenn man bedenkt, dass die Fokussierung der Aufmerksamkeit die *einzige* Möglichkeit ist, soziale Systeme zu steuern, dann ist klar, dass dies nicht ohne gravierende Wirkungen bleibt/geblieben ist. Dass es der Rosa Mehltau ist, denke ich allerdings nicht … Denn, wo immer man hinschaut (außer vielleicht in Altenheime, aber womöglich auch da), überall ist eine geschäftige Hektik zu beobachten. Die Theaterleute, Künstler, Kulturschaffende aller Art, Universitäten, Organisations- und Unternehmensberater, Psychotherapeuten, Verlage (um nur diejenigen zu nennen, mit denen ich in dieser Zeit persönlich Kontakt habe und hatte), füllen das Internet mit Videos, Podcasts, organisieren Zoom-Konferenzen usw. (und wir drei hätten uns sicher auch nicht zu solch einem aufwendigen Unternehmen zusammengefunden, wenn sich der Mehltau über uns gelegt hätte, also: Quatsch, Herr Rosa). Sogar die EU hat sich aufgerafft, sich Gedanken über eine bessere Zusammenarbeit in den europäischen Gesundheitssystemen – die bislang rein nationale Angelegenheiten waren – zu machen, sowie andere, solidarischere, Finanzierungsmöglichkeiten (vergemeinschaftete Schulden) eröffnet. Und manche nationale Regierung hat ihre geheiligten Prinzipien aufgegeben (»Schwarze Null« – da der Finanzminister Sozialdemokrat ist, fühlt er sich wahrscheinlich damit jetzt weniger denn je gemeint). Also überall gewisse Vorher-nachher-Differenzen.

Wenn wir davon ausgehen, dass Identität zum einen durch die Innenseite, zum anderen durch die Außenseite einer Unterscheidung definiert wird, dann scheint im Moment (d. h., es dürfte ein vorübergehendes Phänomen sein) der Fokus der Aufmerksamkeit auf die Außenseite gerichtet zu sein: die biologische Umwelt der Weltgesellschaft wie auch jeder einzelnen Nation, Region, Gemeinde, jedes Wohnblocks, jeder Fleischfabrik usw. Die Tatsache, dass Menschen einen fragilen, krankheitsanfälligen und sterblichen Körper besitzen, ist nicht wirklich neu oder überraschend. Das hatten sie ja schon immer, aber jetzt scheinen alle gleichzeitig bedroht. Das ist es, was Gemeinschaft und Identität stiftet. Nichts hat so starke integrierende Wirkung für ein soziales System wie ein Außenfeind. Nur, dass es jetzt nicht »die Franzosen« sind, die benutzt werden, um »den Deutschen« eine nationale Identität zu verschaffen, und nicht »der Weltkommunismus«, um die Integration der BRD in »den Westen« und die entsprechende »westliche« Identität ihrer Bürger zu befördern, sondern es handelt sich jetzt um eine biologische Umwelt: den menschlichen Organismus (Kollektivsingular), dessen Fragilität bzw. dessen feindliche Übernahme durch ein Virus die »Normalität« sozialer Verhältnisse bedroht. Die Rhetorik ist dieselbe: Wir haben es zu tun mit einem »invisible enemy« (Trump), es wird ein »Krieg« gegen das Virus geführt (Macron).

Diese Metaphorik ist natürlich nicht angemessen, wenn man sich mal ein wenig genauer mit der Systemtheorie des Krieges beschäftigt (siehe »Tödliche Konflikte«)[52], und deshalb ist auch nicht zu erwarten, dass das, was in der Menschheitsgeschichte oft der Fall war, auch jetzt geschieht: dass sich die gesellschaftlichen Verhältnisse radikal verändern.

Es werden keine bestehenden Staaten aufgelöst oder neue gebildet, es gibt keine territorialen Veränderungen, keine politischen Zeitenwenden oder Revolutionen, ja, aller Wahrscheinlichkeit nach wird, sobald ein Impfstoff gefunden wurde, alles wieder seinen alten – sehr alten – Gang gehen. Das heißt aber, bezogen auf die Frage Identität oder Differenz, dass all die Differenzen jenseits der Unterscheidung Mensch – Natur weiter bestehen bleiben, ja, sie sind sogar in der Lage, inzwischen mehr Aufmerksamkeit auf sich zu ziehen als das Virus. Seit der weltweiten »Black Lives Matter«-Demonstrationen beherrscht nicht mehr das Virus die Massenmedien. Sogar bei CNN ist nur noch selten die rechte Seite des Bildschirms (vom Zuschauer aus gesehen) gleichzeitig von den offenbar wichtigsten statistischen Größen besetzt: Gesamtzahl der weltweit nachgewiesenen Corona-Fälle, Gesamtzahl der weltweit nachgewiesenen Corona-Todesfälle, US-Corona-Fälle und -Tote, Dow-Jones-Index (interessanterweise steigen die Zahlen der US-Toten in ähnlichem Maße wie der Dow Jones Index). Statt dieser Hitparaden werden zunehmend Videos von weißen Polizisten gezeigt, die ihre schwarzen Mitbürger umbringen. Dies mag als Beweis dafür dienen, dass keineswegs auf Identität umgestellt worden ist, sondern Differenz immer noch zentral ist (eine Einschätzung, die offenbar sogar das Virus teilt).

Seit der Lockdown in vielen Gegenden der Welt beendet ist, scheint alles wieder normal. Alt normal. Es mag ein paar kleine Veränderungen auf individueller Ebene geben, die auch gesellschaftlich relevant werden könnten. Der eine oder andere hat gemerkt, dass ein Wochenende auch ohne den Kurztrip nach Barcelona reizvoll sein kann; dass der durch die vorübergehende Unsicherheit begründete Konsumverzicht eigentlich ziemlich gut auszuhalten war; dass der samstägliche Einkauf in der Fußgängerzone mehr Qual als Vergnügen war; dass der Video-Kontakt zu »seinen Lieben« weniger stressig ist, als sie um den sonntäglichen Kaffeetisch zu versammeln, usw.

Und auf politischer Ebene könnte es (bedauerlicherweise) dazu kommen, dass die Verantwortlichen fragen, ob man Theater und Konzerte wirklich braucht, wo man so lange auch ohne sie ausgekommen ist, angesichts der gefühlten Notwendigkeit, Schulden abzubauen (was natürlich eine volkswirtschaftliche Idiotie ist).

Sobald ein Impfstoff verfügbar ist – und es ist wohl noch nie so viel Geld in die Entwicklung eines Impfstoffs investiert worden, sodass die Wahrscheinlichkeit groß ist, in absehbarer Zeit über einen zu verfügen – dürfte die »neue Normalität« zwar nicht mehr ganz die »alte« sein, aber die war sie ja auch nie ...

Gibt es eine Lockdown-Nostalgie?
Süddeutsche Zeitung, 22. Juni 2020

Wirtschaft und Menschenrechte: EU will Druck auf China erhöhen
Bild, 22. Juni 2020

Der Fußball muss auch nach Corona über seine Finanzen sprechen
Tagesspiegel, 23. Juni 2020

Öffnung für Drittstaaten: EU erwägt, Amerikas Bürgern Einreise weiter zu verweigern
FAZ, 23. Juni 2020

18 Eine andere Gesellschaft ist (un)möglich

von Heiko Kleve

23. Juni 2020

Ich möchte auf eine Eingangsfrage unseres Blogs zurückkommen: Bieten sich durch das Abbremsen, Anhalten und allmähliche wieder Anfahren der sozialen Welt neue, gar ungeahnte Möglichkeiten der Gesellschaftsveränderung?

Fritz Simon hofft auf eine passendere Balance zwischen staatlicher Politik bzw. demokratischer Entscheidungsfindung und der marktwirtschaftlichen Finanzierungslogik gesellschaftlicher Aufgaben. Die Marktlogik soll nur dort greifen, wo sie geeignet ist, die jeweiligen Aufgaben in gewünschte Bahnen zu lenken. Politische bzw. demokratische Gestaltungsformen müssten deshalb in jenen Systemen dominieren, in welchen es nicht um das profitable Geldverdienen bzw. um Gewinnmaximierung gehen dürfte, sondern etwa um die Prävention und die Heilung von Krankheiten, um nur das Gesundheitssystem als ein Beispiel aufzuführen.

Außerdem diskutierten wir über die Grenzen und Begrenzungen des wirtschaftlichen Wachstums. Eine nachhaltigere Gesellschaft scheint plötzlich am Horizont des Möglichen auf. Die Durchführung und weitgehende Akzeptanz des Lockdowns zeigte, dass die Politik und die Mehrheit der Bevölkerung bereit und in der Lage sind, die wirtschaftliche Dynamik höheren Zielen als der ökonomischen Freiheit unterzuordnen, insbesondere dem Gesundheitsschutz und der Sicherstellung der Gesundheitsversorgung von COVID-19-Patienten. Der massive Eingriff in die Gesellschaft scheint somit realistisch. Warum sollte also Ähnliches nicht wiederholt werden, wenn es um andere prioritär gesetzte Ziele geht? Der Klimaschutz wurde in diesem Zusammenhang bereits mehrfach erwähnt.

Steffen Roth äußerte allerdings große Zweifel, weil möglicherweise bereits die Beschreibungen und Erklärungen, die diesen Veränderungs- und Steuerungsansinnen zugrunde liegen, zu wenig komplex sind. Diese gehen womöglich von unpassenden oder zu einfachen Differenzierungen aus, etwa von der Gleichsetzung des Umwelt- und Naturbegriffs. Außerdem sei mit Blick auf die Geschichte der funktional differenzierten Gesellschaft keineswegs sichtbar, dass das Wirtschaftssystem die Dominanz im Reigen der Funktionssysteme innehabe, sondern traditionsgemäß die Politik.

An zahlreichen Beispielen der politischen Gesellschaftsgestaltung des 20. Jahrhunderts haben wir gesehen, welche nicht intendierten Folgen ausgesprochen gut gemeinte sowie zielgerichtete und planvolle Veränderungsbestrebungen hatten. So war etwa die sozialistische Bewegung mit dem Ziel angetreten, die Menschen aus ihren kapitalistischen Entfremdungen und Abhängigkeiten zu befreien. Ausgehend von der sozialistischen Oktoberrevolution 1917 in Russland, die die Sowjetunion hervorbrachte, konnten wir nach dem Zweiten Weltkrieg bis Ende der 1980er-Jahre eine Reihe von sogenannten real-sozialistischen Ländern beobachten, die alles andere erreichten als die Befreiung der Menschen. Die in den bürgerlichen Revolutionen des 18. und 19. Jahrhunderts erkämpften Rechte wurden extrem begrenzt oder gänzlich aufgehoben. In China, Nordkorea und Kuba sind Rudimente dieser sozialistischen Gesellschaftspolitik weiterhin Realität.

Mit der soziologischen Systemtheorie Niklas Luhmanns im Rücken sind wir hinsichtlich der Möglichkeiten aktiver Gesellschaftsgestaltung tendenziell zurückhaltend. Wir können vielleicht, wie Fritz Simon dies getan hat und damit (sicherlich ungewollt) an die Kritische Theorie von Max Horkheimer und Theodor W. Adorno erinnert, sagen, was wir nicht wollen, angeben, wo wir nicht mehr mitspielen werden.[53] Aber positive Gestaltungsvisionen erscheinen problematisch. Luhmann selbst war diesbezüglich noch vorsichtiger: Er war nicht einmal kritisch, hat also nicht sagen wollen, was er problematisch findet, und schon gar nicht, was er gesellschaftspolitisch für erstrebenswert hält. Das Beschreiben und Erklären sozialer Dynamiken war sein einziges Theorieziel. Aktionalen Fragen, was mithin zu tun sei, wich er aus – wenngleich mit seinem Konzept der Theorie funktionaler Gesellschaftsdifferenzierung die normative Hoffnung einhergehen könnte, dass in einer solchen gesellschaftlichen Struktur faschistische oder kommunistische Entwicklungen kaum Chancen haben, weil die differenten Sozialsysteme nicht von einem politischen Supersystem umfasst sind, keine Spitze und kein Zentrum die gesamte Sozialwelt aus den Angeln heben könnte.

Trotz Luhmanns Zurückhaltung hinsichtlich sozialer Interventionsstrategien gibt es vereinzelte Verlautbarungen von ihm, die vermuten lassen, dass er dem klassisch liberalen *Laissez-faire*-Prinzip anhing. So stolperte ich auf Facebook über einen dort geposteten Brief, den Luhmann am 30.10.1989 Jan-Pol Martin von der Universität Eichstätt schrieb. Martin wollte von ihm wissen, wie er in einem vor der »Explosion«, d. h. vor einem extremen Ansturm von Studierenden stehenden Projekt reagieren sollte. Luhmann antwortete: »[...] für Ihr Problem weiß ich keinen Rat. Am besten warten Sie vielleicht einfach ab, um wenigstens erleben zu können, wenn es explodiert. Oder anders gesagt: bei hoher Komplexität stellen sich ja im allgemeinen wie von selbst Selektionsmuster ein.«[54]

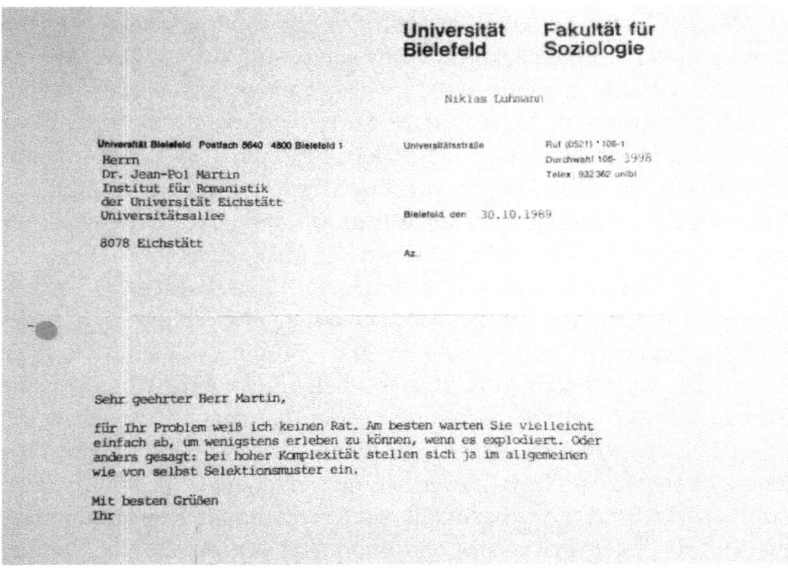

Universität Bielefeld
Fakultät für Soziologie

Niklas Luhmann

Universität Bielefeld Postfach 8640 4800 Bielefeld 1
Herrn
Dr. Jean-Pol Martin
Institut für Romanistik
der Universität Eichstätt
Universitätsallee

8078 Eichstätt

Universitätsstraße
Ruf (0521) * 106-1
Durchwahl 106- 3998
Telex 932362 unibi

Bielefeld, den 30.10.1989

Az.:

Sehr geehrter Herr Martin,

für Ihr Problem weiß ich keinen Rat. Am besten warten Sie vielleicht einfach ab, um wenigstens erleben zu können, wenn es explodiert. Oder anders gesagt: bei hoher Komplexität stellen sich ja im allgemeinen wie von selbst Selektionsmuster ein.

Mit besten Grüßen
Ihr

Luhmann verweist also auf Selbstorganisation, auf spontane Ordnungsbildung im Kontext komplexer Zusammenhänge. Eine ähnliche *Laissez-faire*-Haltung soll ein anderer Systemtheoretiker spätestens zum Ende seines Lebens gezeigt haben, und zwar Gregory Bateson. Dieser lehnte offenbar jedwede medizinische Intervention ab, verweigerte etwa den Gang zum Zahnarzt. Der Soziologe und Philosoph Dietmar Kamper pointiert eine solche Haltung, wenn er in Abwandlung der bekannten 11. Feuerbachthese von Karl Marx postuliert: »Die Philosophen, d. h. die Sinnkonstrukteure und Weltbildagenten haben die Welt nur verschieden verändert. Es kommt darauf an, sie zu schonen«.[55]

Ich bin gespannt, welche Selektionsmuster durch den Anschluss oder Nicht-Anschluss der beiden Diskutanten an meine heutige Eröffnung entstehen.

Lauter kleine Staatskopien?

von Steffen Roth

Heiko Kleve zufolge hofft Fritz Simon »auf eine passendere Balance zwischen staatlicher Politik bzw. demokratischer Entscheidungsfindung und der marktwirtschaftlichen Finanzierungslogik gesellschaftlicher Aufgaben. Die Marktlogik soll nur dort greifen, wo sie geeignet ist, die jeweiligen Aufgaben in gewünschte Bahnen zu lenken.« Auch ich habe Fritz Simon in etwa so verstanden, und mit dieser Hoffnung, den Markt zu bändigen und sein Wirken in gewünschte Bahnen zu lenken, steht er beileibe nicht allein.

Nun halte ich diesen ebenso populären wie emotionsgeladenen Gedanken allerdings in der Tat für problematisch. Der Theorie sozialer Systeme zufolge ist der Markt kein System, sondern eine Umwelt, bei Niklas Luhmann konkret die Umwelt von wirtschaftlichen Entscheidungssystemen oder schlicht ein Horizont von wirtschaftlichen Alternativen. Zwar lässt sich der Horizont wirtschaftlicher Alternativen durch politische Entscheidungen einschränken. Politische Entscheidungen verweisen allerdings ihrerseits auf einen Horizont von politischen Alternativen, der seinerseits von wirtschaftlichen Entscheidungen eingeschränkt werden kann, und Gleiches gilt für alle Funktionssysteme.

Insofern spiele ich seit meiner 2010 tatsächlich im Carl-Auer Verlag erschienenen ersten Doktorarbeit immer wieder mit dem Gedanken, dass es sich beim Markt um die Umwelt nicht nur »der Wirtschaft«, sondern aller Entscheidungssysteme handelt.[56] Nun kann man im Folgenden entweder einen transökonomischen Marktbegriff auf die Entscheidungshorizonte aller Funktionssysteme ausweiten oder den Markt weiterhin ganz sprachkonventionell für wirtschaftliche Entscheidungshorizonte reservieren. (Wobei man im zweiten Fall für die Entscheidungshorizonte der anderen Funktionssysteme andere Begriffe verwenden und dem wirtschaftlichen Markt dann etwa die politische Arena gegenüberstellen müsste. Auch bräuchte es dann vielleicht noch einen Begriff für die Sphäre, in der sich Markt, Arena und andere Umwelten von Organisationen wechselseitig beeinflussen.)

Unterm Strich steht in beiden Fällen aber die Einsicht, dass politische und andere Entscheidungen den Horizont wirtschaftlicher Alternativen ebenso beeinflussen wie wirtschaftliche Entscheidungen den Horizont politischer und anderer Alternativen. Wenn man vor diesem Hintergrund nun fordert, dass die wirtschaftliche Marktlogik nur dort greifen soll, »wo sie geeignet ist, die jeweiligen Aufgaben in gewünschte Bahnen zu lenken«, und nicht auch dort, wo sie es frecherweise sonst noch tut, dann hat man wenig mehr als einen frommen Wunsch getan. Auch stellt sich gleich die Frage, wessen Wunsch hier das Maß der Frömmigkeit sein soll.

Wenn wir uns auf die Frage eine Antwort erhoffen, indem wir das wirtschaftliche Markttreiben aus der Perspektive eines Staates betrachten, der das Gewaltmonopol über ein bestimmtes Territorium in der Regel mehr behauptet als tatsächlich innehat (Stichworte: Kriminalität, Bürgerwehren, private Sicherheitsfirmen etc.), dann haben wir es in der Regel mit zwei verschiedenen Begriffen von Markt zu tun.

Zum einen ist da ein Markt, der so beobachtet wird, als stimmten seine Grenzen mit den Staatsgrenzen überein. Von diesem dann ebenso gerne wie fälschlicherweise als System gedachten Binnenmarkt wird erwartet, dass er so organisiert ist, dass er dem Gemeinwohl dient, wobei sich wirtschaftliche Gemeinwohlorientierung aus Staatsperspektive vornehmlich in Steuereinnahmen bemisst, die man dann in Sold für Soldaten und Beamte sowie in eine ganze Reihe weiterer Anreiz-, Beruhigungs- oder auch mal Begrüßungsgelder ummünzen kann.

Zum anderen ist da noch der internationale oder Weltmarkt, der nicht nur nie so will, wie man wohl will, sondern auf dem der Staat seine Grenzen und sich selbst als Alternative erlebt, da Waren, Kapital und Arbeit attraktive Standorte bevorzugen und ein abgeschotteter Standort in der Regel kein attraktiver ist. In diesem Sinne erinnert uns der internationale ungleich deutlicher als der Binnenmarkt daran, dass Märkte mit den Worten Max Webers immer Formen der »Vergesellschaftung mit Ungenossen« sind. Damit entpuppt sich der Wunsch vom eingegrenzten, eingebetteten oder anderweitig politisch korrekten Weltmarkt als intellektuell hoffnungslos und nicht einmal mehr als fromm, sondern einfach nur als gruppenegoistisch. Wie könnte und warum sollte der Weltmarkt unseren Gemeinwohlvorstellungen entsprechen und nicht auch denen der anderen Marktteilnehmer?

Aus all dem würde eigentlich folgen, dass sich auch der Staat als ausgesprochen mächtige Organisation als eine Alternative unter vielen beobachtet. Tatsächlich ist aktuell aber eher das Gegenteil der Fall. Statt strategisch mit Multifunktionalität zu arbeiten, träumt sich der Staat per Gesetz, Verordnung oder Zukunftsprogramm eine Welt herbei, in der sich alle Organisationen in kleine Kopien seiner selbst verwandeln. Nichts anderes würde passieren, wenn all die vordergründig propagierten Corporate Social Responsibility-Maßnahmen und andere Initiativen zur betrieblichen Gemeinwohlorientierung 1:1 umgesetzt und somit tatsächlich auch hintergründig wirksam werden würden.

Insofern schützt uns nicht zuletzt ein moralisch angeblich fragwürdiges Konzept wie Heuchelei gerade vor einer Situation, in der sich die Staaten der Welt die Organisationen der Welt in selbstverständlich ohnmächtige Staatskopien zurechtstutzen: Denn auf die Idee, dass es in einer Welt voller politisch korrekter Staatskopien kein Gewaltmonopol mehr bräuchte, darf man als Staat selbstverständlich nicht kommen.

Vor diesem Hintergrund wird einmal mehr deutlich: Eine andere Gesellschaft wird möglich, wenn sich auch und gerade die mächtigsten Organisationen der Welt konsequent als Alternativen begreifen; indem sich Staaten also ohne Wenn und Aber als Teil des Weltmarktes betrachten, statt sich weiterhin im hoffnungslosen Versuch, das Marktspiel gruppenegoistisch zu begrenzen, immer tiefer in jene Wettbewerbsmechanismen zu verstricken, die sie angeblich beherrschen wollen.

Das Gebet der AS

von Fritz B. Simon

Ist Laissez-faire die Konsequenz, wenn man mit einem systemtheoretischen Blick auf die (Welt-)Gesellschaft und ihren Zustand schaut? Meine Antwort lautet: Nein.

Die von Heiko Kleve angeführten Beispiele aus der Geschichte belegen, dass wohlgemeinte politische Interventionen und Strategien zu manchmal katastrophalen Folgen geführt haben (die Liste ließe sich um etliche andere Beispiele erweitern). Paul Watzlawick und seine Kollegen aus Palo Alto haben dieses Handlungsmuster bzw. die zugrunde liegenden Motivationen und Denkmuster als »Utopie-Syndrom« bezeichnet, das heißt, gut gemeintes Handeln hat paradoxerweise schlechte Folgen.

Doch die Tatsache, dass soziale Systeme im Allgemeinen ihre jeweils aktuelle Struktur selbstorganisiert bilden und man sie nicht auf ein ideales Ziel hin formen kann, bedeutet nicht, dass es beliebig ist, was man tut. Dies wäre meines Erachtens ein epistemologischer Irrtum, der auch durch den Verweis auf Bateson nicht geheilt wird. Ja, es ist wohl wahr – wie von Zeitzeugen (z. B. Helm Stierlin) berichtet wird –, dass Gregory Bateson nicht zum Zahnarzt ging (George Spencer-Brown – um hier etwas Klatsch unterzubringen – auch nicht; seine Zähne waren solche Ruinen, dass jeder ihm gegenüber auch ohne jede staatliche Anordnung aus olfaktorischen Gründen die Distanz von zwei Metern einhielt; befragt, warum er nicht zum Zahnarzt gehe, antwortete er mir: »Die sind so moralistisch!« – womit hoffentlich der Bogen zu unserer Moraldiskussion geschlagen ist). Dass Niklas Luhmann keinen Rat für Herrn Martin hatte, ist nicht verwunderlich. Schließlich war er Soziologe, und Soziologen sind in ihrer Kompetenz als Berater genauso »hoch« einzuschätzen wie Physiologen und Anatomen oder Pathologen, die versuchen, als Ärzte im Notarztwagen Unfallopfer am Leben zu halten.

Wenn aus der Systemtheorie, wie Heiko Kleve andeutet, irgendeine normative Erwartung oder Hoffnung abgeleitet wird, scheint mir das abwegig und eher zu einer anderen Theoriearchitektur zu gehören, die mit der Idee des »Fortschritts der Geschichte« spielt.

All das heißt keinesfalls, dass die Systemtheorie für die Praxis untauglich wäre, ganz im Gegenteil. Systemische Beratung und systemisches Management orientieren sich in ihren Interventionen und Entscheidungen zwar an der Systemtheorie, aber ihre Ziele unterscheiden sich radikal von denen der Soziologen, die Gesellschaft erklären wollen – ein Unterschied wie der zwischen dem unbeteiligten Fernsehkommentator auf der Tribüne und dem Fußballspieler auf dem Feld, oder wie zwischen Ameisenforscher und Ameise.

Um es noch einmal zu betonen: Zur Etablierung einer Diktatur oder zu deren Erhaltung lassen sich Systemtheorie und Konstruktivismus ebenso nutzen (siehe »Anleitung zum Populismus«)[57] wie zu deren Abwehr.

Was ist die Konsequenz für uns »Ameisen«, die ihr tägliches Handeln an der Systemtheorie orientieren wollen und mit der Tatsache umgehen müssen, dass wir uns an paradox organisierten Systemen beteiligen, wo der Gegensatz von »gut« oft genug nur »gut gemeint« ist? Wir haben keine Kontrolle über die sozialen Systeme, deren Mitglieder wir sind: weder über die Paarbeziehung, die Familie, die Gemeinde, eine Organisation, den Markt, einen Staat usw., oder gar die Weltgesellschaft. Dennoch ist es nicht beliebig, was wir tun, auch wenn wir dessen Konsequenzen nicht berechnen können. Um das Beispiel von Batesons (und Spencer-Browns) Zahnarzt aufzunehmen: Wenn ein Zahnarzt uns das perfekte Gebiss, blendend weiße Zähne, das verführerischste Lächeln der Welt o. Ä. verspricht (und zu diesem Zweck versucht, irgendwelche Geräte in unserer Mundhöhle zu installieren, um die Backenzähne zu Schneidezähne zu machen), dann sollten wir einen großen Bogen um ihn machen. Aber wenn wir Zahnschmerzen haben, dann kann der Besuch bei ihm durchaus hilfreich sein.

Wir haben keine Kontrolle über die Welt, und daher sind alle orthopädischen gesellschaftlichen Utopien riskant. Es geht nicht darum, ein neues Gesellschaftsmodell am Reißbrett zu entwickeln, denn die Selektion gesellschaftlicher Strukturen folgt einer evolutionären Logik. Auch wenn ich mich wiederhole: Statt Visionen einer idealen Gesellschaft zu folgen, sollten wir uns darüber auseinandersetzen, wie die (Welt-)Gesellschaft nicht aussehen sollte. Wir können – mag sein, dass die Frankfurter Schule da teilweise ein antizipatorisches Plagiat systemtheoretischer Konzepte produziert hat – nein zum Status quo sagen (oder besser noch: zu bestimmten seiner Aspekte). Denn wenn wir das nicht tun, sagen wir de facto ja zu ihm, und wir – jeder von uns – haben nun einmal, wie Humberto Maturana in der ihm eigenen Radikalität zu formulieren beliebt, die Verantwortung für die ganze

Welt (was natürlich insofern blöd ist, weil wir sie nicht – keiner allein und auch nicht alle gemeinsam – unter Kontrolle haben).

Mein Rat ist daher, sich an das folgende Gebet meiner Selbsthilfegruppe der AS (»Anonyme Systemiker«®) zu halten:

Gott, gib mir die Gelassenheit, Dinge hinzunehmen, die ich nicht ändern kann,

den Mut, Dinge zu ändern, die ich ändern kann,

und die Weisheit, das eine vom anderen zu unterscheiden.

Dieses Gebet ist aus systemtheoretischer Sicht sogar dann passend, wenn man nicht an Gott glaubt oder nur sich selbst anbetet.

Pandemie und Rezession: Europa braucht einen Turbo für Veränderungen
Tagesspiegel, 24. Juni 2020

Amerikas Staatsversagen
Capital, 24. Juni 2020

How the Virus Won
New York Times, 26. Juni 2020

Ferienbeginn in Deutschland: Gästeansturm an den Küsten
FAZ, 26. Juni 2020

19 Die Unterscheidung

von Heiko Kleve

26. Juni 2020

Wir sollten etwas ändern! Darin sind sich Fritz Simon und Steffen Roth einig.

Für Simon ist die Unterscheidung wichtig zwischen dem, was wir tatsächlich gestalten können, und dem, was wir aushalten müssen, weil es nicht gewandelt werden kann. Die Weisheit besteht darin, das eine und das andere passend voneinander zu unterscheiden. Das, was sich für Steffen Roth transformieren soll, ist zwar ebenfalls sperrig und tendenziell in tradierten Schablonen fixiert, aber zumindest scheint es leichter bestimmt werden zu können als die Simon'sche Unterscheidung, nämlich unsere Arten und Weisen, die soziale Welt, die Gesellschaft, den Markt sowie die Relationen der gesellschaftlichen Funktionssysteme zueinander zu beschreiben und zu erklären. So zumindest habe ich Roth verstanden: Unsere üblichen Narrationen etwa bezüglich des Marktes und des Staates sind überkommen, passen nicht mehr auf eine sich deutlicher als je zuvor manifestierende Weltgesellschaft.

Dass die eine Weltgesellschaft spürbarer war als vielleicht jemals zuvor in den letzten Jahrzehnten, zeigte sich paradoxerweise durch die körperliche und räumliche Separierung in den Zeiten des Pandemie-Lockdowns. Wir waren zwar in unseren heimischen Wänden voneinander abgeschottet, aber zugleich in unseren psychischen und sozialen Aufmerksamkeiten auf ein Ereignis – die mediale Inszenierung der Corona-Ausbreitung, ihre Wirkungen, gesundheitlichen Folgen und politischen Interventionen – ausgerichtet. Eine Massenpsychologie der Corona-Pandemie wird noch zu schreiben sein, um zu verstehen, was da eigentlich mit uns passiert ist. Die Soziologie dieser Situation ist das, was uns hier interessiert.

Die soziologische Position hat Einfluss auf die soziale Welt nicht dadurch, dass sie postuliert, wie wir praktisch handeln sollen, sondern dadurch, dass sie begreifbar macht, in Begriffe fasst, womit wir es überhaupt zu tun haben, wenn wir über das Soziale oder über die Gesellschaft sprechen. Speziell Krisenzeiten können uns zeigen, ob die gängigen sozialwissenschaftlichen Konzepte noch passen oder ob andere konstruiert werden müssen. Und wenn wir anfangen, alternative Theorien zu entwickeln, ändert sich mit unseren Beschreibungs- und Erklärungsinstrumenten womöglich das, worauf wir uns beziehen, mithin die Gesellschaft, ihre Subsysteme und Organisationen. So hofft Steffen Roth: »Eine andere Gesellschaft wird möglich, wenn sich auch und gerade die mächtigsten Organisationen der Welt konsequent als Alternativen begreifen, indem sich Staaten also ohne Wenn und Aber als Teil des Weltmarktes betrachten, statt sich weiterhin im hoffnungslosen Versuch, das Marktspiel gruppenegoistisch zu begrenzen, immer tiefer in jene Wettbewerbsmechanismen zu verstricken, die sie angeblich beherrschen wollen.«

Woran würden wir einen solchen Wandel erkennen, woran die Wirkungen dieser anderen begrifflichen Differenzierung beobachten, die die alten Unterscheidungen hinter sich lässt? Wenn Staaten nicht anders gefasst werden sollten als Organisationen, was heißt das dann für unser Verständnis von Politik? Und schließlich: Wie sieht eigentlich Fritz Simon eine derartige Perspektive, die sich seinen Unterscheidungen und normativen Setzungen, wie etwa der Kritik am Neoliberalismus und der moralischen Forderung nach mehr Demokratie und stärkerer Eindämmung marktlicher Logiken, entzieht? Wenn wir den Markt als Umwelt der Funktionssysteme beobachten, dann entgeht er unserer Einflussnahme, generiert er seine Dynamik gerade im sozialen Jenseits der Organisationen, die die Gesellschaft zu gestalten versuchen. Fast wie in den Planwirtschaften des Realsozialismus entsteht das von selbst, überall, immer wieder, was die Gesellschaftsgestalter ein für alle Mal aus der Sozialwelt verbannen wollten:

der Markt. Gegen den Markt zu sein, wäre dann fast so wie gegen die basalen Interaktionen zu sein, die dann beginnen, wenn mindestens zwei Personen aufeinander ausgerichtet sind. Denn, mit Fritz Simon: »Wer handelt, der handelt«, verrechnet also seine Taten in der Logik des Marktes über die basale Reziprozität von Geben und Nehmen.[53]

Neue Normalität oder postpolitische Gesellschaft

von Steffen Roth

Zunächst zwei Korrekturen. Zum einen arbeite ich beruflich meist mit Konditionalprogrammen. Entsprechend selten ist von mir ein Satz zu hören wie: »Wir sollten etwas ändern!«. Was man von mir aber häufiger hören kann, sind Formulierungen wie: »*Wenn* wir etwas ändern wollen, *dann* wäre ... [Strategievorschlag] ein geeigneter Weg«. Nicht anders sind die Ausführungen in meinem letzten Beitrag zu verstehen. Zum anderen habe ich den Markt nicht als »Umwelt der Funktionssysteme« beobachtet, sondern als Umwelt von Entscheidungssystemen, die man funktional differenzieren kann, und das auch über den ökonomischen Tellerrand hinaus. Eine solche multifunktionale Perspektive auf den Markt liegt implizit auch zugrunde, wenn die UNESCO das Markttreiben auf dem *Djemaa el Fna* als immaterielles Weltkulturerbe der Menschheit unter »Sozialschutz« stellt, und das ausdrücklich, um Marrakeschs zentralen Marktplatz vor Ökonomisierung zu schützen: Wenn man glaubt, Märkte vor Ökonomisierung bewahren zu können, denkt man zwangsläufig, dass sie nicht per se ökonomisch sind. Auch für Hannah Arendt war die Idee vom rein ökonomischen Markt eine Vorstellung, die mit den Interessen antiker wie zeitgenössischer Despoten besser korrespondiert als mit jenen einer demokratischen Gesellschaft, in der der Bürger eben nicht nur wie im Lockdown zum Arbeiten und Einkaufen, sondern auch zum Demonstrieren, Lernen, Philosophieren, Theaterspielen, Trainieren oder Flanieren das Haus verlässt.

Dabei erzeugt die Beobachtung eines transökonomischen Marktes weder Durcheinander noch verschwimmende Systemgrenzen. Wenn es sich beim Markt um die Umwelt von Entscheidungssystemen handelt, dann können Organisationen ihre Umwelt just dadurch sozial differenzieren, dass sie klare Unterscheidungen treffen. Dass man Marktsegmente unterscheiden oder marktliche Zentralisierungstendenzen beobachten kann, ist ein alter Hut. Auch dass man Märkte stratifizieren und sich so auf Luxus-, Premium- oder Massenmärkte beziehen kann, ist nicht neu. Warum sollten sich Märkte dann nicht auch ebenso selektiv wie trennscharf funktional differenzieren lassen?

Ein Vorteil einer loseren begrifflichen Kopplung von Organisation und wirtschaftlichem Markt besteht darin, dass der Horizont der Alternativen nicht vorab künstlich begrenzt wird. So kann man nun beobachten, dass sich für Regierungsorganisationen im Zuge der Corona-Krise ganz neue strategische Optionen ergeben. War man zuvor ganz politökonomisch vor allem darauf konzentriert, Machtmanöver mit Machtmanöver zu parieren und sich gegenseitig ökonomisch den Schneid abzukaufen, so kann man im Zuge der neuerstarkten Relevanz von Gesundheit nun noch auf ganz andere Ideen kommen. Zum Beispiel kann man als bayerische Landesregierung Einwohnern gesundheitlich als bedenklich eingestufter Landkreise die Einreise verweigern. Dass diese Landkreise aktuell bevorzugt in Nordrhein-Westfalen liegen sollten, versteht sich. Dann öffnet man ein touristisches Schlupfloch für jene betroffenen Einwohner, die sich »freiwillig« negativ testen lassen konnten. Das Arrangement erhöht die Testmotivation in den Problemlandkreisen und – sobald wir nur eine geringe Korrelation zwischen Testhäufigkeit und Infektionszahlen vermuten dürfen – auch deren Infektionszahlen. Die nordrhein-westfälische Landesregierung steht somit erheblich unter Zugzwang und handelt sich schlimmstenfalls ein sich selbst verstärkendes Problem ein. Für die bayerische Landesregierung ein zweifacher Vorteil: Man baut Druck auf Konkurrenten auf und geriert sich als Schwert und Schild der eigenen Bevölkerung. Bei all dem ist Geld zweitrangig. Wenn wir die alte Normalität mit kapitalistischem Interessengerangel assoziieren, dann sind derartige »gesundheitspolitische« Manöver womöglich ein Vorgeschmack auf neunormale Verhältnisse.

Wenn dieses und ähnliche Beispiele Schule machen, dann stünde tatsächlich ein kleiner Epochenwechsel an. Allerdings wirklich nur ein kleiner, denn die eigentliche, dann gewissermaßen »postnormale« Fantasieleistung bestünde nach wie vor darin, sich eine Gesellschaft vorzustellen, bei der man im Krisenfall nicht reflexartig vor allem an Politik und immer mehr Politik denkt. Anders als eine postkapitalistische oder gar geldfreie Gesellschaft können wir uns eine weitgehend politikfreie oder zumindest deutlich weniger durchmachtete Gesellschaft schon seit Langem nicht mehr recht vorstellen. Ganz Soldat des Politischen verunglimpft man daher selbst den leisesten Gedanken an Alternativen jenseits von politischer Ökonomie, politischer Ökologie oder nun vielleicht auch wieder Biopolitik: »Was wäre denn in der gegenwärtigen Situation zu tun, wenn wir den schlankeren Staat hätten und wenn beispielsweise das Wachstum der Religion statt der Wirtschaft in den Fokus der Aufmerksamkeit gerückt würde? Mehr beten? Mehr Gottesdienste? Was dies betrifft, fand ja bereits ein beeindruckendes Superspreader-Experiment in Südkorea und, wenn auch im Ausmaß bescheidener, in der Frankfurter Baptistengemeinde statt.« Diese kurzerhand selbst beantwortete Frage hatte Fritz Simon an mich weitergegeben, und ich kann an dieser Stelle nur immer wieder an das Credo unserer Theorie erinnern, der zufolge der logische Zusammenhang zwischen einem gesundheitlichen Problem und einer religiösen Lösung auch nicht loser als der zwischen einem gesundheitlichen Problem und einer politischen Lösung ist. Wie oben gezeigt, kann auch ein politisches Manöver ein gesundheitliches Problem heraufbeschwören, auch und gerade, wenn es sich als ein statistisches und somit eigentlich wissenschaftliches Problem beobachten lässt.

Demnach ist die von Heiko Kleve gestellte Frage nach den relevanten gesellschaftlichen Unterscheidungen eben nicht länger qua Kurzschluss vor allem eine Frage der Politik, und auch was Politik angeht nicht vor allem eine der politisch korrekten Ziele oder Inhalte, sondern zuallererst eine der gesellschaftlich anschlussfähigen Dosis von Politik. In diesem Sinne hat die Corona-Krise nicht nur die einen daran erinnert, wie sich zu viel Politik anfühlt, und den anderen Lust auf mehr gemacht, sondern uns allen auch auf Weltniveau vorgeführt, dass auch und gerade nicht-politische Entscheidungen den Horizont politischer Alternativen erheblich einschränken können. Zu sehen ist dieses internationale Leitmotiv etwa im Schwank vom »Drosten-Schwenk«[59] in einer hierzulande wohlbekannten Adaptation.

Nach all diesen Aufführungen können wir es nun nicht mehr *nicht* wissen: Es schläft immer mehr als nur *ein* Lied in allen Dingen. Wir müssten nur unser Gehör trainieren. Sonst hören wir auch die nächsten Jahrzehnte vornehmlich Partisanenchor und Marschmusik.

Die Monopolisierung der Aufmerksamkeit

von Fritz B. Simon

Wahrscheinlich liegt es ja an mir. Irgendetwas muss ich ja falsch machen, denn, wenn ich die Themensetzungen von Heiko Kleve lese (nicht nur die aktuelle, sondern auch schon einige vorher), habe ich das Gefühl, als Projektionsschirm für irgendwelche Positionen zu fungieren, die ich nicht vertrete. Ich kenne dieses erstaunte Gefühl aus der Zeit, als ich als Psychoanalytiker gearbeitet habe. Aber da habe ich hinter einer Couch gesessen und mich nur minimal geäußert, um solche Projektionen zu ermutigen und so einen (vermeintlich unverfälschten) Einblick in das Denken und Fühlen der Analysanden zu erhalten. Aber hier, so mein Eindruck, schreibe ich jedes Mal dasselbe, und trotzdem wird es von Heiko Kleve (aber auch, wie mir scheint, von Steffen Roth) in einer Weise gelesen, die nicht meinen Intentionen entspricht. Was mache ich bloß falsch? Eine alternative Erklärung wäre, dass meine Positionen nicht zu den Entweder-oder-Unterscheidungen meiner Trialog-Partner passen und irgendwie quer zu ihnen liegen (»tertium datur«).

Also, um zu Beginn einigen aktuellen Formulierungen Heiko Kleves zu widersprechen, durch die ich meine Ansichten missverstanden dargestellt sehe.

Er schreibt, mir sei »die Unterscheidung wichtig zwischen dem, was wir tatsächlich gestalten können, und dem, was wir aushalten müssen, weil es nicht gewandelt werden kann«. Das ist nicht ganz richtig. Denn ich denke nicht, dass irgendetwas »nicht gewandelt werden kann« (alles wandelt sich, und es muss immer die Nicht-Veränderung erklärt werden). Aber wir können vieles nicht aktiv und zielgerichtet – geradlinig-kausal – festlegen und kontrollieren (weil wir in selbstorganisierte Systeme intervenieren). Wenn Heiko Kleve dies als »schwer zu bestimmen« erscheint, so hat er genau erfasst, worum es mir geht: Wir können nicht auf einer abstrakten Ebene ein für alle Mal beantworten, was verändert werden sollte, sondern müssen dies immer wieder aufs Neue anhand konkreter Fragestellungen tun. Und wir müssen dann keinesfalls aushalten, was uns nicht gefällt, sondern wir können uns negativ definierte Ziele setzen, im Sinne von: xy wollen wir nicht zulassen (verhindern, vermeiden ...).

Ein weiteres Beispiel: Heiko Kleve fragt, wie ich eine »Perspektive« sehe, »die sich seinen [d. h. meinen, FBS] Unterscheidungen und normativen Setzungen, wie etwa der Kritik am Neoliberalismus und der moralischen Forderung nach mehr Demokratie und stärkerer Eindämmung marktlicher Logiken, entzieht«. Ich bin dankbar für diese Formulierungen, weil sie mir die Gelegenheit eröffnen, ihre impliziten Erklärungen und Bewertungen zu korrigieren. Es ist meines Erachtens (1) keine normative Setzung, wenn ich den Neoliberalismus für eine fatale Ideologie halte. Eine Ideologie, die sich selbst höchst normativ präsentiert, zu negieren bzw. generell: eine Norm zu negieren, ist nicht zwangsläufig selbst normativ. (2) Wenn ich die Begrenzung marktlicher Logiken fordere, dann hat das nichts mit dem Ruf nach mehr Demokratie zu tun (da rufe ich überhaupt nicht, denn ich halte die repräsentative Demokratie für ein ziemlich intelligentes System, wenn auch durchaus optimierbar), und (3) diese Forderung ist nicht im Geringsten moralisch motiviert. Ich halte die Form des Marktes einfach als Mittel zur Lösung manch gesellschaftlicher Probleme für idiotisch. Idiotie wie Mangel an Intelligenz sind für mich keine moralisch zu verurteilenden Qualitäten von Entscheidungen oder Entscheidungsprinzipien. Für idiotisch – d. h., wenn man der ursprünglichen Wortbedeutung folgt: abgehängt von sozialen Zusammenhängen – halte ich Märkte auch nicht generell (schließlich habe ich etwa ein halbes Dutzend Unternehmen gegründet, die sich ganz manierlich auf unterschiedlichen Märkten zu bewegen wissen), sondern nur in bestimmten Infrastrukturbereichen (wie etwa zur Organisation des Rechts-, Bildungs-, Gesundheits-, Wissenschaftssystems usw.; das politische System folgt meines Erachtens ja eh schon zu einem großen Teil einer Marktlogik).

Wenn ich Donald Trump, Jair Bolsonaro, Wladimir Putin und Kinderschänder aufgrund ihres Verhaltens verachte, so ist dies nicht theoretisch begründet, und die zugrunde liegenden moralischen oder ethischen Gründe bestimmen auch nicht meine theoretischen Konstruktionen (zumindest ist mir das nicht bewusst, aber vielleicht wissen da ja meine Mitstreiter mehr über mich ...).

Nun zur Idee Steffen Roths, Staaten als Organisationen zu betrachten und sie als Akteure auf einem globalen Markt zu betrachten. Soweit ich das überblicke, gibt es bislang noch keine befriedigende systemtheoretische Staatstheorie. Ich halte daher immer noch – wie bereits früher mal erwähnt – Luhmanns Formulierung: »Der Staat ist die Selbstbeschreibung des politischen Systems«[60], für am nützlichsten. Den Staat als Organisation zu betrachten, scheint mir verfehlt; wenn schon, dann als Netzwerk von Organisationen, die obendrein noch unterschiedlichen Funktionssystemen zuzurechnen sind (Gerichte dem Rechtssystem, Universitäten dem Wissenschaftssystem usw.). Regierungen, Parlamente, Parteien usw. sind eigenständige Organisationen; sie nicht dem Staat zuzurechnen, erscheint mir hingegen theorietechnisch wenig nützlich. Und Regierungen können den Staat tatsächlich (irrigerweise) wie Organisationen oder gar Unternehmen betrachten, die sich auf einem Markt bewegen. Donald Trump exerziert das ja gerade vor, wenn er die USA nach den Erfolgsprinzipien New Yorker Immobilien-Haie führt und offenbar internationale Beziehungen primär als Konkurrenzbeziehungen konzeptualisiert.

Damit sind wir bei meinem Haupteinwand gegen die Utopie (oder sollte ich sagen: Dystopie) Steffen Roths. Wenn Staaten sich (nur noch, denn das tun ihre Regierungen ja jetzt schon zur Genüge) als Akteure auf einem weltumspannenden Markt verstehen würden, dann wäre das wohl als zivilisatorischer Fehltritt zu bewerten. Und das läge gar nicht daran, dass da plötzlich besonders böse Akteure auf der Bühne erscheinen, sondern an dem, was Marktmechanismen generell charakterisiert. Es sind Aspekte, die so gut wie nichts mit dem zu tun haben, was traditionell über Märkte gesagt wird. Es geht nicht in erster Linie um Angebot und Nachfrage, nicht um Käufer und Verkäufer, um die Allokation von Ressourcen, um zahlen und bezahlt werden (obwohl auch die Reduzierung sozialer Beziehungen auf die Rollen des Zahlers und Zahlungsempfängers eine nicht angemessene Komplexitätsreduktion darstellen würde).

Es geht vielmehr um die allgemeinen Mechanismen von Kommunikationssystemen, die – leider – den meisten Wirtschaftswissenschaftlern nicht bewusst sind und die daher auch nicht ihrer Relevanz gemäß in deren Theoriekonstruktionen einfließen (obwohl jeder Akteur auf nahezu jedem Markt der Welt täglich damit konfrontiert ist): Kommunikation zwischen Menschen funktioniert nur, wenn es gelingt, einen *gemeinsamen Aufmerksamkeitsfokus* zu finden. Das ist in Zweierinteraktionen relativ leicht zu erreichen, wo jeder das Verhalten des Partners beobachtet und bewertet, sodass der Tausch von Verhalten wie der von Waren langfristig bilanziert werden kann (»Wer handelt, der handelt«). Aber die Hochrechnung von Zweierbeziehungen auf die Logik größerer Märkte ist deswegen unsinnig, weil nun das Matthäus-Prinzip wirksam wird. Das heißt konkret: Wer bekannt ist (= im Fokus der öffentlichen Aufmerksamkeit steht), wird immer bekannter (gelangt immer mehr und immer markanter in den Fokus von immer mehr Marktteilnehmern). Die ökonomischen Konsequenzen sind vielfältig, vor allem aber, dass derjenige, der schon große Marktanteile besitzt, mit großer Wahrscheinlichkeit seine Marktanteile nicht nur behält, sondern neue hinzugewinnt. Dies erfolgt unabhängig von der Qualität des eigenen Produktes oder der Qualität der Produkte der Mitbewerber; das wiederum führt in unregulierten Märkten zu einer Wild-West-Dynamik, denn der Erfolg auf Märkten hängt immer auch von der Kapitalstärke (Aufmerksamkeit kann man kaufen) oder anderweitig begründeten Macht der Akteure ab. Die Großen werden immer größer usw. – Karl Marx hat diese Dynamik der Monopolbildung gut analysiert. Wenn sich Gesellschaften allein marktförmig organisieren, werden die sozialen Spaltungen zwangsläufig immer größer. (Wer diese Dynamik am eigenen Leib erproben will, sei auf das »Zahlenexperiment« in meinem Buch »Gemeinsam sind wir blöd« verwiesen.)[61]

Wichtiger noch als die Kapitalstärke sind, da es um öffentliche Aufmerksamkeit geht – der Markt als Bühne –, die Verbreitungsmedien. Wer über sie verfügt (siehe Cambridge Analytica und die Nutzung »sozialer Medien«), hat einen kaum zu überschätzenden Einfluss auf die Dynamik von Märkten. Denn die Steuerung sozialer Systeme funktioniert generell über die Fokussierung kollektiver Aufmerksamkeit.

Dies ist der Grund, warum Märkte ungeeignet sind, bestimmte gesellschaftliche Subsysteme (auch wenn sie als deren Umwelten betrachtet werden können/müssen) in einer Weise zu steuern, die sich an anderen Kriterien als der Mehrheitsmeinung orientiert. Andernfalls würden zum Beispiel Urteile vor Gericht meistbietend versteigert oder wie in »Deutschland sucht den Superstar« durch die Abstimmung des Publikums entschieden.

Das von Steffen Roth in Zweifel gezogene Gewaltmonopol des Staates ist meines Erachtens – auch wenn bzw. gerade weil es Kriminalität usw. gibt – unverzichtbar als Voraussetzung eines funktionierenden Rechtssystems; ja, ich meine sogar (mit Norbert Elias)[62], dass es ein unverzichtbares Merkmal von »Zivilisation« ist. Denn es eröffnet den Weg zu Formen der Konfliktlösung ohne Gewaltanwendung. Die rechtliche Auseinandersetzung ersetzt den Kampf mit Waffen in der Hand, bei dem im Zweifel immer der Stärkere bzw. der mit den besseren Waffen gewinnt. Gewalt ist ein Kommunikationsangebot, dem nicht oder nur schwer die Aufmerksamkeit verwehrt werden kann. Das macht ihre Anwendung so attraktiv. Das Rechtssystem ermöglicht gewaltfreie Konfliktlösungen, aber es funktioniert nur, wenn der Staat das formale Gewaltmonopol besitzt und so die Durchsetzung seiner Entscheidungen – zur Not durch die Anwendung von Gewalt – forcieren kann.

Was geschieht, wenn kein Staat diese gewaltgestützte, das Rechtssystem absichernde Funktion übernimmt, konnte in Sizilien vor Gründung des italienischen Staats (1861) studiert werden. Damals wechselten die fremden Herrscher »beider Sizilien« so häufig, dass keine zuverlässigen staatlichen Strukturen aufgebaut werden konnten. Dies führte zu großer Rechtsunsicherheit. Man konnte nicht mit der Vertragstreue seiner Handelspartner rechnen. Diese Leerstelle füllte die Mafia, indem sie eine Art durch Gewaltandrohung gestützten Rechtsschutz verkaufte. Wer bekanntermaßen den Schutz eines »Paten« genoss, brauchte keine Sorge zu haben, von seinen Geschäftspartnern betrogen zu werden. Die Mafia als private Organisation »verkaufte« eine Funktion des Staates, die dieser nicht ausfüllte.[63] Analoges kann über fast alle Gründungssituationen mafiöser Strukturen gesagt werden, etwa über die russische Mafia, die in der chaotischen Zeit der Auflösung der Sowjetunion entstand.

Meine visionäre Alternative wäre eher die Bildung von transnationalen, demokratisch begrenzten Machtstrukturen (»Checks and Balances«) mit einem Gewaltmonopol, die in der Lage sind, auch internationale Konflikte rechtlich zu lösen (wozu es all der inter- und transnationalen Institutionen bedarf, die Donald Trump gerade kaputt zu machen versucht, indem er die Mitgliedschaft der USA kündigt, falls sie ihnen denn je beigetreten sein sollten: WTO, WHO, Int. Gerichtshöfe, Pariser Abkommen usw.).

Aber vielleicht habe ich die Ideen Steffen Roths und Heiko Kleves ja vollkommen falsch verstanden. Ich habe zugegebenermaßen immer Probleme damit, mir die Realisierung von sozialen Modellen vorzustellen, die auf einer abstrakten Ebene bleiben und nicht konkretisiert werden.

Gauck warnt vor überzogenen Erwartungen an Corona-Politik
Merkur, 28. Juni 2020

Wie Corona die Arbeitswelt umkrempelt
Berchtesgadener Anzeiger, 29. Juni 2020

As Trump Ignores Virus Crisis, Republicans Start to Break Ranks
New York Times, 30. Juni 2020

Tönnies-Skandal: Was machen Schweizer Fleischbetriebe besser?
FAZ, 30. Juni 2020

Los Angeles meldet »alarmierenden Anstieg« an Infizierten.
SZ, 30. Juni 2020

20 Die Verantwortung der Systemtheorie

von Heiko Kleve

30. Juni 2020

Allein der von mir gewählte Titel dieses letzten Intros vor der Sommerpause unseres Blogs »Das Anhalten der Welt« wird vermutlich sowohl Fritz Simon als auch Steffen Roth nicht gefallen. Denn, so höre ich sie schon schimpfen: Eine Theorie kann kein Träger von Verantwortung sein! Außerdem könnten sie einwenden, dass wir mit Theorie das machen, was wir eben machen: differenzierte Beschreibungen und Erklärungen anfertigen, die bestenfalls etwas in den Fokus bringen, was wir sonst nicht beobachten könnten.

Aber welche Verantwortung sollte denn damit einhergehen? Vielleicht jene Verantwortung, anhaltend darauf hinzuweisen, dass die Welt komplexer ist als sie gerade in Krisenzeiten medial präsentiert wird und dass wir diese Unsicherheit aushalten sollten, weil es keine absolute, etwa politische oder wissenschaftliche Kontrolle komplexer Dynamiken geben kann – so lautet zumindest mein Sommerpausenpostulat.

»Die Theorie bestimmt, was wir beobachten können.« Dieser Satz, der nach Paul Watzlawick[64] auf Albert Einstein zurückgeht, verdeutlicht, dass unsere Wirklichkeit ein durch unsere kognitiven Beobachtungsinstrumente mitgeprägtes Phänomen ist. Die Wirklichkeit »an sich« ist für uns nicht erkennbar, was wir bereits bei Immanuel Kant lesen können. Wir erkennen das, was wir durch die Art und Weise unserer Beobachtungen als Erkenntnis »einladen«. Daher erscheint es wichtig, dass wir den Modellcharakter unserer (auch wissenschaftlichen) Wahrnehmungsergebnisse akzeptieren und uns Rechenschaft darüber ablegen, dass wir bestenfalls die Speisekarte, aber nicht die Speise selbst in unseren Sinneskanälen haben – um nochmals Paul Watzlawick zu bemühen, der diese Speise(karten)-Metapher verwendet, um den erkenntnistheoretischen Konstruktivismus zu veranschaulichen.

Was hat dies nun aber alles mit Verantwortung zu tun, zumal mit jener der Systemtheorie? Wäre es angesichts der komplexitätsreduzierten Weltbeobachtungen, die wir bezüglich der Pandemie in den letzten Monaten in den Medien, in der Politik, aber zum Teil auch in der Wissenschaft beobachten konnten, nicht angemessen gewesen, dass sich die Systemtheorie zu Wort meldet, dass entsprechende Protagonisten zur Vorsicht rufen, wenn modellhafte Simulationen (etwa des Imperial College London) ein Corona-Massensterben prognostizieren? Ist nicht hier genau das sichtbar geworden, was Watzlawick als Verwechselung von Speisekarte und Speise veranschaulicht? Wäre es nicht sinnvoll gewesen, Kritik zu üben in einer Zeit, in der wir Niklas Luhmanns »Realität der Massenmedien«[65] so deutlich und extrem beobachten konnten wie kaum zuvor?

»Was wir über unsere Gesellschaft, ja über die Welt, in der wir leben, wissen, wissen wir durch die Massenmedien. [...] Andererseits wissen wir so viel über die Massenmedien, daß wir diesen Quellen nicht trauen können. Wir wehren uns mit einem Manipulationsverdacht, der aber nicht zu nennenswerten Konsequenzen führt, da das Massenmedien entnommene Wissen sich wie von selbst zu einem selbstverstärkenden Gefüge zusammenschließt. Man wird alles mit dem Vorzeichen des Bezweifelbaren versehen – und trotzdem darauf aufbauen, daran anschließen müssen«[66]. Wer jedoch weiß, dass jede Welt- und Gesellschaftsbeobachtung aus Komplexitätsselektionen hervorgeht, sodass das massenmediale Erscheinen der Welt auf den Bildschirmen der Geräte die Kontingenz nur ausblendet, aber nicht vernichtet, der pflegt den skeptischen Blick und fragt, welche blinden Flecken die präsentierten Unterscheidungen erzeugen und wie genau diese eingeblendet werden könnten, um zu sehen, was bisher nicht oder zu wenig gesehen wurde. So ist freilich auch der politische Umgang mit der Pandemie und die öffentliche, d.h. politische, mediale und wissenschaftliche Inszenierung dieses Versuchs, eine komplexe Dynamik, in der sich biologische und gesellschaftliche Phänomene untrennbar miteinander verstrickt haben. Wer, wenn nicht Komplexitätsforscher*innen, sollte in der Lage dazu zu sein, diese Verstrickungen zu differenzieren, das Knäuel der verhedderten Maschen und Bänder zu sortieren?

Wenn beispielsweise der Virologe Hendrik Streeck fordert[67], dass es an der Zeit ist, die Rolle der Virologen zu begrenzen, dass endlich auch Soziologen oder Psychologen gehört werden sollten, dann zeigt das doch, dass diese sich bisher zu wenig eingemischt haben oder nicht laut genug waren. Neben ihrem Blick auf die nicht intendierten Effekte der Pandemie-Bekämpfung könnte die Soziologie gar die frühen Kritiker*innen des politischen Umgangs mit der Corona-Pandemie verteidigen. Denn einige von diesen haben zum Beispiel auf den sozialen Konstruktionscharakter der gesellschaftlichen Bilder der aus China kommenden Pandemie hingewiesen und ausgeführt, was passiert, wenn die geballte gemeinsame Aufmerksamkeit der Medien, der Politik, des Gesundheitssystems und der Wissenschaft sich auf dieses Virus zentriert. Die Fokussierung der gesellschaftlichen Aufmerksamkeit bestimmt den Fluss der sozialen »Energien«. Diese Konzentration sozialer Wahrnehmungsprozesse hat eine problematische Pfadabhängigkeit erzeugt, die jeden Versuch, alternative Pfade zu betreten, mit moralischen Abwertungen bestraft. Dies war bereits Thema in diesem Blog.

Wer weiß, dass uns Komplexität mindestens in zweifacher Weise überfordert, dass sie erstens keine sicheren Beobachtungen und Prognosen zulässt und dass sie zweitens nicht einmal erlaubt, statistische Korrelationen zu konstruieren, sollte das Wort ergreifen, wenn die Gesellschaft auf vermeintlich sichere Erkenntnisse hereinfällt.

Die angebrochene Übergangszeit können wir nutzen, um zu prüfen, was sich in welcher Weise verändern lässt. Aber auch diesbezüglich vermute ich, dass der Wandel, der kommen wird, der sich nicht aufhalten lässt, uns überraschen wird, weil sich ohnehin alles permanent verändert, sodass Nicht-Wandel erklärungsbedürftig ist, wie Fritz Simon betont. Möglicherweise ist das Social Distancing, die »Entfernung der Körper«, die eine »Ästhetik der Abwesenheit« herausfordert, wie dies Dietmar Kamper in seinem gleichnamigen

Buch bereits 1999 ausgeführt hat[68], mehr als ein Pandemie-Symptom. Es ist ein Zeichen für eine neue Zeit, die Kamper bereits Ende der 1990er-Jahre heraufkommen sah. Diese Zeit ist nicht durch das Virus gekommen. Sondern mit der Pandemie wurde nur beschleunigt, was sich bereits seit Jahrzehnten andeutet. Als ich Dietmar Kamper 1996 anrief, um ihn zu fragen, ob er als Zweitgutachter meiner Doktorarbeit fungieren würde, vernahm ich seine aufgezeichnete Stimme: »Man nehme die Präsenz der Maschine für die Absenz der Person!«

Zurechnungsfähige Systemtheorie

von Steffen Roth

In Sachen Verantwortung der Systemtheorie kommt man zunächst kaum an Heinz von Foersters ethischem Imperativ vorbei: »Handle stets so, dass die Anzahl der Wahlmöglichkeiten größer wird.« Gleichwohl ist ein Mehr an Alternativen systemtheoretisch betrachtet nicht zwangsläufig gut und erzeugt bei einer ganzen Reihe von Beobachtern regelmäßig Überforderungserfahrungen, die dann Sehnsüchte wecken nach der bereits um die letzte Jahrhundertwende herum geadelten Freiheit, nicht wählen zu müssen. Zudem erzeugen einmal getroffene Entscheidungen regelmäßig Abhängigkeiten von Pfaden, die man nicht ohne Grund eher selten bricht. Verantwortlich im Sinne von zurechnungsfähig ist vor diesem Hintergrund eine Theorie, die ihre Theorieentscheidungen als solche ausflaggt. Und just dieses Spiel mit der Transparenz der eigenen Theoriearchitektur ist etwas, das unsere Theorie besonders gut kann.

Zwar arbeiten auch wir mit einer Leitunterscheidung, die man als unhintergehbar betrachten muss, bevor man sie etwa mit der Unterscheidung Form/Medium hintergehen kann. Für diese Leitdifferenz gilt aber, was Luhmann etwa in seiner Einführung in die Systemtheorie[69] auch für den Autopoiesisbegriff feststellt: dass mit der Unterscheidung von System und Umwelt »so gut wie nichts erklärt« und thematisch nichts festgelegt wird außer der konsequenten Beobachtung von Beobachtung und einer gnadenlosen Disziplin beim Unterscheiden und Bezeichnen.

Was unsere Theorie demnach auszeichnet und einzigartig macht, ist ihre thematische Unbestimmtheit, die dafür sorgt, dass man auf unserer Theorieplattform andere Sozial- und Gesellschaftstheorieprogramme simulieren oder emulieren kann. In diesem Sinne lässt sich unsere Theorie als Prototyp einer digitalen Sozialtheorie[70] bezeichnen: Wenn wir marxistisch beobachten wollen, fokussieren wir die Codes von Politik und Wirtschaft kombiniert mit den Leitunterscheidungen der Stratifikation. *Wirtschaft und Gesellschaft* oder Biopolitik führen ebenso wenig zum Systemabsturz wie Risiko, Information oder andere Pars-pro-toto-Gesellschaftstheorien. Auch Männer und Frauen beobachten wir problemlos mit George Spencer-Brown.

Insofern unsere Theorie keine Grundannahmen bezüglich der herausragenden Bedeutung einzelner Segmente, Klassen oder Funktionssysteme der Gesellschaft pflegt, kann sie die Konstanten anderer Theorien als Variablen beobachten. So gehen wir eben gerade nicht davon aus, dass Politik und Wirtschaft per se systemrelevanter sind als Kunst und Religion, sondern beobachten semantische Trends auf der Ebene der Selbstbeschreibung einer Weltgesellschaft, die sich vor der aktuellen Krise vornehmlich (wenngleich womöglich in unzutreffender Weise)[71] in Politik und Wirtschaft gespiegelt hat und in der Gesundheit künftig vielleicht eine größere Rolle spielen wird. Tatsächlich vollzieht sich aktuell ein bemerkenswerter Medienwechsel von Geld auf Krankheit, in dessen Verlauf altbekannte politische Agenden in bemerkenswerter Reibungslosigkeit in neunormale Semantiken einrasten: Wohnungslosigkeit, Werkvertrag, Wohlstandsmigration, Wertschöpfungskette. Bei all dem ist der eigentliche Skandal nun nicht mehr die wirtschaftliche Schieflage, sondern das identifizierte Gesundheitsrisiko. Auf BBC war gestern über Langwelle gar zu hören, dass aufgrund des (am Beispiel Boris Johnsons offenkundig gemachten) Zusammenhangs von Übergewicht und COVID-19-Krankheitsverlauf nun konsequente politische Interventionen gegen Übergewicht geboten seien. Sobald Gesundheit draufsteht, scheint der Bürger inzwischen jede Pille zu schlucken.

Als mindestens ebenso folgenreich könnte sich erweisen, dass die aktuelle Krisensemantik systematisch eine positiv besetzte Leitsemantik der letzten Jahrzehnte diskreditiert: die des Netzwerks. Virale *Fake News*, Infektionsketten von unbekannter Netzwerktiefe, globale Lieferketten ins Herkunftsland der Krise, Networking-Events wie Raves, Konferenzen oder Messen, all das erscheint gerade hochproblematisch. Entsprechend überbietet sich Politik nun in ihrem Anspruch, soziale Netzwerke und Medien hochauflösend zu beobachten. Im

Bereich der Kontrolle von Netzwerken scheint sich einiges aufgestaut zu haben. Nun entlädt es sich in Internetsäuberungsmaßnahmen, Sprachhygiene, neunormaler Netiquette oder schlicht Verboten. Entsprechend fällt es zunehmend schwerer, die nächste Gesellschaft als Netzwerkgesellschaft zu denken: Der Inszenierung nach streamt sich gerade alles schön top-down. Wer will, sieht darin einen Angriff auf die zentrale alternativfördernde Leitsemantik meiner Generation und somit einen Anlass zum politischen Handeln.

All das Politisieren liegt meines Erachtens aber nicht in der von Heiko Kleve angemahnten Verantwortung der Systemtheorie. Wie jede Theorie ist die Systemtheorie ein wissenschaftliches Programm. Entsprechend liegt es in ihrer Verantwortung, sich und andere wissenschaftliche Programme entlang der wissenschaftlichen Leitunterscheidung wahr/falsch zu überprüfen. Dabei muss es theoretisch komplett irrelevant sein, ob eine Wahrheit auf dem Boden der demokratischen Grundordnung steht oder anderweitig politisch korrekt ist. Es muss komplett egal sein, ob sich mit einer Wahrheit Geld verdienen lässt. Es darf keinen Unterschied machen, ob eine Wahrheit Gott, Gaia oder Geistern unserer Ahnen gefällt. Eine Theorie, die sich einer Ideologie oder dem Programm irgendeines anderen Funktionssystems unterordnet, ist wissenschaftlich nicht zurechnungsfähig und in diesem Sinne unverantwortlich.

Entsprechend liegt die Verantwortung des Theoretikers ausgerechnet dort, wo ihn nun wirklich keiner haben will: im Elfenbeinturm oder jedem anderen Platz im Sozialraum, an dem ein Theoretiker – ob allein oder vernetzt – eben das und nur das tun kann, was in seiner Verantwortung liegt: Theorie.

Gerade weil die politischen Antennen der Gesellschaft seit einiger Zeit so sensibel reagieren, liegt es in der Verantwortung der Systemtheorie, auf dem Unterschied zwischen Wissenschaft, Politik und den anderen Funktionssystemen zu bestehen und sich als Wissenschaftsprogramm von den Programmen anderer Systeme regelmäßig nicht mal thematisch irritieren zu lassen, egal wie ehrenwert das zumeist politische Anliegen ist: Geschlechtergleichstellung, Tierwohl, Umweltschutz, alles schön und gut, aber was ein verantwortungsvoller Theoretiker zu liefern hat, ist Theorie und nicht Ideologie, Erziehung, Weltverbesserung oder irgendeine andere Art von Auftragsforschung.

Nur in Form von Nebeneffekten ihrer eigenen Sperrigkeit kann verantwortungsvolle Systemtheorie dann tatsächlich Theorieangebote machen, die Vertretern anderer Interessen als zielführende Programme erscheinen. Zum Beispiel: *Wenn* man etwas gegen den Klimawandel tun will und nicht versteht, warum man dabei auf so viel Widerstand oder Passivität in der Bevölkerung stößt, *dann* kann systemisches Denken nahelegen, in Zukunft auch mal nicht konfrontative Kommunikationsstrategien[72] zu wählen. Oder: *Wenn* man Antikapitalist ist und den Kapitalismus überwinden will, *dann* ist es womöglich hilfreich, weniger Zeit auf die Kritik politischer und wirtschaftlicher Missstände und mehr Zeit auf die Suche nach Lösungsansätzen auch aus anderen Funktionssystemen zu verwenden.

Auch was die aktuelle Krise angeht, kann verantwortungsvolle Systemtheorie im Sinne des doch irgendwie lieb gewonnenen Imperativs Heinz von Foersters eben nicht kritisch, sondern alternativfördernd wirken, indem sie ab und an auch unpopuläre Positionen haltbar macht.

Die programmatische Hauptaufgabe verantwortungsvoller Systemtheorie bleibt aber die digitale Transformation von Sozialtheorie, in deren Ergebnis wir die digitalen Mess- und Analysemethoden des 21. Jahrhunderts nicht länger nur zum Testen antiquierter Buchtheorien, zur Algorithmisierung von Vorurteilen oder zur Modellierung von Urängsten einsetzen, sondern auch auf Höhe der Zeit theoretisch reflektieren können.

Die Verantwortung der Regierenden

von Fritz B. Simon

Es geht nicht darum, ob uns die Frage nach der Verantwortung der Systemtheorie gefällt oder nicht, denn sie ist schlicht und einfach unsinnig. Sie ist vergleichbar mit der Frage nach der »Verantwortung der Arithmetik für ...« (ja, für was eigentlich?).

Verantwortung ist ein soziales Phänomen, das heißt, irgendjemand soll antworten, wenn er gefragt wird bzw. sich selbst fragt, wie er sein Handeln begründet und legitimiert. Und dieses Handeln begründet der »Verantwortliche« meistens mithilfe einer (bewusst oder unbewusst zugrunde gelegten) Theorie.

Wenn ich also alle meine – in diesem Fall spärlichen – Fähigkeiten zur Empathie zusammenklaube, so schreibe ich Heiko Kleve zu, dass er eigentlich nach der Verantwortung »der« Systemtheoretiker und Systemtheoretikerinnen fragen will.

Wenn er unter Berufung auf Albert Einstein und Paul Watzlawick darauf hinweist, dass unsere Theorien bestimmen, wie wir die Welt sehen (= konstruieren), so ist ihm natürlich zuzustimmen. Und die Feststellung, dass man aus einer systemtheoretischen Perspektive zu anderen Beschreibungen und Erklärungen gelangen kann als unter Verwendung anderer theoretischer Modelle, wird hier auch niemand infrage stellen. Allerdings kann mit dieser (= unserer) Perspektive kein höherer Wahrheitsanspruch verbunden sein, zumal wir – wie in anderen Wissenschaften auch zu beobachten – selbst unter Anwendung derselben (system-)theoretischen Prämissen zu höchst unterschiedlichen Schlussfolgerungen gelangen (deswegen können wir uns hier ja auch streiten, wo wir drei uns doch alle – irgendwie – als Systemtheoretiker verstehen).

Um die zitierte Metapher Paul Watzlawicks aufzunehmen bzw. weiterzuentwickeln: Es reicht meines Erachtens nicht, zwischen Speisekarte und Speise zu unterscheiden, sondern wir müssen in die Küche gehen und dem Koch sagen, was gekocht werden soll und welche Rezepte zu verwenden sind. Aber wir sind uns ja nicht einig, welche Speisen wir bestellen wollen. Das Problem ist daher weniger der Unterschied zwischen Speisekarte und Speise, sondern die Frage, was wir auf die Speisekarte schreiben wollen. Denn erst dann können wir uns Gedanken über die besten Rezepte dafür machen. Es geht also – um wieder aus der Küche rauszukommen – um die Handlungskonsequenzen unterschiedlicher theoretischer Modelle – und das bezogen auf die Corona-Krise. Es handelt sich dabei aber meines Erachtens nicht primär um eine theoretische Frage, sondern um eine politische, und in der Hinsicht sind Systemtheoretiker und Systemtheoretikerinnen eben auch nur Bürger wie alle andern und haben keinen größeren Anspruch gehört zu werden als alle anderen.

Um eine andere Metapher Paul Watzlawicks zur Charakterisierung der aktuellen Krise und der Funktion von Wissenschaften zu verwenden: Ein Betrunkener sucht nachts unter einer Laterne nach seinem verlorenen Schlüssel. Befragt, ob er ihn denn dort verloren habe, antwortet er: »Nein, aber hier sehe ich besser!« Die einzelnen Wissenschaften sind meines Erachtens mit unterschiedlichen Straßenlaternen zu vergleichen, die jeweils einen anderen Bereich des Pflasters beleuchten. Die zentrale Frage ist nun nicht, wo der Schlüssel verloren worden ist (obwohl ihre Beantwortung von Nutzen sein kann), sondern: *Wo ist er zu finden?*

Was das betrifft, scheint mir, dass es bislang ganz gut war, sich der Suche von Virologen und Epidemiologen unter ihren Laternen anzuschließen. Denn die können wenigstens trotz ihres unvollständigen Wissens *Handlungsanweisungen* liefern, um das aus ihrer – und einer großen Zahl der Bürger – Sicht »Schlimmste« zu verhindern. Mit Worst-Case-Szenarien zu arbeiten, ist schon deshalb nützlich, weil man dann nur angenehm überrascht werden kann.

Wenn nun Hendrik Streeck meint, es sei *»an der Zeit«*, auch Soziologen und Psychologen in die Entscheidungsfindung einzubeziehen, so ist das wohl kaum Ausdruck seiner fachlichen Bescheidenheit, sondern Einsicht in die unterschiedliche Notwendigkeit unterschiedlicher Maßnahmen zu unterschiedlichen Zeitpunkten. Man muss seine Bemerkung meines Erachtens so hören, dass es vorher *»nicht an der Zeit«* war. Virologen scheinen mir über ein erstaunlich hohes Bewusstsein für Systemdynamiken, aber auch für die Grenzen ihres Faches, zu verfügen. Dass sie teilweise unterschiedlicher Meinung sind/waren, ist ein Merkmal der Qualität ihrer wissenschaftlichen Standards. Weder Herr Drosten noch all die anderen haben je die Macht, politische Entscheidungen zu treffen, für sich beansprucht, sondern immer gesagt: »Entscheiden muss die Politik!«

Damit zeigen sie meines Erachtens ein Systemverständnis, das über das mancher Soziologen und vieler Psychologen weit hinausgeht. Ob da Systemtheoretiker wirklich mehr beizutragen gehabt hätten, kann man mit Fug und Recht bezweifeln, zumal Systemtheorie eben erst dann ihren praktischen Wert gewinnt, wenn ihr abstrakter Rahmen mit konkreten Inhalten gefüllt wird.

In einer Pandemie wie der aktuellen (denn sie ist ja keineswegs vorbei) war und ist Handeln gefragt – genauer gesagt: Es war schnelles Handeln gefragt, und das ist jetzt etwas anders. Wenn man Psychologen, Soziologen usw. in die Entscheidungsfindung einbezieht, so erfordert dies einen hohen Kommunikationsaufwand, das heißt, es wird Zeit verbraucht. Wenn es schnell gehen muss – ich weiß, ich wiederhole mich –, ist Hierarchie am funktionellsten, weil am schnellsten (wenn auch mit Risiken behaftet). Die Krise ist die Stunde der Exekutive. Und auch wenn die Welt komplexer ist, als jedes (!) theoretische Modell zu erfassen in der Lage ist, muss gehandelt werden. Der Rückgriff auf jahrhundertealtes Erfahrungswissen und die

Priorisierung der Ziele hat die Virologen und Epidemiologen ins Spiel gebracht. Denn sie haben – jenseits von Sach- und Sozialdimension der Kommunikation – den Fokus der Aufmerksamkeit auf die Zeitdimension gelenkt. Zeit entscheidet im Fall von Pandemien über Leben und Tod – und nebenbei stimmt sogar auch in diesem Fall, dass »Zeit Geld ist«, denn ein schneller Lockdown hat die Möglichkeit eröffnet, ihn auch relativ schnell wieder zu beenden (das ist, lieber Heiko Kleve, keine Frage der Moral, sondern ein ökonomisches Kalkül).

Dass Schnelligkeit wichtig war, zeigt der Vergleich zwischen Griechenland und Schweden. Beides europäische Länder mit etwa der gleichen Einwohnerzahl. In Griechenland gab es den ersten Erkrankungsfall am 26. Februar 2020, und die Regierung hat bereits ab 27. Februar mit dem Verbot von Karnevalsveranstaltungen und Ähnlichem reagiert und bald darauf auch den vollständigen Lockdown beschlossen. Schweden hingegen hat ganz auf den Lockdown verzichtet und auf freiwillige Maßnahmen der »mündigen Bürger« gesetzt. Im schnellen Griechenland gab es (Stand: 28.06.2020) 3343 Fälle von COVID-19-Infektionen und 191 Tote. Im langsamen Schweden, das nun über eventuelle Lockdown-Maßnahmen nachzudenken beginnt, gab es 65.137 Infektionsfälle und 5.280 Todesfälle (damit gehört es zu den Ländern mit der höchsten Zahl an Opfern pro Million Einwohner weltweit). Interessanterweise sind solche Vergleiche nur nach langem Suchen in den Massenmedien zu finden (aber sie sind zu finden), da manche – nicht alle, aber z. B. die Bild-Zeitung – in ihrer populistischen Kurzsichtigkeit offenbar lieber Virologen jagen …

Also, um es auf den Punkt zu bringen: Ich denke nicht, dass die Systemtheoretiker oder Systemtheoretikerinnen zu leise waren oder sind. Wer an ihrer Meinung interessiert war, hätte sie – in all ihrer Widersprüchlichkeit – auch hören oder lesen können. Ob das wirklich von Nutzen gewesen wäre? Wahrscheinlich, wenn man sie direkt in die Krisenstäbe einbezogen hätte, um über konkrete Maßnahmen zu beraten. Aber nur dann. Ich persönlich halte es mit Ludwig Wittgenstein, der es ablehnte, die Veröffentlichung seines *Tractatus logico-philosophicus* dadurch zu ermöglichen, dass er die Druckkosten aus eigener Tasche finanziert (obwohl dies für ihn als Erben eines Millionenvermögens sicher kein finanzielles Problem gewesen wäre); seine Begründung (sinngemäß): Ich habe der Welt dieses Werk gegeben, wenn die Welt es nicht will, ist sie selber schuld! – Insgesamt scheint mir, haben sich viele Regierungen (gut zu sehen, weil es ja Vergleichsgruppen gibt) ganz gut geschlagen. Sie haben ihre Entscheidungen so getroffen, wie man im dichten Nebel, d. h. bei nur sehr beschränkter Sicht, Auto fahren sollte. Sie sind nicht auf freier Strecke stehen geblieben (um etwa mit Soziologen, Psychologen, Theologen, Astrologen usw. Konferenzen abzuhalten), sondern sind weitergefahren, schnell genug, um keine Auffahrunfälle zu verursachen, langsam genug, um nicht am nächsten Baum zu landen; und bei sich zögerlich klärender Sicht haben sie auch das Tempo ein wenig beschleunigt. Ob das zu schnell war und ist, wird sich erst noch erweisen. Wenn man auf die Regierungen schaut, die schneller in ihrem Versuch waren, alles wieder zu »normalisieren« (z. B. die im Süden der USA liegenden Bundesstaaten), so zeigt sich, wie schnell man – fast wie beim »Mensch ärgere dich nicht«-Spielen – wieder auf den Ausgangspunkt zurückgeworfen werden kann.

Die Verantwortung hat die Politik – nicht die Wissenschaft und schon gar nicht irgendeine Theorie. Und die Regierenden müssen nun mal unentscheidbare Fragen (das heißt, sie sind konfrontiert mit pragmatischen Paradoxien) beantworten, denn nur in Fragen, deren Antworten nicht berechenbar sind, kann überhaupt entschieden werden. Dadurch verwandeln sie Gefahr (die Pandemie) in Risiko (z. B. die unkalkulierbaren Folgen des Lockdowns). Erst später wird man feststellen können, ob diese Fragen einigermaßen gut beantwortet wurden, das heißt, ob die Regierenden ihrer Verantwortung hinreichend gerecht wurden.

Das Aushalten der Welt

Über das Virus, das Netz, libertäre und sozialdemokratische Systemtheoretiker – ein Nachwort

von Bernhard Pörksen

I. Realitätsschock und Theorierevision

Philosophen lieben Gedankenexperimente. Sie kneifen die Augen zusammen und fragen sich: Ist der Tisch noch da, wenn ich ihn nicht sehe? Oder: Macht der Baum, der im Wald umfällt, ein Geräusch, wenn niemand vor Ort ist, der dies hört? Und sie wollen wissen: Wie ist es eigentlich, eine Fledermaus zu sein? Können Menschen sich so intensiv in das Erleben einer Fledermaus einfühlen, dass sie das Fledermaus-Gefühl empfinden? In diesem Sinne kann man in der aktuellen Stimmungslage – Monate nach Ausbruch der Pandemie – fragen: Was wäre unsere Wirklichkeit ohne das Netz? Und was würden wir über das Coronavirus ohne Liveticker, Echtzeit-Berichte und Breaking-News-Schlagzeilen denken, in welcher Gefühlswelt würden wir ohne die mikroskopische Registratur von dramatischen Wendungen und Zäsuren und ihrer maximalen Vergrößerung auf der Weltbühne des Netzes existieren? Was wäre, wenn wir, wie zu Zeiten der Spanischen Grippe im Jahre 1918/1919 mit Millionen von Infizierten und bis zu 50 Millionen Toten, aufgrund der geltenden Zensur und regiert von den Verzögerungseffekten der Printwelt und der damals herrschenden Papierknappheit, nichts Genaues wüssten von den Sterbenden in den USA, in Brasilien oder im eigenen Land? Wären wir die, die wir heute sind?[73]

Gewiss nicht. Am 3. Januar 1919 fand sich in den Münchner Neuesten Nachrichten die folgende Notiz: »Es ist seltsam, wie gelassen die Welt die furchtbare Influenza-Epidemie, die sie während der letzten Monate heimgesucht, hingenommen hat, und wie wenig Aufsehen auch die schlimmsten Sensationsblätter von ihr gemacht haben.« Von diesem Gefühl der Gelassenheit ist heute, gut hundert Jahre später, nichts zu spüren. Im Gegenteil. Das Stimmungsschicksal vernetzter Gesellschaften, die den klug und behutsam dosierten Umgang mit ihren Affekten noch nicht beherrschen, ist die Verstörung, die Irritation. Man hat den Eindruck, sich auf schwankendem Grund zu bewegen, mal vorsichtig, mal bedächtig, hin- und hergerissen zwischen Verzweiflung und Wut über geplatzte Pläne und entgangene Gelegenheiten, Sorge und Normalitätssehnsucht, gleichsam stets auf dem Sprung. Und im Hintergrund lauert eine leicht entzündliche Angst, die einen vielleicht schon beim Hustenanfall des Sitznachbarn in der U-Bahn wieder ergreift, der seine Maske leider nicht richtig über die Nase gezogen hat.

Was muss, was sollte sich jetzt ändern? Das eigene Leben? Gewiss, aber das ist schon passiert. Social Distancing erscheint als das Gebot der Stunde. Wir zoomen. Wir skypen. Wir sitzen, verdammt zu einem gigantischen medien- und kommunikationstheoretischen Experiment, zu Hause, wir können nicht reisen, sollten einander nicht umarmen. Aber es ist auch das eigene Denken, das auf einmal auf dem Prüfstand steht, sich ändern muss bzw. ändern könnte, oder? Denn das, was wir – zugegebenermaßen in vorkantianischer Hemdsärmeligkeit – *die Realität* nennen, ist auch in die Sphäre der Reflexion eingebrochen, ist in sie hineingeplatzt. Und ist nun da. Gelten unsere Theorien noch nach dem Realitätsschock von Corona?[74] Treffen sie die Zeit? Erweisen sie sich als praxistauglich? Oder offenbaren sie in einem eigentümlichen Spiegelungseffekt eine Orthodoxie der Abstraktion und eine Weltferne, die besser im Verborgenen geblieben wäre? Ich würde sagen: Die Theorie-Produktion und Theorie-Exekution in Zeiten des Virus funktioniert mitunter als eine Art Rorschachtest, der manchmal nur eines zeigt: eigene Ängste, Wünsche, Sehnsüchte. So beschwören beispielsweise europäische Philosophen im Gefolge von Giorgio Agamben die Horrorvision einer Expertokratie und einer Hygienediktatur und holen die verstaubten Foucault-Bücher aus dem Schrank, als wären sie Waffen, und sagen das, was der Meister vielleicht auch gesagt hätte. Das ist nicht das Leitthema dieses Buches, gewiss nicht. Hier geht es darum, den Beobachtungsreichtum, der sich aus dem systemischen Denken ergibt, zu nutzen, die Pandemie in ihren Folgen als Resultat einer mangelnden Regulierung von Märkten (Fritz B. Simon) und ungezügelt wuchernder Wachstumsprozesse (André Reichel, Claudia Kemfert) vorstellbar zu machen. Es geht um die Genese verbindlicher Entscheidungen (Antje Tschira), die Marginalisierung ökonomischer Imperative in Zeiten der Corona-Krise (Birger P. Priddat), die Konturen einer neuen Normalität aus systemtheoretischer Perspektive (Heiko Kleve). Und einmal geht es auch um die Frage, warum Gregory Bateson und George Spencer-Brown, beides Protagonisten des systemischen Denkens, nicht zum Zahnarzt gingen. Und ob sich daraus etwas für unsere Gegenwart ableiten lässt, also das Nichtstun empfohlen werden kann bzw. im systemischen Denken selbst angelegt ist.

Aber es hat mich doch auch, dies will ich nicht verhehlen, erschreckt, dass auch in diesem Buch der Analyse gleich in mehreren Beiträgen die Eskalationsthese einer *Gesundheitsdiktatur* auftaucht, die mit der Pandemie drohe. Man muss es ganz uncharmant so sagen: Hier handelt es sich eben nicht nur um eine Machtanalyse im Gefolge von Michel Foucault, sondern in der gegenwärtigen Lage auch um die Erkennungsvokabel eines verschwörungstheoretischen Milieus und eines zündelnden Populismus. »Die Corona-Pandemie hat vielen Staaten der Erde, einerlei ob demokratisch verfasst oder nicht, als Anlass gedient, eine ganz neue Form der Enteignung zu testen: Die Enteignung des persönlichen Risikomanagements zusammen mit einer fast beispiellosen Missachtung produktiver Zusammenhänge«, so heißt es beispielsweise am Schluss eines Essays von Stefan Blankertz. »Die Alternative der Zukunft lautet: Aneignung der Selbstbestimmung oder Barbarei der ›Gesundheitsdiktatur‹.« Ich habe mich gefragt: Sind diese Sätze im Sinne einer auch nur rudimentär informierten Lagebeschreibung ernst gemeint? Ist *das* (individuelles Risikomanagement versus Diktatur) aktuell die Alternative, nicht nur im Sinne ausgedachter Oppositionen, sondern konkreter Lebenswirklichkeiten? Hat sich der Autor auch nur für fünf Minuten mit der Frage befasst, was die Strategie einer von Staatsverachtung geprägten Individualisierung des Risikos in Brasilien oder den USA für diejenigen bedeutet, die arm sind und die sich die schützende Isolation oder im Zweifel auch das Beatmungsgerät in der privaten Krankenstation nicht leisten können? Glaubt irgendwer wirklich (wie gesagt: unter der Voraussetzung rudimentärer Empirie-Kontakte), dass die Individualisierung von Risiken als zentrales Mittel der Pandemie-Bekämpfung taugt? Und weiß ein Autor, der die »Barbarei« einer Gesundheitsdiktatur in einer Demokratie an die Wand malt, was eine Diktatur ist? Der Vorzug der in diesem Buch gewählten Auseinandersetzung besteht darin, dass dergleichen (und es gibt aus meiner Sicht – neben vielen ganz anderen Analysen – diverse Passagen eines dunklen Verbalradikalismus und einer politisch fragwürdigen Staatsverachtung) in keinem einzigen

Fall unwidersprochen bleibt. »Wer sich hier angesichts der Corona-Maßnahmen und Einschränkungen laut um die individuelle Freiheit sorgt, der sollte sich meines Erachtens schnell zur nächsten Hysterie-Olympiade anmelden«, so schreibt beispielsweise Fritz B. Simon. Das ist deutlich. Und schon diese wenigen Hinweise auf kollidierende Einschätzungen zeigen: Hier haben sich Soziologen, Ökonomen, Therapeuten, Künstler, Gesellschaftsanalytiker und Systemtheoretiker unterschiedlichster Couleur nicht einfach nur im Stuhlkreis-Modus zusammengefunden, um sich in ihrer Bedeutung zu bestätigen und in einem Klima wohliger Unklarheit Ich-Botschaften austauschen. Hier wird tatsächlich einmal diskutiert, hart in der Sache gerungen, polemisiert und dann wieder mit einer Leichtigkeit und einer stilistischen Eleganz nuanciert und differenziert, die mir Bewunderung abnötigt. Man muss ja nicht gleich einverstanden sein. Streit bietet eine Erkenntnischance eigenen Rechts – das ist die Einsicht, die für mich aus der Lektüre dieses Buches und dem Disput in all seinen Facetten folgt.

II. Libertäre und sozialdemokratische Systemtheoretiker

Noch einmal zurück zu der Frage, ob und in welcher Weise der Realitätsschock der Pandemie das eigene Denken und Theoretisieren verändern sollte und verändern muss. Was heißt die Unterbrechung der Routinen für die Suspendierung und die Transformation von Denkroutinen? Fakt ist doch: Wir sind, um den Soziologen Harald Welzer zu zitieren, »gerade Teilnehmerinnen und Teilnehmer eines Epochenbruchs, in dem ein kleines Virus alles das zur Sichtbarkeit und Verschärfung bringt, was zuvor als Bruchstelle auch schon da war, im Normalbetrieb aber für eine spätere Bearbeitung zur Seite gelegt wurde, auf diesen großen Stapel.«[75] Diese Bruchstellen der Theoriearbeit und Theorieanwendung – und das ist ein Vorzug des hier gedruckt vorliegenden Disputs und der gewählten Form – werden in diesem Buch eben gerade nicht überspielt, nicht zur weiteren Nichtbearbeitung auf einen Stapel von Unerledigtem abgelegt. Sie werden deutlich benannt und debattiert. Das Virus funktioniert in diesem Buch und im Weltmaßstab wie ein Kontrastmittel. Es macht jede Menge Differenzen sichtbar.

Mir selbst ist beim Lesen der Beiträge klar geworden, dass ziemlich gegensätzliche politische Haltungen von Systemtheoretikerinnen und Systemtheoretikern und unterschiedliche Varianten der Systemtheorie nebeneinander existieren, die hier aufeinanderprallen. Zum einen gibt es eine stärker empirisch orientierte Systemtheorie, und es gibt ein tendenziell hermetisches Theoretisieren, das sich um Alltagsbeispiele allenfalls als Stil-Kolorit kümmert, aber das Feld der Konkretisierung und der präzisen Illustration nicht wirklich betreten will. Man signalisiert zumindest implizit durch das eigene Denken und seine Präsentation, dass es schon irgendwie reicht, nach Leitdifferenzen und Codebestimmungen zu suchen, Funktionssysteme zu benennen oder sie im Kontrast zu Entwürfen anderer neu zu taufen, um ansonsten als selbstbewusster Bewohner des Elfenbeinturms Distanz zu reklamieren. Persönlich meine ich nicht, dass die Praxis-Ferne eine sonderlich gute Idee ist. Aber man wird auch durch eine solche Position noch einmal darauf gestoßen, dass sich das Verhältnis von Meta-Theorie und Anwendung ganz unterschiedlich bestimmen und ausbuchstabieren lässt – mal im Sinne maximaler Distanz, mal im Sinne der Inspiration zu einem Denken und Handeln, das ohne die Verfremdungseffekte der systemischen Perspektive nicht zu haben wäre.

Zum anderen, auch das macht dieses Buch klar und verleiht ihm womöglich theoriegeschichtliche Brisanz, gibt es liberale, libertäre und sozialdemokratische Systemtheoretiker – und gewiss noch weitere Varianten und Variationen. Und offensichtlich ist: Einige, die hier zu Wort kommen, fürchten eine vermeintliche Übermacht des Staates, verunglimpfen Positionen, die ihnen zweifelhaft erscheinen, als doofe Moralkommunikation, ziehen über die »wahrhaftig schauerlichsten Erzählungen von Klimawandel und Weltuntergang« (Steffen Roth) her, die die Menschen nicht läutern würden. Und verwandeln das Autonomiepostulat systemischen Denkens in eine Forderung in Richtung der gerade Regierenden: »Haltet Euch bloß raus! Schont die Differenzen! Schützt die systemische Selbstorganisation!« Worauf will ich hinaus? Wir stehen womöglich an der Schwelle zu einer fragwürdigen politisch-ideologischen Indienstnahme der Systemtheorie, und ich will hier meinen Einspruch und meine Kritik nicht verbergen. Denn es könnte sich, so wurde mir bei der Lektüre einzelner Beiträge deutlich, eines nicht so fernen Tages eine ins dogmatisch Libertäre und ins rechte Lager abdriftende Politisierung der Systemtheorie entwickeln, eine Mixtur aus luhmannscher Terminologie und politischer Programmatik in Form eines normativ aufgeladenen Funktionalismus. Dann würde sich die Freude an der Differenz, die gerade noch inspirierte und elektrisierte, in eine raunend-aggressive Staatskritik verwandeln. Und dann wäre man bei dem Uralt-Mantra von Ronald Reagan, nun aber im Verbund mit systemisch »begründeten« Autonomieforderungen: »Government is not the solution to our problem«, so hat dieser einst gesagt, »government is the problem.«

Die sozialdemokratischen Systemtheoretiker, die Diskussionsbeiträge formuliert haben, versuchen, das eigentümliche Stimmungsgemisch, das politisch Schillernde einzelner Einlassungen mit großer Entschiedenheit aufzuhellen, es im Wortsinne zu kritisieren, also durchschaubar zu machen. Sie fragen: Zeigt nicht gerade die Corona-Krise, was ein Staat kann und wofür er da ist? Ist nicht genau in der Erfahrung der Pandemie die Einsicht enthalten, dass eine fahrlässige Staatsverachtung, mal rein empirisch gesprochen (siehe Bolsonaro, siehe Trump, siehe auch Johnson), nicht funktioniert? Jetzt kann man Regierungseffizienz oder eben auch Regierungsversagen, das für Menschen den Tod bedeuten kann, auf der Weltbühne der Zivilisation sehen und vergleichen. – Anschlussfrage: Sollte das einem nicht zu denken geben, wenn man Hyperindividualismus und Interventionsverweigerung programmatisch propagiert und sich zwischendurch mal die Zahlen anschaut?

Der Streit um die Rolle und Bedeutung des Staates eskaliert an einer Stelle dieses Buches auf erhellende Weise. Fritz B. Simon schreibt: Es »stellt sich für mich die Frage – und ich gebe sie hiermit an Steffen Roth weiter: Was wäre denn in der gegenwärtigen Situation zu tun, wenn wir den schlankeren Staat hätten [...]?«. Steffen Roth antwortet: »Was kann der schlanke Staat in dieser oder jener Krise tun? Weniger. Einfach weniger. Mit den richtigen Tools kann der schlanke Staat einfach weniger tun und mehr zuhören.« Aber: Was heißt weniger? Was bedeutet dies, wenn die Handlungszwänge offensichtlich werden und man nicht sehr ausführlich über das Virus und schon gar nicht mit ihm diskutieren kann? Ganz konkret: Soll man mal einfach wieder 20.000 Leute in ein Fußballstadion lassen, frei nach dem Motto: Es wissen doch alle, was sie tun, und niemand darf in dieser freien Welt von einem irgendwie suspekten Staat, dessen »Exekutive sich nun dem Stalking einzelner Funktionssysteme verschreibt« (Steffen Roth), drangsaliert und in seinen individuellen Freiheiten beschränkt werden? Gilt es, gerade jetzt die Krankenhäuser noch stärker zu privatisieren, um die Anreize des privat-persönlichen Risikomanagements zu maximieren? Ich hätte mir gewünscht, dass das ernsthafte Konkretisierungsdrängen der Sozialdemokraten, das ich hier in Form von Fragen reproduziere, von den Liberalen und Libertären ernst genommen worden wäre. Mir fehlen hier Antworten, die über eine pauschale Pluralitäts- und Kontingenzemphase (immer gut) und den Rückzug in Richtung Binsenweisheit (»Wenn das Haus brennt, kann allerhand passieren. Was aber ungleich öfter passiert, ist Fehlalarm«) hinausgehen. Denn die Schlüsselfrage für Systemiker ist doch: Wie stellt man in bedrückenden Situationen im Bewusstsein und in der Anerkennung von Differenz – zumal unter Zeitdruck – kollektiv bindende Entscheidungen her, die einerseits ganz klar sind, aber doch andererseits alternative Möglichkeiten so mitlaufen lassen und in der Latenz präsent halten, dass sie bei Bedarf aufgegriffen werden können? Ich würde sagen: Wer diese Entscheidungsmöglichkeiten eines Staates prinzipiell demontieren will, wer ihre Relevanz und Notwendigkeit negiert, der hat sich im Grunde genommen aus der politischen Debatte verabschiedet. Systemtheorie ist dann eine neue Heilslehre für Staatsfeinde oder aber eine Legitimationsphilosophie für Gleichgültige, die ihre Gleichgültigkeit als besonders avanciertes Theoretisieren und Politisieren ausgeben und andere fortwährend über Blickverengungen, falsche Komplexitätsreduktionen und übertriebenes Moralisieren belehren. Da liegt kein Segen drauf.

III. Die Gleichzeitigkeit des Verschiedenen

Und nun erneut zurück an den Anfang – und noch einmal gefragt: Was wäre unsere Wirklichkeit ohne das Netz? Meine Antwort: Wir würden sehr viel weniger sehen ohne dieses Medium der radikalen Differenzerfahrung. Es gäbe keine kleinen, lustigen TikTok-Videos, in denen Menschen ihr Erschrecken vor dem Virus wegtanzen, keine Ad-hoc-Podcasts von Virologen, keine permanent aktualisierten Statistiken, keine interaktiven Karten, die vom Fortschreiten oder vom Rückgang der Pandemie künden. Man würde von den Experten, den Journalisten, den Verschwörungstheoretikern und Desinformationsspezialisten, den Spaß- und den Panikmachern, den Wundermittel-Anbietern und der verzweifelten Suche des US-Präsidenten nach einem neuen Spin der Schuldabwehr und Schuldumkehr einfach sehr viel weniger mitbekommen. Wir sind, so meine These, in eine Atmosphäre der totalen Gleichzeitigkeit eingetreten, leiden an einer Überdosis Weltgeschehen. Alles und alle sind jetzt gleichzeitig da, sichtbar im Weltinnenraum der Kommunikation, erlebbar auf ein und demselben Kanal, vielleicht nur einen Klick voneinander entfernt. Hass gegen Asiaten. Und Kampf gegen diesen Hass. Totale Fiktion. Und nüchterne Faktizität. Grelle Interpretationen. Das befreiende Lachen. Und die Beschwörung eines apokalyptischen Infernos. Wir erleben das Ende der Idylle in einem einzigen Rausch geteilter Information, dem sich niemand entziehen kann, weil »die kollektiven Nervenleitungen unseres Planeten eine einzige blubbernde, diffuse, quasi-fühlende, rund um die Uhr aktive Meta-Community bilden«, wie der Schriftsteller Douglas Coupland, ein Biograf Marschall McLuhans, einmal schrieb.[76] Das Ineinanderfließen des privaten und des öffentlichen Bewusstseins – Signatur des digitalen Zeitalters – wird gerade in diesen Tagen und Wochen zur alltäglichen Erfahrung. Und das bedeutet Stress, weil der Filterclash, die Sofort-Konfrontation mit immer anderen Ansichten und das Aufeinanderprallen von Parallelöffentlichkeiten, unvermeidlich geworden ist.[77]

Diese Mediensituation eines radikalen Pluralismus spielt in den jetzt gedruckt vorliegenden Diskussionen nicht wirklich eine Rolle. Vielmehr findet sich (zum Glück: nicht ohne den entschiedenen Widerspruch) in manchen Beiträgen eine Form der Medienkritik, die mich aus verschiedenen Gründen irritiert. Denn sie lässt, einerseits, eine gewisse Sympathie für Verschwörungstheoretiker erkennen. Diese werden verteidigt, man kritisiert ihre Exklusion aus dem »Mainstream«, lobt »gerade Spaziergänge durch die Lustgärten sogenannter Verschwörungstheorien« als »gesundheitsförderlich« (Steffen Roth), kritisiert eine »Gesundheitspropagandaoffensive«, ohne aber ausreichend konkret zu werden, was und wer hier eigentlich gemeint ist. Hier sollte man aber konkret werden, denke ich, ohne gleich die Gesinnungsbevormundung zu fürchten. In welcher Hinsicht ist es nützlich oder gar »gesundheitsförderlich«, dass Konspirationsbehauptungen verbreitet werden? Welche der »sogenannten« Verschwörungstheorien haben besondere Vorzüge? Was heißt eigentlich »gesundheitsförderlich« und »Lustgarten«, wenn man sich die Eigenwirklichkeit des verschwörungstheoretischen Denkens in Zeiten der Infodemie tatsächlich einmal anschaut, das Spiel mit antisemitischen Codes, die Drift in Richtung paranoider Fantasien, die Gewaltanimationen und Notwehrthesen, die Aufforderungen zum Widerstand, die angeblich das Grundgesetz gebiete? Mal spekuliert man über die Verantwortung des jüdischen Milliardärs George Soros, mal baut man Bill Gates zur Hassfigur auf. Dann ist die Rede davon, es sei eine »Implantierung von Mikrochips« geplant. Es wird behauptet, bei dem Virus handele es sich in Wahrheit um eine »Erfindung der Pharmaindustrie« oder wahlweise auch um eine »Biowaffe«. Es gebe (irgendwie hängt ja alles mit allem zusammen) einen »Entvölkerungskrieg durch 5G«, denn der Mobilfunkstandard schwäche das Immunsystem oder sei gar für die Pandemie verantwortlich – eine Idee, die zu Anschlägen auf die Mobilfunk-Infrastruktur und zu Brandstiftungen geführt hat, vornehmlich in Großbritannien, aber auch in anderen Ländern wie Italien, den Niederlanden, Frankreich etc.[78] Gibt es harmlosere Konspirationsmythen, die angeblich und irgendwie viel besser sind und auf die man hier referiert? Noch einmal: Um wen oder was geht es? Wer oder was ist hier gemeint? Hier braucht es das Beispiel, die konkrete Benennung, nicht die vor sich hin raunende Behauptung, die alles und nichts heißen kann und im Niemandsland der Unklarheit und Interpretationsoffenheit vor sich hin schillert. Und vielleicht zur allgemeinen Beruhigung: Man darf entgegen anderslautender Gerüchte in diesem Land sehr vieles sagen, nur eben nicht unwidersprochen, denn es gibt kein Menschenrecht auf Beifall.

Der andere Grund für meine Irritation ist, dass sich in einigen wenigen Beiträgen eine Kritik am medialen »Mainstream« findet (an einer Stelle ist auch die Rede von einer »nahezu« weltweiten »Gleichschaltung« der Massenmedien), die – um es mal behutsam zu sagen – vordigital daherkommt. Hier werden, im Extremfall mit NS-Konnotationen, alles dominierende Machtzentren, Steuerungs- und Gatekeeper-Instanzen vorausgesetzt, die es in der Empörungsdemokratie unserer medialen Gegenwart so nicht mehr gibt.[79] Man kann die Überschätzung massenmedialer Macht sehr schön an einem geflügelten Wort Niklas Luhmanns greifbar werden lassen, das auch in diesem Band zitiert wird und das definitiv aus einer anderen Medienepoche stammt. Es handelt sich um den ersten Satz, mit dem der Soziologe seinen Essay über die Realität der Massenmedien beginnt. »Was wir«, so heißt es, »über unsere Gesellschaft, ja über die Welt, in der wir leben, wissen, wissen wir durch die Massenmedien.«[80] Genau besehen hat dieser Satz noch nie gestimmt. Denn natürlich wissen wir sehr viel über diese Gesellschaft, was wir nicht aus Medien erfahren, die man sinnvoll als Massenmedien bezeichnen kann. Unter den Bedingungen vernetzter Kommunikation ist eine solche Diagnose in jedem Fall ergänzungsbedürftig. »Was wir über die Welt wissen«, so parodiert der Netzpublizist Sascha Lobo die Sätze Luhmanns, »wissen wir aus einem kleinen Bildschirm, der uns sozial, redaktionell und algorithmisch aufbereitete Informationen präsentiert, dabei Sensationalisiertes, Zugespitztes, Radikales tendenziell bevorzugt, was durch die Echokammern der Netzöffentlichkeit selbstverstärkend wirkt.«[81] Insofern lautet die entscheidende Frage, wie man die Medienkritik von ihren pauschalisierenden Unter- und Zwischentönen löst, sie konkret und damit eben erst diskursiv verhandelbar macht und sie in unserer digitalen Gegenwart situiert. Und wie man lernt, die Welt unter den Bedingungen vernetzter Kommunikation auszuhalten.

Denn Fakt ist, auch das ließ und lässt sich im Verlauf der Pandemie beobachten: In einer solchen Situation der Krise beginnt – in der Regel vornehmlich im Milieu der Privilegierten – die Sehnsucht nach informationeller Abschottung mächtiger zu werden. Medienkritik ist dann, bei aller Berechtigung, die sie womöglich hat, auch ein Ausweichen, ist Gedankenflucht, um die Welt anzuhalten, indem man sie ausschaltet, ausblendet. Und wäre es nicht zu schön, alles wäre nur ein besinnungsloser Hype, den man durch ein bisschen Medienkritik entschärfen könnte? Der Journalist Gabor Steingart – Seismograf eines zum Mainstream gewordenen Anti-Mainstream und eines berechenbaren Nonkonformismus – hat schon vor Monaten die Behauptung verbreitet, man habe es im Falle der Corona-Angst womöglich mit der größten »Massenhysterie der Moderne« zu tun. Es ist kein Zufall, dass er als eine Art Beleg ein paar Sätze aus einem Essay des Schriftstellers Botho Strauß aus dem Jahre 2013 zitiert. Was jedoch in Steingarts Autoritätenzitat nicht vorkommt, aber von Strauß intendiert ist, besitzt tatsächlich eine zeitdiagnostische Brisanz. Hier wird eine Sehnsucht nach der Rückkehr in eine Idylle formuliert, die es, wie eben jetzt erfahrbar wird, unter den aktuellen Medienbedingungen gar nicht mehr geben kann. Der Schriftsteller verherrlicht in dem zitierten Essay den »Unverbundenen«, der sich in »neue unzugängliche Gärten flüchtet«. Er ruft den »Ungerührten« (vulgo: den Gleichgültigen) zum Vorbild und zur Zukunftsgestalt aus, weil er es vermag, »ohne eine Regung von Zukunftsunruhe, ohne Angst zu leben«.[82]

Wäre das nicht schön, so möchte man weiter fragen, wenn man jetzt einfach den Stecker zieht und sagt: Ich bin dann mal weg. – Aber ist das Virus dann auch weg? Wird, wenn man sich dem Impulsgewitter der Medien entzieht, nicht mehr gestorben und gelitten? Ist der Kampf zwischen den Mächten der Aufklärung und denen der Gegenaufklärung, der gegenwärtig so drastisch und dramatisch ausgefochten wird, dass selbst die Plattform-Unternehmen klar Partei ergreifen und sich auf die Seiten wissenschaftlicher Expertise schlagen, dann vorbei? Nützt es irgendwem (außer vielleicht der eigenen Person), wenn man jetzt wegschaut? Natürlich nicht. Das heißt: Die Spießer eines heiliggesprochenen Seelenfriedens, die den Schrecken als Störung im eigenen Behaglichkeitskosmos begreifen, weichen mit ihren Ego-Rezepten den entscheidenden Fragen aus, die da heißen: Was ist *wirklich* wichtig? Wie lässt sich sinnvolle Vorsicht von lähmender Angst unterscheiden? Und wie können wir, Gefühlswesen, die wir nun einmal sind, kommunikative Register für den Umgang mit bedrohlicher Ungewissheit entwickeln?

Natürlich gibt es auf diese Fragen keine Antwort im Sinne einer primitiven Rezeptologie; hier sind sich alle Diskutanten, die an diesem Buch mitgeschrieben haben, tatsächlich einmal einig. Denn das jeweilige Informations- und Kommunikationsverhalten hängt ab von der eigenen Position und Person, der eigenen Rolle, der jeweils besonderen Situation. Ist man Journalist, öffentlich auftretender Gesundheitsexperte, Medienkonsument? Und doch gilt es, in allen Rollen und Konstellationen und ganz besonders in der gegenwärtigen Situation einer allgemeinen informationellen Verunsicherung das Dilemmabewusstsein auf dem Weg zu einer individuell und persönlich sinnvollen Strategie neu zu schulen, davon bin ich überzeugt. Dies in dem Wissen, dass die individuelle Auflösung eines Dilemmas immer Folgekosten besitzt, man also unvermeidlich einen Preis bezahlt.[83] Seriöse Journalistinnen und Journalisten müssen in der gegenwärtigen Lage sich überstürzender Ereignisse zwischen zwei Werten abwägen. Auf der einen Seite: das Bemühen um eine sensible, strikt relevanzbezogene Selektivität in der Informationsauswahl, der es nicht einfach nur darum geht, mit maximaler Geschwindigkeit auf Sendung zu gehen und irgendwelche Nonsens-News mit großer Geste rauszublasen. Auf der anderen Seite: die unbedingte Aktualitätsorientierung, die jedoch ihrerseits, wenn man es denn übertreibt, zur Nachrichtenproduktion ohne Aufklärungswert abstürzen kann. Für den öffentlich auftretenden Gesundheitsexperten gilt es hingegen, die gefahrenbewusste, warnende Achtsamkeit (natürlich ohne panikschürende Dramatisierung) mit ruhiger Besonnenheit zu kombinieren, die ihrerseits nicht übertrieben werden darf. Sonst droht die auf Beruhigung zielende Bagatellisierung – auch dies ein Dilemma eigener Art, das jede ernsthafte, um Wahrhaftigkeit bemühte Krisenkommunikation regiert. Und schließlich muss es in natürlich individueller Gestalt dem einzelnen Medienkonsumenten gelingen, die engagierte Anteilnahme am Weltgeschehen in einen Ausgleich mit einer abgrenzungsfähigen Selektion und Dosierung zu bringen. Denn weder die permanente Verstörung noch die von Botho Strauß so wortreich verherrlichte Gleichgültigkeit sind wirklich wünschenswert. Was gilt es auszuhalten, was unbedingt zu betrachten, was jedoch in einem Akt der selbstbewussten Ignoranz einfach auszublenden? In welche Richtung man diese und andere Dilemmata auflöst – das bleibt in einer offenen Gesellschaft (und auch das ist selbstverständlich eine gute Nachricht) dem Einzelnen überlassen, passend zur konkreten Situation und der eigenen Person. Aber hier in einem hellwachen Bewusstsein zu agieren – darauf kommt es auch heute weiterhin an.

Ein letzter Gedanke. Unter dem Druck der aktuellen Krise und im globalen Pulsieren der Informationsströme gibt es im Sinne der totalen Gleichzeitigkeit des Verschiedenen jede Menge Horror, Hetze, Falschinformation, sinnvolles und sinnloses Theoretisieren, ganz ohne Frage. Aber es lässt sich eben auch eine geradezu atemberaubende Beweglichkeit und Lernfähigkeit von Individuen und ganzen Gesellschaften beobachten, die ihr Verhalten ändern, die solidarisch kooperieren und im Bemühen, ältere und schwächere Menschen zu beschützen, das dringend Gebotene einfach tun. Es wäre in Zeiten eines aggressiven Nationalismus und der egozentrischen Selbstabschottung einzelner Gruppen und ganzer Staaten falsch und einigermaßen naiv, hier gleich die Herausbildung einer empathischen Zivilisation zu feiern. Aber es wird im allgemeinen Gestöber der schlicht bedrückenden Berichte doch – neben allem, was beunruhigt und erschreckt und traurig macht – auch eine große, schöne Möglichkeit offenbar, oder?

Fortsetzung folgt ...

Im Lockdown mehr Gewalt gegen Kinder?
Welt, 21. August 2020

Mehr Schwangerschaften durch Corona-Lockdown
Haller Kreisblatt, 24. August 2020

Corona-Krise: Kanzlerin Merkel erreicht erboster Brief aus dem Mittelstand – »Branchen überleben das nicht«
Merkur, 26. August 2020

What if the First Coronavirus Vaccines Aren't the Best?
New York Times, 27. August 2020

Coronavirus live news: face masks become mandatory in Paris, India records over 77,000 new cases in a day
The Guardian, 28. August 2020

Der Hass auf die Maske
FAZ, 29. August 2020

Corona in Spanien: Stierkampf gefährdet die Zuschauer
Taz, 30. August 2020

Corona-Demo reißt Schmerzgrenzen ein
Ein buntbrauner Mix aus Hass und Happening
Tagesspiegel, 30. August 2020

Frankreichs Ärzte fürchten Corona-Gau zum Schulstart
BILD, 31. August 2020

Tracking Covid-19 cases in the US:
- **Cases 6,076,589**
- **Deaths 184,697**

(Source: Johns Hopkins University Center for Systems Science and Engineering)
CNN, 2. September 2020

Anmerkungen

1 Das Anhalten der Welt – oder: Was kommt danach?

1 Capra, F. (1991): Wendezeit. Bausteine für ein neues Weltbild. München (dtv).

2 Castaneda, C. (1976): Reise nach Ixtlan. Die Lehre des Don Juan. Frankfurt/M. (Fischer). Bei Castaneda geht es nicht darum, die äußere Welt anzuhalten, sondern den inneren Dialog, um in dessen Folge einen Wendepunkt für die äußere Welt zu erreichen. Die Aufnahme des Begriffs »Anhalten der Welt« schien für das, was im Kontext des Lockdowns erfahrbar wird, dennoch attraktiv und legitim.

3 Roth, S., P. Schwede, V. Valentinov, K. Zazar a. J. Kaivo-oja (2019): Big data insights into social macro trends (1800–2000): A replication study. *Technological Forecasting and Social Change* 149: 119759.

2 Die Welt läuft weiter, vielleicht schneller als je zuvor

4 Roth, S., T. Santonen, M. Heimstädt, C. Clark, N. Trofimov, J. Kaivo-oja, A. Atanesyan, B. Laki a. A. Sales (2019): government.com? Multifunctional cabinet portfolio analysis of 201 national governments. *Journal of Organizational Change Management* 32 (6): 621–639.

3 Organisation gesellschaftlicher Aufgaben

5 Krankenkassenvergleich: Krankenversicherung in Italien. Verfügbar unter https://www.krankenkassenvergleich.com/krankenversicherung-italien [06.07.2020].

4 Vom Für und Wider der Politisierung bzw. Ökonomisierung zur Staatskritik

6 Kleve, H. (2020): Corona III: Der Einbruch der Freiheit, 1989 und 2020. Eine Momentaufnahme. Verfügbar unter https://kure.hypotheses.org/846 [06.07.2020].

6 Politik und Wissenschaft dezentrieren sich

7 Vgl. Simon, F. B. (2007): Einführung in Systemtheorie und Konstruktivismus. Heidelberg (Carl-Auer).

7 Die neuen Symbiosen – oder: die systemischen Esel

8 Priddat, B. P. (2015): Economics of persuasion. Ökonomie zwischen Markt, Kommunikation und Überredung. Marburg (Metropolis).

9 Cerulo, K. A. (2006): Never Saw It Coming: Cultural Challenges to Envisioning the Worst. Chicago (University of Chicago Press).

10 Holzer, B. (2020): Schwarzmalerei unerwünscht. In: FAS, Nr. 19: 19.
11 Lingg, A. u. B. P. Priddat (2020): Corona VII: Eingefallene Horizonte und Körperwelten: Was macht Corona mit dem Kapitalismus? Verfügbar unter https://kure.hypotheses.org/867 [06.07.2020].

9 Schrumpfendes Wachstum

12 Beck, U. (1986): Risikogesellschaft. Auf dem Weg in eine andere Moderne. Frankfurt/M. (Suhrkamp).
13 Deutsche Fassung: Meadows, D., D. H. Meadows, P. Milling u. E. Zahn (1972): Die Grenzen des Wachstums. Bericht des Club of Rome zur Lage der Menschheit. München (DVA). Verfügbar unter: https://www.chelseagreen.com/2020/limits-to-growth-covid-epidemic/ [27.08.2020].
14 BBC News: Coronavirus: France's first known case ›was in December‹. Verfügbar unter https://www.bbc.com/news/world-europe-52526554 [05.05.2020].
15 Tidey, A. a. R. Kennedy (2020): Coronavirus: A mink may have transmitted COVID-19 to a human, says Dutch government. Euronews. Verfügbar unter https://www.euronews.com/2020/05/20/coronavirus-minks-test-positive-for-covid-19-at-two-dutch-farms [20.05.2020].

10 Verschwörung, die Zweite – oder: Selbstreferenz der Wahrheitssuche

16 Scharmer, C. O. (2009): Theorie U. Von der Zukunft her führen. Heidelberg (Carl-Auer).
17 Horx, M. (2020): Die Welt nach Corona. Die Corona-Rückwärts-Prognose. Wie wir uns wundern werden, wenn die Krise »vorbei« ist. Verfügbar unter https://www.horx.com/48-die-welt-nach-corona [06.07.2020].
18 Luhmann, N. (1992): Die Wissenschaft der Gesellschaft. Frankfurt/M. (Suhrkamp).
19 Sloterdijk, P. (2013): Zorn und Zeit. Politisch-psychologischer Versuch. Frankfurt/M. (Suhrkamp).
20 Luhmann, N. (2020): Einführung in die Theorie der Gesellschaft. Heidelberg (Carl-Auer).
21 Tweet verfügbar unter https://twitter.com/derrothdotcom/status/1246341065571012609.
22 Simon, F. B. (2019): Anleitung zum Populismus. Oder: Ergreifen Sie die Macht! Heidelberg (Carl-Auer).

11 Wie aus gemeinsamer Blödheit soziale Klugheit wird

23 Simon, F. B. (2004): Gemeinsam sind wir blöd!? Die Intelligenz von Unternehmen, Managern und Märkten. Heidelberg (Carl-Auer).

24 Siehe zur kommunikativen Vernunft: Habermas, J. (1981): Theorie des kommunikativen Handelns. Band 1: Handlungsrationalität und gesellschaftliche Rationalisierung. Band 2: Zur Kritik der funktionalistischen Vernunft. Frankfurt/M. (Suhrkamp).
25 Siehe grundlegend dazu: Lyotard, J.-F. (1979): Das postmoderne Wissen. Ein Bericht. Wien (Passagen).
26 Siehe exemplarisch dazu etwa: Luhmann, N. (1986): Ökologische Kommunikation. Kann die moderne Gesellschaft sich auf ökologische Gefährdungen einstellen? Opladen (Westdeutscher Verlag).
27 Hayek, F. A. v. (1968): Der Wettbewerb als Entdeckungsverfahren. In: V. Vanberg (Hrsg.): Hayek Lesebuch. Tübingen (Mohr Siebeck), S. 188–205.
28 Roth S. u. V. Valentinov (2020): East of nature. Accounting for the environments of social sciences. *Ecological Economics* 176: 106734.

12 Alles bleibt, wie es ist, weil es sich permanent verändert

29 Fuchs, P. (2005): Soziale Arbeit – System, Funktion, Profession. In: H. D. Uecker u. M. Krebs (Hrsg.): Beobachtungen der Sozialen Arbeit. Theoretische Provokationen – Band 1. Heidelberg (Carl-Auer), S. 13–18.
30 Foerster, H. v. (1985): Das Konstruieren einer Wirklichkeit. In: P. Watzlawick (Hrsg.): Die erfundene Wirklichkeit. Wie wissen wir, was wir zu wissen glauben? Beiträge zum Konstruktivismus. München (Piper), S. 39–60.
31 Link zum Podcast verfügbar unter https://twitter.com/testa_alfred/status/1266339608599691264.
32 Latour, B. (2020): La crise sanitaire incite à se préparer à la mutation climatique. *Le Monde* vom 25.03.2020. Verfügbar unter https://www.lemonde.fr/idees/article/2020/03/25/la-crise-sanitaire-incite-a-se-preparer-a-la-mutation-climatique_6034312_3232.html.

13 Umsteuern der Gesellschaft

33 Luhmann, N. (2008): Die Moral der Gesellschaft. Frankfurt/M. (Suhrkamp).
34 Hayek, F. A. v. (1944/2014): Der Weg zur Knechtschaft. Reinbek bei Hamburg (Lau/Olzog).
35 Wer Ökosysteme beobachtet, der beobachtet Systeme (von Systemen) in der Umwelt von Systemen.
36 Shah, H. (2020): Global problems need social science. *Nature* 577 (7790): S. 295–295.

14 Die Moralisierung der Corona-Gesellschaft

37 Luhmann, N. (2008): Die Moral der Gesellschaft. Frankfurt/M. (Suhrkamp).

38 Insofern ihr das gelingt, handelt es sich bei Moralkommunikation wohl um eine – bislang noch nicht hinreichend als solche herausgearbeitete – eigenständige Form von Kommunikation neben Interaktion und Entscheidungskommunikation.
39 Ward, S. (2006): Functional Differentiation and the Crisis in Early Modern upper-class Conversation: The Second Madame, Interaction, and Isolation. *Seventeenth-Century French Studies* 28 (1): 235–247.
40 Roth S., V. Valentinov u. L. Clausen (2020): Dissecting the empirical-normative divide in business ethics: The contribution of systems theory. *Sustainability Accounting, Management and Policy Journal* 11 (4): 679–694.
41 Simon, F. B. (2018): Formen. Zur Kopplung von Organismus, Psyche und sozialen Systemen. Heidelberg (Carl-Auer).
42 Simon, F. B. (2018): Formen. Zur Kopplung von Organismus, Psyche und sozialen Systemen. Heidelberg (Carl-Auer).

15 Der Sternenhimmel der Werte

43 Luhmann, N. (2008): Die Moral der Gesellschaft. Frankfurt/M. (Suhrkamp), S. 242.
44 Seydel, S. (2020): Wie # CoronaVirus die »Dickhäuter« provoziert. Und was Wikipedia damit zu tun hat. NZZ vom 18.04.2020.

16 Die Existenz des Todes

45 Reckwitz, A. (2019): Das Ende der Illusionen. Politik, Ökonomie und Kultur in der Spätmoderne. Frankfurt/M. (Suhrkamp), S. 230.
46 Schäuble, W. (2020): Schäuble will dem Schutz des Lebens nicht alles unterordnen. Verfügbar unter https://www.tagesspiegel.de/politik/bundestagspraesident-zur-corona-krise-schaeuble-will-dem-schutz-des-lebens-nicht-alles-unterordnen/25770466.html [06.07.2020]
47 Simon, F. B. (2006): Einführung in Konstruktivismus und Systemtheorie. Heidelberg (Carl-Auer), S. 54.
48 Bateson, G. u. J. Ruesch (1995): Kommunikation. Die soziale Matrix der Psychiatrie. Heidelberg, (Carl-Auer), 2. Aufl. 2012.

17 Die »neue Normalität« der Systeme

49 Rosa, H. (2020): Leiden wir an einem gemeinschaftlichen Burn-out? Verfügbar unter https://www.zeit.de/kultur/2020-06/hartmut-rosa-soziale-energie-coronavirus-burn-out/seite-2 [06.07.2020].
50 Verfügbar unter https://luhmannsschwarzehefte.wordpress.com/2020/06/16/die-existenz-des-todes-https-www-carl-auer-de-magazin-das-anhalten-der-welt-existenz-des-todes/ [19.8.2020].

51 Roth, S., H. F. Dahms, F. Welz u. S. Cattacin (2019): Print theories of computer societies. Introduction to the digital transformation of social theory. *Technological Forecasting and Social Change* 149: 119778.
52 Simon, F. B. (2004): Tödliche Konflikte. Zur Selbstorganisation privater und öffentlicher Kriege. Heidelberg (Carl-Auer), 2. Aufl.

18 Eine andere Gesellschaft ist (un)möglich

53 Siehe grundsätzlich dazu etwa Adorno, Th. W. (1966): Negative Dialektik. Frankfurt/M. (Suhrkamp).
54 Siehe dazu die Dokumentation auf der Website von Prof. Dr. Jean-Pol Martin. Verfügbar unter https://jeanpol.wordpress.com [06.07.2020].
55 Kamper, D. (1999): Ästhetik der Abwesenheit. Die Entfernung der Körper. München (Wilhelm Fink), S. 29.
56 Roth, S. (2010): Markt ist nicht gleich Wirtschaft. Thesen zur Begründung einer allgemeinen Marktsoziologie. Heidelberg (Carl-Auer).
57 Simon, F. B. (2019): Anleitung zum Populismus. Oder: Ergreifen Sie die Macht! Heidelberg (Carl-Auer).

19 Die Unterscheidung

58 Simon, F. B. u. Conecta (1998): Radikale Marktwirtschaft. Grundlagen des systemischen Managements. Heidelberg (Carl-Auer).
59 Großbongardt, A., J. A. Heyer u. L. Rosenfelder (2020): Der Drosten-Schwenk und seine Folgen. Spiegel vom 19.06.2020.
60 Luhmann, N. (1984): Soziale Systeme. Grundriß einer allgemeinen Theorie. Frankfurt a. M. (Suhrkamp), S. 617.
61 Simon, F. B. (2004): Gemeinsam sind wir blöd!? Die Intelligenz von Unternehmen, Managern und Märkten. Heidelberg (Carl-Auer), 5. Aufl. 2019.
62 Elias, N. (1939): Über den Prozess der Zivilisation. Soziogenetische und psychogenetische Untersuchungen, Bd. 1: Wandlungen des Verhaltens in den weltlichen Oberschichten des Abendlandes. Frankfurt (Suhrkamp), 23. Aufl. 2000.
63 Siehe D. Gambetta (1994): Die Firma der Paten. Die sizilianische Mafia und ihre Geschäftspraktiken. München (Deutscher Taschenbuch Verlag).

20 Die Verantwortung der Systemtheorie

64 Watzlawick, P. (1976): Wie wirklich ist die Wirklichkeit. Wahn, Täuschung, Verstehen. München (Piper), S. 57.
65 Luhmann, N. (1996): Die Realität der Massenmedien. Opladen (Westdeutscher Verlag).

66 Ebd., S. 9 f.

67 Streeck, H. (2020): »Es gibt viele Fragen, die ein Mediziner nicht beantworten kann«. Verfügbar unter https://www.stern.de/gesundheit/hendrik-streeck---es-gibt-viele-fragen--die-ein-mediziner-nicht-beantworten-kann----9309028.html [06.07.2020].

68 Kamper, D. (1999): Ästhetik der Abwesenheit. Die Entfernung der Körper. München (Wilhelm Fink).

69 Luhmann, N. (2013): Einführung in die Systemtheorie. Heidelberg (Carl-Auer).

70 Roth S. (2019): Digital transformation of social theory. A research update. *Technological Forecasting and Social Change* 146: 88–93.

71 Roth S., P. Schwede, V. Valentinov, K. Zazar a. J. Kaivo-oja (2019): Big data insights into social macro trends (1800–2000): A replication study. *Technological Forecasting and Social Change* 149: 119759.

72 Roth, S. (2019): Heal the world. A solution-focused systems therapy approach to environmental problems. *Journal of Cleaner Production* 216: 504–510.

Das Aushalten der Welt

73 Ein Hinweis zur Genese dieses Textes im Sinne der Transparenz und guter akademischer Sitten: Ich erweitere hier in Absprache mit dem Carl-Auer Verlag einen Essay, den ich zunächst für ZEIT ONLINE verfasst habe und der am 13. März 2020 veröffentlicht wurde.

74 Lobo, S. (2019): Realitätsschock. Zehn Lehren aus der Gegenwart. Köln (Kiepenheuer & Witsch).

75 Welzer, H. (2020): Wir verstehen die Welt nicht mehr. Verfügbar unter https://taz.de/Harald-Welzer-in-der-neuen-taz-FUTURZWEI/!171054/ [13.07.2020].

76 Coupland, D. (2010): Marshall McLuhan. Eine Biografie. Stuttgart (Tropen), S. 23 f.

77 Die These vom Filterclash (im Unterschied zur Filterblase) wird in folgendem Buch genauer ausgeführt: Pörksen, B. (2018): Die große Gereiztheit. Wege aus der kollektiven Erregung. München (Hanser), S. 116–127.

78 Eine genaue, im besten Sinne konkrete Analyse der radikalisierenden Effekte des verschwörungstheoretischen Denkens (auch im Blick auf Corona) liefern: Nocun, K. u. P. Lamberty (2020): Fake Facts. Wie Verschwörungstheorien unser Denken bestimmen. Köln (Quadriga), S. 252 ff.

79 Zum Begriff der Empörungsdemokratie des digitalen Zeitalters im Vergleich zur Mediendemokratie alten Typs siehe Pörksen, B. (2018): Die große Gereiztheit. Wege aus der kollektiven Erregung. München (Hanser), S. 62 ff.

80 Luhmann, N. (1996): Die Realität der Massenmedien. Opladen (Westdeutscher Verlag), 2., erw. Aufl., S. 9.
81 Lobo, S. (2016): Das Ende der Gesellschaft – Von den Folgen der Vernetzung. Schriftenreihe zur Tübinger Mediendozentur. Köln (von Halem), S. 19.
82 Strauß, B. (2013): Der Plurimi-Faktor. Anmerkungen zum Außenseiter. In: Der Spiegel 31: 108 ff.
83 Die folgenden Überlegungen verdanken wir Friedemann Schulz von Thun, siehe Pörksen, B. u. F. Schulz von Thun (2020): Die Kunst des Miteinander-Redens. Über den Dialog in Gesellschaft und Politik. München (Hanser), S. 108 ff. u. S. 164 f.

Über die Autoren

Heiko Kleve, Univ.-Prof., Dr. phil.; Sozialpädagoge und Soziologe sowie Systemischer Berater (DGSF), Supervisor/Coach (DGSv), Systemischer und Lehrender Supervisor (SG), Case-Manager (DGCC) und Konflikt-Mediator (ASFH); Inhaber des Stiftungslehrstuhls für Organisation und Entwicklung von Unternehmerfamilien am WIFU – Wittener Institut für Familienunternehmen, Wirtschaftsfakultät, Universität Witten/Herdecke. Autor zahlreicher Bücher und einschlägiger Fachbeiträge zur systemisch-konstruktivistischen, systemtheoretischen und postmodernen Theorie und Praxis in den Sozialwissenschaften, u. a.: »Lexikon des systemischen Arbeitens« (zus. mit Jan V. Wirth, 2012), »Die Ermöglichungsprofession. 69 Leuchtfeuer systemischen Arbeitens« (zus. mit Jan V. Wirth, 2019), »Komplexität gestalten. Soziale Arbeit und Case-Management mit unsicheren Systemen« (2016), »Die Unternehmerfamilie. Wie Wachstum, Sozialisation und Beratung gelingen (2020).

Steffen Roth, Prof. Dr. Dr. habil., Dipl.-Soz.; Full Professor für Management an der La Rochelle Business School, Frankreich, und Adjunct Professor für Wirtschaftssoziologie an der Universität Turku, Finnland, Research Professor für Digitale Soziologie, Kazimieras Simonavičius University in Vilnius, Lithuania. Zahlreiche Veröffentlichungen in einschlägigen Fachzeitschriften.

Fritz B. Simon, Dr. med., Professor für Führung und Organisation am Institut für Familienunternehmen der Universität Witten/Herdecke; Systemischer Organisationsberater, Psychiater, Psychoanalytiker und systemischer Familientherapeut; Mitbegründer der Simon, Weber and Friends, Systemische Organisationsberatung GmbH. Autor bzw. Herausgeber von ca. 300 wissenschaftlichen Fachartikeln und 32 Büchern, die in 15 Sprachen übersetzt sind, u. a.: »Einführung in die systemische Wirtschaftstheorie« (2009), »Formen. Zur Kopplung von Organismus, Psyche und sozialen Systemen« (2018) und »Anleitung zum Populismus oder: Ergreifen Sie die Macht!« (2019).

Bernhard Pörksen, Dr., Professor für Medienwissenschaft an der Universität Tübingen; Herausgeber der Reihe Systemische Horizonte im Carl-Auer Verlag. Er erforscht die Macht der öffentlichen Empörung und die Zukunft der Reputation und veröffentlicht – neben wissenschaftlichen Aufsätzen – Essays und Kommentare in vielen Zeitungen. Im Jahre 2008 wurde Bernhard Pörksen zum »Professor des Jahres« gewählt. Veröffentlichungen u. a.: »Wahrheit ist die Erfindung eines Lügners. Gespräche für Skeptiker« (zus. mit Heinz von Foerster, 12. Aufl. 2019), »Kommunikation als Lebenskunst. Philosophie und Praxis des Miteinander-Redens« (zus. mit Friedemann Schulz von Thun, 2. Aufl. 2016), »Vom Sein zum Tun. Die Ursprünge der Biologie des Erkennens« (zus. mit Humberto Maturana, 4. Aufl. 2018), »Die Beobachtung des Beobachters. Eine Erkenntnistheorie der Journalistik« (2015).

Über die Zwischenrufer

Stefan Blankertz, Dr., Studium der Soziologie, Habilitation in Erziehungswissenschaft; ediert als »Wortmetz« für Toleranz und gegen Gewalt in der »edition g.« Texte, die in Wort und Bild, mit Theorie, Poesie, Historie und (Gestalt-)Therapie Frieden und Freiheit fördern. 2015 gründete er das Murray Rothbard Institut für Ideologiekritik.

Franz Hoegl, Designer, Philosoph, Illustrator und Musiker; Creative Director der denkmalneu Unternehmensgruppe und Banjo-Spieler beim Alternative Country Trio »The Sandbox Josephs«. Veröffentlichungen u. a.: »Sprachspiel Umschrift«, »Schrift der Form« (zus. mit Peter Fuchs), »Black Box Beetle« und »Dig«.

Michael Hutter, Dr. rer. pol., Professor Emeritus am Wissenschaftszentrum Berlin für Sozialforschung (WZB), wo er von 2008 bis 2014 die Abteilung »Kulturelle Quellen von Neuheit« leitete. Davor war er 20 Jahre lang Professor für Wirtschaftstheorie an der Universität Witten/Herdecke. Veröffentlichungen u. a.: »Ernste Spiele. Geschichten vom Aufstieg des ästhetischen Kapitalismus«, »It's the spectator who refines the work«.

Claudia Kemfert, Dr., Professorin für Energiewirtschaft und Energiepolitik an der Leuphana Universität; Leiterin der Abteilung Energie, Verkehr, Umwelt am Deutschen Institut für Wirtschaftsforschung (DIW) in Berlin. Mitglied im Sachverständigenrat für Umweltfragen beim Bundesministerium für Umwelt, Naturschutz, Bau und Reaktorsicherheit sowie im Präsidium der deutschen Gesellschaft des Club of Rome; zahlreiche Veröffentlichungen, darunter mehrere Bücher.

Günter Lierschof, Studium an der Hochschule für Bildende Künste Hamburg; Maler und Zeichner. Gründung der Freien Kunstschule Hamburg, einer Arbeitsstätte der FIU von J. Beuys. Regelmäßige Ausstellungstätigkeit, u. a.: Produzentengalerie Hamburg, Galerie Krinzinger, Johanneum Graz, Theologie Innsbruck. Gründung des Philosophicums am Bischöflichen Gymnasium in Schwaz, wo er als Kunsterzieher tätig war.

Peter Pantuček-Eisenbacher, Prof. Dr.; Diplom-Sozialarbeiter, Soziologe und Supervisor; Rektor und Geschäftsführer der Bertha von Suttner Privatuniversität St. Pölten; Forschungs-, Fortbildungs- und Publikationstätigkeit zur Theorie und Methodik der Sozialen Arbeit mit den Schwerpunkten Theorie der Sozialarbeit und Soziale Diagnostik.

Birger P. Priddat, Prof. Dr.; Studium der Volkswirtschaft und Philosophie in Hamburg; seit 2017 Senior-Professor für Wirtschaft und Philosophie der Wirtschaftsfakultät der Universität Witten/Herdecke; Forschungsschwerpunkte: Institutional Economics, Wirtschaftsphilosophie, Theoriegeschichte der Ökonomie, Wirtschaftsethik, Zukunft der Arbeit; zahlreiche Veröffentlichungen, darunter mehrere Bücher.

André Reichel, Dr., Diplom-Kaufmann, Studium der Wirtschafts- und Sozialwissenschaften; Professor für International Management & Sustainability an der International School of Management (ISM); ehrenamtlicher Vorstand der elobau Stiftung in Leutkirch im Allgäu und Aufsichtsratsvorsitzender der Wirtschaftsförderung Region Stuttgart (WRS GmbH); Forschungsschwerpunkte: nachhaltige Entwicklung in Wirtschaft und Gesellschaft, betriebswirtschaftliche Implikationen einer Postwachstumsökonomie, Verschmelzung von Nachhaltigkeit und Digitalisierung, systemtheoretische Betrachtung gesellschaftlicher Transformationsprozesse.

Antje Tschira, Dr.; Studium der Erziehungswissenschaft, Politikwissenschaft und Kunstgeschichte; Organisationsberaterin und Coach, System- und Organisationsaufstellerin, Lehrbeauftragte für Organisationsentwicklung an der Universität Heidelberg und für ästhetische Bildung in der Sozialen Arbeit an der Evangelischen Hochschule Bochum; Netzwerkpartnerin von Simon, Weber & Friends; Mitglied im Club Systemtheorie. Publikation u. a.: »Wie Kinder lernen – und warum sie es manchmal nicht tun« (2004).